길담서원,
작은 공간의
가능성

길담서원, 작은 공간의 가능성

1판 1쇄 찍음 2020년 2월 20일
1판 1쇄 펴냄 2020년 2월 25일

지은이 이재성

주간 김현숙 | **편집** 변효현, 김주희
디자인 이현정, 전미혜
영업 백국현, 정강석 | **관리** 오유나

펴낸곳 궁리출판 | **펴낸이** 이갑수

등록 1999년 3월 29일 제300-2004-162호
주소 10881 경기도 파주시 회동길 325-12
전화 031-955-9818 | **팩스** 031-955-9848
홈페이지 www.kungree.com | **전자우편** kungree@kungree.com
페이스북 /kungreepress | **트위터** @kungreepress

ISBN 978-89-5820-633-0   03300

값 17,000원

길담서원,
작은 공간의
가능성

작은 뜰과 피아노,
한뼘미술관이
책 읽는 사람들과
더불어 숨쉬고 있었다

이
재
성
　
지
음

궁리
KungRee

긍정의 깃발

'뽀스띠노'라는 닉네임으로 더 친숙히 알려진 이재성님은 열두 해 동안 학예실장의 직함을 가지고 사실상 길담서원을 디자인하고 꾸려온 장본인입니다. 그는 시인과 예술가의 천품을 타고난 사람이어서 그의 손이 닿으면 그것이 프로그램이든 물건이든 화초이든 공간이든 예전과는 다른 느낌의 존재로 재탄생하게 됩니다. 지난 열두 해 동안 길담서원에 감돌았던 아름다움의 정서와 행복감의 정체는 뽀스띠노님의 '있음(presence)'에 그 뿌리가 닿아 있었던 것입니다.

이제 그가 유서 깊은 문화의 고도(古都)인 공주에 작은 집을 마련하고 그곳으로 길담서원을 옮겨가서 새로운 시작을 하려 합니다. 그것이 새로운 시작이 되는 것은, 지난 세월 길담서원이 추구해온 인문예술의 가치를, 땅에 씨앗을 심고 땀 흘려 먹을거리를 길러내는 농(農)적 가치와 연결시키려는 새로운 지향을 품고 있기 때문입니다.

나는 그가 길담서원에 딸린 작은 뜰에서 흙을 만지고 풀꽃의 생명들과 깊이 교감하며 누리고 있던 그 내밀한 기쁨을 엿보았던 터라, 공주에서 다시 시작하는 길담서원의 가능성에 힘 있는 긍정의 깃발을 흔들고자 합니다. '길담서원, 작은 공간의 가능성'이라는 제명으로 뽀스띠노님이 바쁜 일과를 틈내어 기록·정리한 이 책의 발간을 기쁜 마음으로 축하합니다.

공주에서 '길담서원, 작은 공간의 가능성'은 현실성으로 진정한 변신, 메타모포시스(metamorphosis)를 이루기를 기원합니다.

길담서원 대표
박성준

들어가며

○

길과 담, 공부와 일은
들숨과 날숨 같은 것

아침에는 먹먹한 하늘이더니 날이 활짝 개서 햇볕은 따스하고 공기는 차다. 뜰에는 동면에 들어가는 말채나무, 산딸나무, 조팝나무, 앵두나무, 라일락, 진달래, 화살나무들이 잎사귀 몇 개를 달고 작은 바람에도 부스스 떤다. 나는 꽃을 감상하기보다는 가을로 접어들면서 물드는 잎들을 바라보는 걸 좋아한다. 명아주 잎과 달맞이 잎과 붉나무 잎을 감상하는 걸 좋아하고 채소는 단면을 보는 걸 좋아하며 사과는 책상머리에 두고 말라가는 주름을 보는 걸 즐긴다. 어떤 식물을 감상용, 식용 아니면 이도 저도 아닌 잡초만으로 분류하는 건 모든 것을 경제적 기준으로 분류해온 근대의 산물일 것이다. 그 기준은 그대로 사람에게도 적용되어 잘생긴 놈, 쓸 만한 놈, 지 앞가림도 못 하는 놈으로 구별을 지으니 얼마나 폭력적인가? 문득, 편리하자고 시작한 분류가 경제를 중심으로 사고하는 이 시대에 이상한 괴물이 되어 우리를 조각조각 나눠놓고 있다는 생각이 들기도 한다.

이제는 '소년'이라는 닉네임으로 친숙한 박성준 선생님은 2008년 2월 25일 일명, 경제 대통령이 청와대에 들어가는 날, 우리나라가 가벼워지는 것을 염려하여 청와대 옆에 작은 문진을 눌러둔다는 생각으로 길담서원을 열었다. 또 스스로 길을 잃었고 목이 말라 우물을 팠다며 나와 같이 목마른 사람들이 함께 만들어갈 공간이기에 무엇이 될지는 아무도 모른다고 했다. 하지만 선생님께서 만들어놓은 공간은 이미 많은 것을 내포하고 있었다. 먼저, 서원의 성격이 그랬고 3천여 권의 책과 차, 편안한 의자와 테이블들이 그랬고 피아노가 그랬다. 이어, 책방을 해도 밥을 굶지 않는다는 것을 보여주겠다 했고 이곳을 찾는 이는 모두 다 주인이라고 했다.

이는 전통의 서원과 결부된 새로운 책방 문화를 창작하겠다는 의미였다. 새로운 공간에서 자발적이고 자율적인 시민이 공부하면서 먹고사는 문제를 해결할 수 있는 인문학 책방이 많이 생긴다면 이러한 물적 토대의 축적이 사회문화의 패러다임을 바꾸어나갈 것이라고 봤을 것이다. 또 길담서원에 오는 시민은 단순히 소비자가 아니며 자신이 원하는 프로그램을 제안하고 기획하는 주체로 주인과 손님, 주체와 객체를 구별하지 않고 함께하는 새 모델을 만들어보겠다는 의지의 표명이었다. 따라서 길담서원은 전통적인 개념의 서원이나 책방이 아니고 새로운 개념의 서원이어야 했다. 나는 그 맥락에서 작은 무늬를 그리기 시작했다. 책을 기반으로 정신과 몸의 균형을 이루는 공부모임을 만들고자 했다.

서원 앞을 화단 같은 분위기로 만들고 음악회를 열고 한뼘미술관이라는 전시공간을 만들고 좋은 작가들의 작품을 전시하며 작가와 만나는 순도 높은 시간을 가졌다. 우리 조상들이 차를 즐기고 그림과 음악을 즐기며 책과 더불어 강론하고 토론하고 글을 쓰면서 자기 사상을 가진 한 지식인으로 성장했듯이 21세기의 시민들이 길담서원에서 이 모든 것을 즐기면서 자신을 발견하고 계속해서 공부해나가며 삶의 변화를 찾아가길 바랐다.

나는 문해력이 떨어지는 사람이다. 책을 읽어도 한 번 읽어서는 무슨 소린지 잘 모른다. 그래서 이차문헌을 읽어야 하고 남의 얘기를 들어야 하고 그를 바탕으로 다시 읽기를 해야 하는 경우가 많다. 이런 사람이다 보니, 길담서원에서 진행하는 철학 강의나 원서강독이 쉽지 않았다. 그저 읽다가 꽂히는 부분이 있으면 전체적 맥락이나 그 단어가 갖는 역사적 쓰임은 살피지 못하고 밑줄을 긋고 옮겨 적었다. 여전히 나에게 인문사회과학은 높은 벽이고 험난한 준봉이다. 이 책에 실린 글들은 그런 나의 안목으로 기록한 것이다.

길담서원 온라인 카페를 들춰보니 그동안 우리가 시도했던 기록들이 있었다. 그중에서 눈에 띄고 손에 잡히는 것들을 골라 담았다. 새로 쓴 글보다는 대부분이 그때그때 썼던 글을 다듬고 보태서 정리한 것이다. 그러다보니 반복되는 내용도 있고 어투도 다르고 문장의 분위기도 다르지만 그때는 현재였던 길담서원의 활동과 고민을 담았다고 생각해서 그대로 마무리했다.

나는 예전부터 시를 쓰고 싶었다. 시인이란 분석하는 사람이 아니고 감각하는 사람이라고 생각했다. 고원의 영혼이 아니라 땀 흘리는 육체라 생각했다. 그래서 글에는 땀내가 나고 기운이 흘러야 한다고 생각했다. 책을 파는 선비보다는 밭을 일구는 노동자가 이 사회에 더 이롭다 여기며 자랐다. 그러나 길 위에 선 나그네에게 반드시 쉬어갈 집이 필요하듯이 공부하는 일과 밭을 일구는 일도 우리 몸의 들숨과 날숨 같은 것임을 알게 되었다.

이 책은 여기 실린 소년 박성준 선생님의 글을 바탕으로 열두 해 동안 그려온 다양한 무늬라고 봐도 무방하다. 길담서원을 열어갈 수 있도록 주춧돌을 놓고 60대 후반부터 70대 인생 전부를, 오직 길담서원에 매진했던 박성준 선생님께 깊이 감사드린다. 더불어 일과 공부에 빈틈없이 성실했던 여름나무 이정윤 학예연구원과 함께 공부한 동무들에게도 감사드린다. 오래 인연 맺은 궁리출판과 길담서원 12년을 기록하게 되어 기쁘다. 원고를 꼼꼼하게 읽고 정리하는 일을 도와준 김주희 편집자님께도 감사드린다.

그동안의 기록을 하나하나 넘겨보면서 뿌듯한 순간보다 부끄럽고 안쓰러운 순간이 더 많았다. 여태까지 소년님이 드리워주는 그늘 아래서 일을 꾸려왔다면 이젠 길 위에 나서는 형국이다. 나

의 오래된 실패를 가지고 자연스러운 것, 소박한 것을 향하여 올
곧게 걸어갈 것이다.

2020년 2월
인왕산 아래 길담서원에서
뽀스띠노 이재성

차례

3장 ——
벗이 있어 세상은 아름답다 : 책과 사람 사이에서

"2008년 2월 25일, 흰 눈이 펑펑 내리던 날 문을 연 경복궁 옆 작은 책방 길담서원. 사업자등록은 책방이었으나 이 공간에서 어떤 일이 일어날지는 아무도 몰랐다. 길담서원에 처음 소년님을 만나러 왔을 때, 하신 말씀을 기억한다. 내가 목이 말라서 이 우물을 팠다고. 길을 잃고 헤매는 나 같은 사람들이 있을 것이고 간절히 목마른 그들이 길을 걷다가 우연히 옹달샘을 발견하듯이 여기 길담서원에서 목을 축이고 가던 길을 가길 바란다고."

1장

다양한 빛깔의 꿈꽃을 기다리다

길담서원을 열며

작은 간판이 좋다

말채나무 잎이 초록 커튼처럼 드리운 창 너머로 인왕산 선바위를 내다보며 이야기를 나누고 있는데 종로구청 직원이 들어섰다. 얼마 전에 지나가다 본 간판이 예뻐서 들렀다며 종로구와 서울시가 함께하는 좋은 간판 콘테스트에 지원해보라고 권했다. 사진을 찍고 간단한 설명을 덧붙여 동의서를 작성해주면 접수를 해주겠단다.

우리 간판은 캘리그라퍼 강병인 선생님이 글씨를 쓰고 서각을 해서 선물로 주었다. 2008년 2월 25일 서둘러 오픈하다 보니 간판도 없이 문을 열었는데 이웃 예술가의 도움으로 작게 멋을 낸 간판을 걸게 되었다. 콘테스트에 지원은 하지 않았지만 간판이 아름답다는 이야기를 자주 들어왔다.

우리가 아름다움을 느끼는 한 부분은 동일한 것이 반복되는 가운데 변화가 있을 때다. 재료가 같다든지, 모양이 같다든지, 색감이 같다든지 그런 데서 오는 반복과 그 사이에 약간의 변화. 그 변화의 영역이 자기다움의 공간으로 만들어진다. 화가의 작품도 음악도 마찬가지다. 똑같은 굵기의 선만 계속해서 반복된다면 같은 리듬만 계속된다면, 금방 지루해지고 재미없어지는 것처럼 변화의 공간이 필요하다.

도시에도 그런 부분이 있으면 아름답다. 도시 전체가 주는 동일성과 각각의 집만이 갖는 고유의 특성이 드러나면 서로 조금씩 다른 차이에서 오는 화음이 있다. 이러한 측면에서 지방자치단체의 상가 간판 정비사업은 각 상점의 개성을 나타내지 못한다. 간판은 텍스트이면서 이미지로 그 상점이 가지고 있는 고유성을 드러내는 작업이어야 좋다.

길담서원이 자리 잡은 서촌은 고도제한으로 5층 이상 높은 건물이 없고 6백 년이 넘는 도시로 오래된 한옥부터, 근대가옥, 몇백 년은 됨직한 회화나무가 자라는 골목길이 있고, 그 골목길 안에 뜨문뜨문 키우는 작은 화분들이 그 집의 분위기를 드러내고 있다. 그래서 서촌의 골목길을 거닐다보면 과거와 미래로의 시간여행을 동시에 하고 있다는 생각이 든다. 조선시대 장인들이 살았을 때도 이러했을까? 작은 바느질·가죽·뜨개·철 공방들이 있고 삐걱 소리 나는 대문들이 여닫히는 소리, 어느 집 풍경소리가 들리는가 하면 통인시장 방앗간에서는 쌀을 빻고 떡을 찌는 구수한 냄새들이 푸지다. 좁은 골목어귀에서 커피 향이 나고 프랑스·스페인 음식 전문점에서는 이국의 소스향과 빵 굽는 냄새가 골목에 번진다.

인왕산을 마주하고 큰길로부터 뒤로 돌아앉은 뜰에는 풀, 꽃, 나무가 제멋대로 자라는 작은 책방이면서 인문·사회·과학·예술을 공부하고 전시를 하는 놀이터도 있다. 도로가의 간판들은 크고 길거리로 나와 있고 너도나도 아우성을 질러서 어느 것 하나 제대로 보이지 않지만 골목 안으로 들어서면 정제되어 있고 소곤대고 있어서 오히려 더 찾기 쉽고 집중이 잘된다. 나는 같은 게 많은 것보다 다른 게 많은 것을 의미 있다 여긴다.

　서울은 번잡하고 눈과 귀가 시끄러운 도시다. 서촌도 주도로인 자하문로는 번잡하지만 옥류동천 길을 따라 한 겹만 접어 들어오면 비어 있고 평화로우며 따뜻하다. 따뜻하면 선해지고 선해지면 까칠함이 어느새 누그러져서 사람 사이에 흐르는 기운이 부드럽다. 사람 사는 냄새, 밥 냄새와 커피 냄새, 빵 굽는 냄새가 섞여 흐르는 동네가 서촌이다. 그 동네에서 길담서원이 문을 열어가고 있다.

　사람들은 누가 찾아올까봐 겁이 나서 작은 간판을 보이지도 않는 숲속에 걸었냐며, 입간판을 하면 좋겠다 하고 유리창에 책과 차를 팔고 그림을 전시한다고 써서 붙이면 어떻겠느냐고 고마운 조언을 하지만 나는 이 골목이 시끄러워지는 걸 원하지 않는다. 소리로만 시끄러움을 느끼는 게 아니다. 세상에는 명언과 좋은 말이라고 하는 구호들이 너무 많이 나뒹군다. 옥석을 가리기가 힘들 정도로 이미지도 넘치고 텍스트도 넘친다. 보는 것만으로도 엄청난 시끄러움을 느낀다. 이럴 때는 기본으로 돌아가는 게 좋다. 나무 한 그루 심고 풀 한 포기 가꾸고 일상의 평화를 지키며 조용히 오래 머물고 싶다. 조금씩 말을 참으면 다른 사람 말이 잘 들리는 것처럼, 조금만 덜 나서면 눈의 피로가 덜어질 것이다.

길담서원에 처음 소년님을 만나러 왔을 때, 하신 말씀을 기억한다. 내가 목이 말라서 이 우물을 팠다고. 길을 잃고 헤매는 나 같은 사람들이 있을 것이고 간절히 목마른 그들이 길을 걷다가 우연히 옹달샘을 발견하듯이 여기 길담서원에서 목을 축이고 가던 길을 가길 바란다고.

길담서원 무릎 아래
자라는 풀꽃들

길담서원이 서촌 통인동에 문을 열고서 줄곧 간직한 바람이 있었다. 이곳을 찾는 사람들이 마음속에 간직한 다양한 빛깔의 꿈꽃을 피웠으면 하는 희망이었다. 그것이 일에서 피는 꽃이든, 생활에서 피는 꽃이든, 사람의 관계에서 피는 꽃이든, 냉이꽃처럼 눈에 띄지 않는 자자분한 자리의 풀꽃이든, 길담서원은 그러한 꽃들의 밭이 되도록 나비 몇 마리 키우겠다는 마음으로 풀꽃을 가꾸었다. 화단이 따로 없는 척박한 공간이었지만, 길담서원 무릎 아래에 크고 작은 화분들을 모으고 흩어놓아 씨앗을 심고 화초를 키우며 화단처럼 만들었다.

'꽃과 나무를 본성대로 기르면서 언제나 눈에 담아두고 마음으로 본받을 수 있다면 수신하고 치국하는 데 아무 문제가 없다.'는 조선의 화가 강희안의 생각을 담아 우리는 책과 풀꽃이 어우러진 서원을 만들어왔다. 아침에 출근하면 제일 먼저 이 녀석들을 눈으로 쓰다듬었다. 미답의 세상으로 고개를 내밀고 싹이 올라오는 순간은 씨앗에겐 죽음의 시간이었는지도 모른다. 탈아의 경지에서 솟아난 싹은 꽃보다도 더 경이로웠고 아름다웠다. 여름날 아침에 바짝 마른 화분에 물을 주면 훅하고 치밀고 올라오는 흙냄새와 시원한 풀냄새는 또 어떠한가! 왜, 옛 어른들이 귀한 손님이 오시는 날엔 일찍 일어나 마당을 쓸고 화단에 물을 흠뻑 주었는지 알 것 같았다.

언젠가 철수님이 종로구청으로부터 텃밭상자를 신청해줘서 우리가 잡초라고 부르는 풀들을 속아내지 않고 화분에서 가꾸는 관상용 화초들과 얼크러지게 키웠다. 그랬더니 잡초라고 불리는 풀과 꽃들이 틈을 두지 않고 다정하게 어울어진 모습이 봐줄 만했다. 가까이 들여다보면 '꽃가라' 선 밖으로 잉크가 찍히고 꽃잎끼리 겹치기도 하는 그런 몸빼바지 같은 꽃밭. 장미, 벤자민, 제라늄, 백합, 난초, 로즈마리처럼 사다 키우는 화초들과 산야에서 바람을 타고 와 자리 잡은 여뀌, 까마중, 애기똥풀, 방아, 씀바귀가 남의 자리 내 자리 탓하지 않고 섞여서 자라는 게 보기 좋았다. 그런데 장미는 진드기 때문에 꽃을 제대로 피우지 못했고, 까마중은 잎이 허옇게 변하는 병을 앓았고 하늘매발톱꽃은 벌레에게 뜯겨 구멍이 숭숭 뚫렸다. 봄에 일찍 꽃을 피우는 하늘매발톱은 가을 무렵에 한 번 더 꽃을 피우기도 하는데 이번엔 한 번으로 끝났다. 오랫동안 화초들을 길러왔건만 이렇게 벌레와 진딧물 그리고 희귀병에 시달려보기는 처음이었다.

그 와중에도 가장 왕성하게 자란 것은 치마상추와 여뀌 그리고 손한샘 작가님이 분양해준 민트였다. 치마상추는 먹지 않고 계속 키웠더니 엄청나게 자라서 꽃을 피웠다. 민트와 여뀌는 한 움큼 잘라다가 서원 안에 꽂아두었고 치마상추는 씨를 받으려고 아껴두었다. 상추는 꽃대가 올라오고 노란 꽃이 필수록 씨앗을 만들기 위해 총력을 기울이는지 잎의 모양이 얇아지고 작아졌다. 대신 대궁은 튼튼하게 꽃송이를 밀어 올리고 있었다. 치마상추의 생명력이 노란 꽃으로 맺혔을 때, 이는 예쁘다는 말로 모자랐다. 신성함 그 자체였다. 더군다나 상춧대가 삐쩍 마른 몸으로 쩽한 겨울을 나면서 햇빛을 받고 바람에 흔들리며 만드는 그림자는 정중동(靜中動) 동중정(動中靜)의 언어를 담고 있는 그림이 되었다. 그런데 풀꽃들이 온갖 병충해로 몸살을 앓았다.

　강희맹은 작은 일을 단서로 하여 큰일의 본보기로 삼는다 하면서 진나라의 동릉(東陵)이 오이를 잘 기른 것과 원예사 탁타(又駝)가 나무를 모두 무성하게 자라게 한 것은 그것이 그들의 생업일 뿐만 아니라 그 이치에 정통했기 때문이라고 했다. 풀, 꽃, 나무를 키우는 일도 학문과 진배없이 공부해야 하는 일이다.

소년과 여름나무
그리고 뽀스떠노

—

2008년 2월 25일, 흰 눈이 펑펑 내리던 날 문을 연 경복궁 옆 작은 책방 길담서원. 사업자등록은 책방이었으나 이 공간에서 장차 어떤 일이 일어날지는 아무도 몰랐다. 그렇게 무한한 가능성을 가진 한 공간의 문을 열기 시작한 분은 서원지기소년 박성준 선생님이다. 몇 개월 지나 나, 뽀스떠노가 합류했고 몇 년이 지나 여름나무님이 가세했다. 소년님은 우리를 삼총사라고 불렀다. 우리는 밥도 같이 먹고 공부도 같이하고 다양한 프로그램도 진행하면서 여행도 함께했다.

소년 박성준 선생님은 10살 때 전쟁으로 부모님을 잃고 동생과 둘이 고아원에서 자라며 공부했다. 이 짧은 문장에 담을 수 없는 고단한 삶이 있다. 서울대학교 경제학과에 입학해서 통혁당 사건으로 13년 6개월을 감옥에서 견뎠고 출소 후에 한백교회를 설립해서 목회를 했다. 이후에 일본 릿교대학에서 민중신학으로 박사학위를 받고 미국 유니언 신학교와 퀘이커 공동체 펜들힐에서 평화학을 공부했다. 2000년 한국으로 돌아와 성공회대학교에서 평화학을 가르쳤고 아름다운가게 대표와 비폭력평화물결 대표를 지냈으며 지금은 12년째 길담서원을 만들어가고 있다.

소년님은 길을 잃고 목이 마른 자가 우물을 파는 심정으로 길담서원을 열었다고 했다. 그래서인지 우리 중에서 가장 열심히 공부하는 분이다. 길담서원에서 영어원서강독 2개, 독일어성서반, 일본어반, 낭독모임 2개에 집중적으로 참여했다. 소년이라는 별명에서 느껴지듯이 권위를 내세우지 않고 봄이면 수선화를 사다 서원에 봄기운을 넣어주는 전령사이고 유리창 청소를 손수 하시며 연세가 팔순인데도 차는 스스로 준비해서 드시고 자신의 손님은 직접 챙기신다. 늘, 기운의 주도권을 상대방에게 주시는 분이다.

또 한 친구는 여름나무 이정윤 학예연구원이다. 여름나무님과는 5년 동안 같이 일했고 같이 공부한 지는 10년이 넘었다. 길담서원 영어원서 강독모임에서 공부를 하다가 맺은 인연으로 함께하기 시작했다. 여름나무님은 영문학 전공자인데 학교에서보다 길담서원에서 영어를 비롯해 인문학 공부를 제대로 하고 있다고 말한다. 일본어는 교양 일본어 정도 하는 상태였고 여기서 처음으로 독일어와 프랑스어를 배웠는데 프랑스어 모임 2개, 영어모임 3개에서 튜터 역할을 하며 수업을 가장 열심히 듣는 학생이기도 했다. 그래서 우리는 가끔 이런 농담을 했다. "난 이번 학기 22학점 들어. 너는?" "난 이번에 16학점만 할래. 다 듣다가는 머리

터질 것 같아." 우리에겐 공부도 일의 한 부분이었다.

또 청소년과 함께하는 영어원서강독을 5년간 진행했다. 지금은 길담서원을 떠났지만 아직도 여름나무님과 원서강독을 계속하고 싶어 몇 번씩 찾아오는 청소년들이 있다. 키 큰 나무에 부는 바람처럼 시원하게 사람들을 대하고 꼼꼼하게 일상을 챙기던 여름나무님의 자리가 허룽하다.

나, 뽀스띠노 이재성은 길담서원에서 인문예술프로그램과 한뼘미술관 전시, 청소년인문학교실 등을 기획하고 운영하며 강의하고 글을 쓴다. 나는 강원도 산골에서 10살까지 살았다. 그래서인지 '촌스럽다'라는 말을 종종 듣는데 나는 이 촌스럽다는 말이 좋다. '촌스럽다'라는 것은 근대화되면서 우리가 잃어버린 가치로 '도시스럽다'의 대립어라고 볼 수 있다. 근대화 과정은 나를 타인과 동일시하는 과정이기도 했다. 어쩌면, 우리 사상이 꽃피우지 못하고 외국의 사상이 밀물처럼 들어왔다가 빠져나가는 척박한 토양이 된 것도 촌스러움을 잃어버렸기 때문이 아닐까 생각한다. 조금 더 들여다보면 산골스럽다, 광산촌스럽다, 어촌스럽다라고 나누어 말할 수 있다. 이 말은 한 사람의 지역적 정체성을 드러내는 말이기도 하다. 도시의 깔끔하고 반지르르한, 흙과 분리된 삶이 이상이 되었고 사람들은 그러한 삶을 추구했다. 옷을 양복으로 갈아입고 플라스틱, 양은냄비 들어오면서 손때 묻은 것들에 대한 책임감도 없이 한복, 유기, 도자기 그릇을 내다 버린 것과 같은 것이다. 전통문화를 촌스럽다고 하면서 홀대하던 시절의 언어다.

'촌스럽다'라는 가치는 손에 잡히지 않는 가치인데 나는 이 가치를 잘 살리는 것이 한 사람의 정체성과 지역성을 살리는 것, 그것이 문화의 다양성을 꽃피우는 길이라고 생각한다. 이미 일제강점기, 전쟁, 새마을운동 등을 거치면서 그런 고유의 정체성이 사라져서 많이 안타깝다. 그 촌스러움의 근원을 찾는 것이야말로 보편적이면서도 특별히 고유한 문화를 창작하는 길이라고 여긴다. 그러니까 촌스럽다는 것은 나의 고유성을 견지하고 있다는 말로 들린다. 사투리가 소통의 도구이자 자기 정서의 표현이듯 촌스러움은 자기다움의 표현이기도 하다. 표준화되고 획일화된 문화는 얼마나 재미없고 단조로운가!

이제, 현대인들이 촌스러움을 찾는 것. 그것은 자기 고유성을 확립하는 것이고 공부를 하는 목적은 자기 사상을 갖기 위한 즐거움이어야 한다.

우리는 가끔 소년님의 제자이거나 자녀 아니냐고, 닮았다는 소리를 듣는다. 그럴 때 소년님은 이렇게 답한다. '우리는 문화적 유전자가 닮았지요.'라고. 작은 공간을 가족이나 지인이 운영할 것이라는 선입견도 작용하겠지만 오래 같은 책을 읽고 같은 밥을 먹다 보니 닮을 수밖에 없을 것이다. 이렇게 길담서원에서는 문화적인 유전자가 비슷한 사람들이 모여서 함께 일하고 공부하고 놀며 이상을 현실로 바꾸는 실험을 하고 있다.

소년과 피아노

—

　박성준 선생님께서 잠깐 나갔다가 올게요, 하며 네모난 피아노 가방을 들고 나갔다 오는 일이 반복되던 어느 날, 오픈할 때부터 놓고 싶었다던 그 피아노를 들여왔다. 창가에 고정되어 있던 긴 나무 선반을 뜯어내고서야 피아노 자리를 마련할 수 있었다. 피아노 조율사 이정구 선생이 조율을 해주었다. 칠순소년이 이루지 못한 꿈을 살기 위해 도전하는 모습이 멋져 보였다. 가끔 책방에 손님이 없을 때 하는 피아노 연습도 보기 좋았다.

　젊고 예쁘고 길고 하얀 손을 가진 그런 피아니스트가 아니라 나이 들고 투박한 손으로 건반을 조심스레 누르고 다른 건반으로 건너가는 모습은 어린아이의 발걸음을 지켜보는 것처럼 긴장되기도 했다. 선생님의 손은 크고 뭉툭하며 울퉁불퉁하다. 손만 보면, 열심히 논밭을 일군 농부의 손이거나 공장노동자의 손처럼 생겼다. 아무튼 선생님은 어려서부터 일과 공부를 동시에 삶으로 받아들인 사람답게 손에 노동의 흔적들이 묻어 있는데 그 손이

조심스레 건반 위를 움직이는 것을 보면 낯설기도 했고 아름답기
도 했으며 믿음직스러웠다.

예전에 당진에서 2박 3일간 여행을 함께한 콜롬비아 몸의 학교
무용단들을 공항까지 배웅한 후 늦은 점심을 먹고 길담서원에서
커피 한 잔씩을 하며 여행담을 나누고 있었다. 긴 저녁그림자가
말라가는 토마토 모종에 빛을 뿌리고 그것이 잘게 흔들리던 늦은
오후였다. 그때 틀어놓은 음악이 슈베르트의 〈세레나데〉였는데
선생님이 따라 부르기 시작하면서 이야기는 여행담에서 살짝 다
른 고개로 접어들었다. 음악이 끝나자, 여학교 급사로 있던 어린
시절 피아노에 얽힌 이야기를 들려주셨다.

저는 소년 시절 중학교 진학을 못 하고 시골 어느 여학교에
서 급사로 일했어요. 무슨 일을 하고 있든 귀는 늘 음악실에 가
있었어요. 그 학교 음악실에서 들려오는 피아노 소리에 귀 기
울이며 음악의 아름다움에 눈떴어요. 음악실에는 단 한 대, 낡
고 작은 피아노가 있었어요. 이른 새벽부터 피아노를 연습하는
학생들이 찾아와서 30분씩 돌아가면서 쳤어요. 어떤 날은 더
많이 연습을 하고 싶은 학생이 일찍 와서 성준아~ 성준아~ 하
고 불러요, 그러면 나는 왜 그런지 알면서도 왜 불러~ 그러면
서 나가 문을 열어주고는 했지요. 잠은 이미 달아났고 나는 피
아노가 있는 음악실 쪽 벽에 등을 기대고 앉아 피아노 연주를
들었어요. 엘가의 〈사랑의 인사〉, 슈만의 〈트로이메라이〉, 슈
베르트의 〈세레나데〉 같은 피아노 소곡인데 그렇게 좋았어요.

그때 음악의 귀신에 씌인 이후로 음악을 좋아하게 되었고 지금까지 음악사랑은 식지 않고 있어요.

대학시절 입주 가정교사를 하던 집이 어느 음대 교수의 집이었는데 온 가족이 음악인인 그 집에서 살면서 보니, 그들이 나만큼 음악을 좋아하지 않는다는 사실에 놀랐던 기억이 나는군요. 음악을 이론적으로 잘 아는 것과 음악을 사랑하는 것이 반드시 일치하지는 않는가 봅니다. 늘 입버릇처럼 고백하듯이, 저는 음악을 모르는 사람입니다만 음악을 좋아하는 사람임에는 틀림없어요.

길담서원에 지금 있는 피아노가 바로 그 피아노다. 어느 일본 여성이 쓰던 1980년대에 만든 야마하 피아노. 피아니스트 유현주는 이 피아노가 공간 크기에도 어울리고 웬만한 그랜드 피아노보다 소리가 좋으니 바꾸지 말라고도 했었다. 그 피아노 덕분에 우리는 참 많은 음악회를 열었고 좋은 연주자들과 교류하게 되었으며 연주자의 숨결과 떨림까지 소통하는 자리를 만들 수 있었다. 아쉬운 게 있다면 소년님의 피아노 배우기가 그렇게 오래가지 못했다는 거다. 다른 공부가 더 재밌어서일 수도 있고 다른 신경 쓸 일이 더 많아서일 수도 있다. 가끔 다니엘 바렌보임같이 손이 투박한 피아니스트의 연주를 보게 되면 그때 그 소년의 피아노 연주가 떠오른다.

짜악~
내가 처음 열어보는

내가 귤을 처음 먹던 날은 눈이 많이 내린 겨울날이었고 전기도 안 들어오는 두메산골의 촌아이였을 때다. 아직 학교도 가기전이라 부모님과 언니와 동생 그리고 가끔 오는 친척들과 뜨문뜨문 있는 이웃들이 아는 사람의 전부였다.

시골의 산중 겨울은 무채색으로 가득했다. 가끔 맑은 날 올려다보는 하늘을 빼고는 새소리조차도 시커멓게 다가오는 적막한 계절이 두메산골의 겨울이다. 밥상도 시커멓다. 가끔 깊은 밤에 말아먹는 국수조차도 무채색이다.

그런 두메산골에 아버지가 6·25동란에 누이를 맺은 고모가 귤을 사 가지고 십리 길을 걸어오셨다. 귤 껍질을 쪼옥 벗기는 그 순간은 거무튀튀하고 조용하고 무색무취한 세상에 색깔을 입히고 향기를 더해 새로운 세상이 열리는 순간이었다.

동그란 주황에 쪽쪽이 가지런히 들어앉은 귤쪽들, 그 쪽들이 쪼개지면서 나오는 절명의 향을 아까운 마음에 차마 입에 넣지 못했다.

그 후 길담서원에서 이세 히데코의 『구름 전람회』라는 그림책을 열면서 그때의 그 느낌을 받았다. 표지를 여는데 아! **짜악~** 하고 귤쪽이 터지는 소리를 내면서 책장이 열리는 게 아닌가! 아, 내가 처음 이 책을 열어보는구나! 밤새 내린 눈을 처음 밟는 소리, 물봉선 씨앗이 손끝에서 토옥 터지는 느낌이었다. 긴장된 손으로 책을 한 장 한 장 넘겨보았다.

그러다가 문득, 이런 느낌을 내가 먼저 경험한다는 것은 다른 사람이 사서 볼 때 느껴야 할 그 감흥을 훔치는 행동이라는 생각이 들었다. 그림도 텍스트도 그대로 있지만 돈으로 환산할 수 없는 가치를 책을 먼저 펼쳐보는 사람이 가져버리는 것이니까. 이 어마어마한 충만감을 내가 가져가는 것이니까.

요즘은 모두 눈에 보이는 가치만 계산을 하고 살지만 돈으로 계산할 수 없기에 소중한 것들, 물과 바람과 나무와 숲과 같은, 짜악 ~ 하고 책의 첫 장이 열리는 소리 같은, 이런 것이 없다면 세상은 얼마나 **빡빡**하고 거칠고 메마르고 그래서 힘겨울까? 우리가 책을 읽는 여러 가지 이유 중의 하나는 계산할 수 없어서 소중하고 아름다운 것들을 놓치지 않고 발견하기 위해서이기도 할 텐데, 무엇을 쫓느라 이런 귀한 것들을 계속해서 계속해서 놓치고 살까?

길담서원, 작은 공간의 가능성

작은 책방의
도서 구입기

길담서원을 열었던 그해 봄, 소년님은 어디선가 라일락 꽃 한 가지를 꺾어다 꽂아두셨다. 서원에 향기가 가득했다. 나는 그 꽃 향기 속에서 고민에 빠져 있었다. 독서모임, 책으로 여는 새 세상(책여세)에서 클림트에 관한 책을 함께 읽기로 해서 책을 주문하려고 도서유통업체 북센에 접속을 했다. 책은 장기품절로 떠 있었다. 알고 보니 이 책을 펴낸 출판사가 북센과는 거래를 하지 않고, 다른 업체에 일원화해서 유통하고 있었다. 출판사에 전화를 하니 정가의 70%에 줄 수 있다고 하기에 북센에서도 70%이던데 여기는 인문학 도서만을 갖추고 있는 책방이니, 좀 더 싸게 안 되겠느냐고 한마디 보탰다. 그러자 교보문고에도 똑같이 70%에 들어갑니다, 어디든지 똑같습니다, 라는 대답이 돌아왔다. 어쩔 수 없이 전화를 끊고 예전에도 길담서원에 들어오는 가격보다 인터넷에서 더 싸게 판매되고 있는 것을 보았기에 검색해보았다. 그때만 해도 도서정가제가 시행되기 전이었다. 인터넷교보에서는

10%나 더 싼 40% 할인가에 팔고 있었다. 택배비 2천 원이 포함되어 있었지만 2만 원 이상 구매할 때는 택배비가 없었다. 나는 이 사실을 확인하는 순간 어떻게 해야 할지 갈피를 잡지 못했다.

유통질서를 어지럽히는 데 일조하면서 인터넷교보에서 책을 주문해서 팔아야 할지, 아니면 손해를 감수하면서 출판사에 주문을 해서 팔아야 할지 아니면 이런 출판사의 책은 팔지 말아야 할지 혼란스러웠다. 그러나 우리에겐 책을 찾는 손님에게 책을 공급해줄 의무가 있었다. 어떻게 하면 좋을까, 고민 끝에 같은 인문학 책방에 전화를 걸어 물었다. 인터넷교보에서 구입해서 판매한다는 대답이 돌아왔다.

참고서, 잡지, 베스트셀러를 중심으로 파는 책방도 문을 닫는 상황에서 인문학 도서만 취급하는 작은 책방이 살아남기 위해서 어쩔 수 없는 선택이라는 생각이 들었다. 과연 누가 이러한 할인의 유혹으로부터 자유로울 수 있을까? 단 돈 천 원에 선택을 달리하는 상황에서 고집스럽게 시간과 차비를 들여 길담서원까지 와서 6천 원이나 더 주고 책을 사는 분들의 선택은 작은 책방을 지키겠다는 의지이자 우정일 것이다. 이런 상황에서 어떻게 해야 할까? 거품을 뺀 도서정가제는 요원한 일일까?

2014년 11월부터 도서정가제가 시행되었지만, 실은 말만 도서정가이지 정가제가 아니다. 10% 할인, 5% 적립이나 굿즈 가능, 무료택배가 어떻게 도서정가제란 말인가? 말의 본의를 흐리는 정책이다. 여전히 우리는 작은 책방을 사랑하고 존재에 의미를 부여하는, 일부 독자들의 선택으로 유지된다. 소비자인 우리가 어디서 어떻게 지갑을 여느냐가 그 사회문화의 방향을 가름한다. 현재 우리나라의 책방문화는 이 소수의 사람들에 의해서 존재 가능하다.

그러다보니 지금 생겨나는 작은 책방들은 팔릴 만한 좋은 책을 구비해놓는 경우가 대부분이다. 그래서 사회과학 분야의 심도 깊은 좋은 책이 출판되어도 책방에 진열되어보지도 못하고 사장되는 경우가 많다. 동네의 작은 책방을 하는 사람들은 한정된 공간에 팔릴 만한 좋은 책을 갖다 놓을 것인가? 안 팔리더라도 좋은 책을 갖출 것인가? 늘 고민하게 된다. 인문학이라는 것이 그렇듯이 우리는 돈으로 환산할 수 없는, 저 라일락 향기 같은 가치에 늘 마음을 열어두고 책을 선별하여 책방을 찾는 사람들에게 공급할 의무가 있다. 그러면서 동시에 먹고살아야 한다는 것, 그것이 어렵다.

나는 왜 뽀스띠노가 되었나?

―

호칭에 대하여

길담서원은 닉네임 문화라서 대표인 박성준 선생님은 소년, 이 정윤 학예연구원은 여름나무 그리고 학예연구실장인 나는 뽀스 띠노라고 불린다.

영화 〈일 포스티노Il Postino〉는 아르헨티나의 시인 파블로 네 루다가 이탈리아의 작은 섬으로 망명 갔을 때를 배경으로 한다. 간신히 글을 읽을 줄만 알던 섬총각 마리오 로폴로가 전 세계에 서 파블로 네루다에게 오는 우편물을 배달하면서 그와 우정이 싹 트고 한 여자를 사랑하게 되고 은유를 알게 되면서 시인이 되고 자기 사상을 가진 사회주의자가 되는 과정을 그리고 있다.

지금은 본명보다 더 많이 불리고 있는 나의 닉네임, 뽀스띠노 는 예전에 자유기고가로 일할 때 블로그에서 썼던 별명인데 내가 하는 일이 메신저 같다는 생각도 들고 네루다 같은 시인이 되고 싶다는 어린 시절 꿈을 담아 그대로 쓰고 있다. 그럼, 왜 길담서원 에서는 별명을 부를까?

박성준 선생님은 호칭에 대한 고민이 많았고 2003년에 '호칭의 민주주의'라는 칼럼을 썼다. …박사님, 교수님, 회장님, 변호사님 등등 곳곳에서 이렇게 이름 뒤에 붙어서 호명되는 직업들은 신분제도가 사라진 시대에 새로운 신분제도와 같이 명예가 있거나 권력이 있거나 돈이 있는 사람에 대한 호칭이 되었다.

자신의 정체성을 직업으로 드러내려 하는 사람들이 있고, 사회적 분위기가 그러하기 때문에, 권위를 가진 사람들과 좋은 관계를 유지하고 싶어서 그렇게 불러주는 사람들도 있다. 내가 그 회사에 다니는 직원도 아니고 그 학교의 학생도 아니며 그 변호사를 고용해서 분쟁을 해결하려는 것도 아닌데 단지 직업이 그러하다는 이유로 그렇게 부른다. 어찌 보면 …씨라고 불렀다가는 무례한 사람이 될 수 있고 선생님은 스승을 일컫는 말이니까 그럴 수도 없고 이런 복잡한 심경들이 담긴 게 아닌가 추측할 뿐이다. 그래서 길담서원은 이런 불편과 선입견 없이 평등하게 만나는 방식으로 별명을 부른다.

자기의 정체성을 드러내지 않고 별명 뒤에 숨는 것 같아 불편하다는 말을 하는 사람도 있지만 별명을 부르면 좋은 점이 더 많다. 우선 …님으로 호칭이 평등해지면 대화도 평등해지고 명예나 권력을 가진 이의 말에 선입견이 생기지 않고 권위가 실리지 않는다. 그럼에도 불구하고 자기 신분을 드러내며 자신의 말이나 행동에 논리가 아닌 권위로 정당성을 부여하려는 사람도 있지만 말이다.

별명, 스스로에게
정체성을 부여하는 일

:

돌이켜보면 우리가 주로 부르는 이름은 부모님이나 조부모 또는 작명소에서 지어준 이름이다. 태어나는 게 내 의사와 상관없이 태어났듯이, 내 의사와 상관없이 부여받은 이름으로 그렇게 불린다. 우리가 쓰는 닉네임은 누군가에게 내 의사와 상관없이 부여받은 호칭이 아니라 스스로 자기에게 정체성을 부여하는 일이다. 내가 좋아하는 어떤 것일 수도 있고 살고 싶은 삶의 지향점일 수도 있고 내가 하는 일이 무엇인지를 잊지 않기 위한 삶의 자세를 담고 있을 수도 있다.

천주교나 불교에서 세례명이나 법명을 정하는 것도 이와 유사한 개념이 아닐까 생각된다. 천주교에서는 '나는 어떤 성인과 가장 유사한 성품을 지녔으며 어떤 성인을 닮고 싶은가?'를 고려해서 자기가 선택한다고 들었다. 내가 가고자 하는 길, 닮고자 하는 성인을 나의 세례명으로 스스로 부여함으로써 그렇게 살고자 하는 것이리라.

이런 호칭 문화는 우리 전통에서도 찾아볼 수 있다. 옛 선비나 사대부 집안에서는 이름 외에도 자와 호를 썼다. 자는 여자 나이 15살, 남자 나이 20살이면 사회적으로 독자적인 활동을 할 수 있다고 보고 성인식을 했다. 이때 아이가 자라는 모습을 지켜본 어른들이 이름이 함축하고 있는 뜻과 비슷한 것으로 본인의 기호나 덕을 고려해서 붙여주는 호칭을 '자'라고 한다. 따라서 자가 생기고 나면 이름 대신 주로 자로 불렸다. 우리 문화에서는 본명을 밝히기를 꺼려하고 어른의 존함을 함부로 입에 담지 않는 문화가 있어서 윗사람에게는 실명을 말하고 동년배나 그 이하 후배들에게는 자를 썼다고 전해진다.

호는 대부분이 거처하는 곳이나 자신이 지향하는 뜻, 좋아하는 사물, 옛 시구에서 가져오는 경우가 많았다. 따라서 거처하는 곳이 바뀌면 호도 달라졌다. 또 좋아하는 사물이 여럿이면 호도 늘어났다. 호는 집안에서 사용한다는 의미의 당호(堂號)와 시·서·화 등에 쓰는 아호(雅號)로 구별하여 쓰기도 해서 호를 통하여 당시 사람들의 세계관과 인생관의 일면을 엿볼 수 있다. 심지어 추사는 호가 5백 개나 되었다고 하는데 이는 추사가 얼마나 학문에 정진하고 사람들과 관계하고 사물과 교감하며 살았는지를 엿볼 수 있는 대목이다.

호에서도 권력 관계가 형성된다. 경제력의 유무, 신분의 높고 낮음이 바로 이러한 호칭에도 그대로 적용된다. 주로 스스로 불림을 선택하는 것은 권위가 있는 양반남성들이고 불림을 당하는 사람은 평범한 여성들이다. 태생지를 그냥 호칭으로 부르는 경우가 그러하다. 근대화되면서 호는 택호처럼, 영암댁, 함안댁과 같이 어느 지방에서 왔는지로 타인에 의해 뭉뚱그려 부여되기도 하고 지금 주로 거처하는 곳에 의해 불리기도 했다. 이는 개별성이 없이 지역적으로 불림으로써 존재의 하찮음을 드러내는 방식이다. 또 감옥에 가면 자기 이름으로 불리는 것이 아니라 수인번호로 불린다. 강제로 그 사람이 가지고 있는 고유성을 소멸시키는

1장. 다양한 빛깔의 꿈꽃을 기다리다

방식이다.

시인 이육사는 원래 이름이 이원록이다. 호가 육사인데 일설에 의하면 수인 번호가 264번이어서 호를 육사(陸史)로 택했다고 알려졌다. 하지만 도진순의 『강철로 된 무지개』를 보면, 한자로 육사(戮死)를 썼는데 이는 역사를 죽인다는 표현으로 혁명을 일으키겠다는 의지를 함축하고 있다. 따라서 스스로 해할 염려가 있고 불필요한 에너지 소모를 막기 위해 온건하게 한자만 陸史로 바꿨다고도 한다. 이렇게 삶의 자세를 다지기 위해 자기 호를 스스로 부여하는 경우도 있다. 하지만 스승이나 친구로부터 받기도 한다. 호를 지어주고 받는 일은 특별한 관계가 형성되었다는 의미다. 스승이 제자에게, 함께 공부하는 친구에게 그의 성정을 반영하여 지어주는 것이다.

이러한 맥락에서 별명을 사용하는 것은 단지 인터넷상의 호칭이 아니라 전통을 현대에 맞게 접목하여 쓰는 방식이며 자신의 개별성을 드러내고 서로 동등해지는 인문적인 방식이라고 볼 수도 있다. 조선시대에는 양반 사대부들이, 근대화되면서는 승려나 예술가들이 호를 썼지만 평민들은 제대로 된 이름도 없이 살아왔다. 이름이라는 것은 개별성이고 단독자로서 한 주체의 존엄을 드러내는 방식임에도 불구하고 그렇게 긴 세월을 살아왔다.

이제 평범한 우리가 시간적 여유와 공부 그리고 사색을 통하여 생각이 조금씩 열리고 부당함에 눈뜨면서 나다운 삶을 살고자 한다. 그때, 첫 번째 던지는 질문이 '나는 누구인가?' '나다운 삶은 무엇인가?' '나는 무엇을 좋아하나?'일 것이다. 이런 질문이 자신에게 다양한 별명을 지어주게 될 것이고 다른 삶을 살게 할 것이다.

"주도면밀하게 기획된 프로그램에는 사람들이 수동적으로 참가하기 쉽다. 거기엔 흥과 신명이 살아나기 힘들다. 진정한 참여는 스스로 창조의 주인공이 될 때 가능하다. 니체는 '예술가는 사슬에 매여 춤추는 자이다.'라고 했다. 이는 현실의 제약, 사회의 제약, 텍스트의 제약이 있을지라도 자신이 묶인 이 사슬을 망각하지 않고 분명히 바라보면서 누구도 흉내낼 수 없는 자기만의 춤을 출 수 있어야 한다는 뜻일 게다."

2장

스스로 구르는 바퀴

길담서원을 찾는 이는 모두가 주인

21세기 서원의 공부

—

문기 가득한 추사와 생기 가득한 조희룡의 매화

봄에 길담서원에 하얀 꽃이 피기 시작하면 사람들이 매화꽃이냐고 묻는다. 앵두꽃이라고 답한다. 사람들은 흔히 서원에는 매화나무를 심을 것이라고 상상한다. 도산서원의 매화나무라든지 화엄사의 매화나무를 생각하는 모양이다. 우리는 그렇게 선비다운 공부를 하는 곳이 아니고 도를 닦듯이 공부하는 곳도 아니다. 일은 하인이 있어서 그들이 다 해주던 시대의 공부와 자본과 싸우면서 자신을 지키며 살아야 하는 시대의 공부가 같을 수는 없다.

어찌 보면 기생 두향과 퇴계의 애틋한 정신적 사랑보다는 앵두나무 우물가에 동네처녀 바람났네 하는 그런 평범한 사람들의 정서를 닮았을지도 모른다. 겉으로 드러나는 감정을 숨기지 않고 표현했던 평범한 사람들의 모습. 오상고절이니 상록수니 하는 정서가 아니라 봄이면 발끝으로부터 힘껏 물기를 끌어올려 잎을 틔우고 꽃피우고 열매를 키우고 가을이면 잎을 물들이고 스러져가는 한 주기와 표정을 닮은 나무들이 바로 평범한 사람들의 모습이다.

선비들은 일하는 사람들의 희생을 먹고 자유를 누렸다. 러셀은 『게으름에 대한 찬양』에서 지주들의 여유로움은 타인들의 근면에서 비롯되었다고 하면서 일해야만 한다는 신조를 타인에게 근면 내지 책임감으로 주입해서 자신들의 한가롭고자 하는 욕망을 유지했다고 서술하고 있다.

안방 깊숙이 부인을 들여놓고 그들이 살림도 하고 아이도 낳아 기르고 대소사도 치르면서 대를 잇는 동안 남자는 사랑채와 외별채를 두고 외유하고 글월 읽으며 살았다. 밭농사를 디자인하고 지시는 하되 손에 흙을 묻힐 줄 모르는 사람들이었다. 그들의 삶이란 그렇게 상당히 의존적이고 위선적이며 위계적이어서 인간이 본성적으로 가지고 있는 것을 몸으로 하는 것이 아니라 이성적으로 정립하는 사람들이었다. 직접적인 감정을 밖으로 드러내면 부끄러운 것이고 세상에 대놓고 말하면 되바라진 상것이나 하는 것이라면서 그들은 은밀히 타인을 착취하고 억압했다.

원래 봄은 그런 계절이다. 갑돌이와 꽃분이가 눈이 맞아 단봇짐을 싸는 계절. 우린 보름달이 떠도 몸이 달뜨지 않는다. 달거리 때에 몸이 달떠도 알지 못한다. 몸은 자연으로부터 단절되어 자연의 리듬을 잃어버렸고, 무뎌진 촉수는 오직 돈의 촉수로 발달되어 그쪽으로만 반응한다. 무엇이 가치 있는 삶인지 견지할 시간도 없이 광고로 주입된 삶을 살아왔다.

중인이었던 조희룡의 매화를 보면, 추사는 조희룡의 매화가 문기가 없다 질책했을지 모르나 추사가 너무 문기를 주장하니까 문기 뭐가 그리 중헌대? 하고 대든 것 같다는 생각도 든다. 조희룡이 사대부들에게 반감을 품었기 때문인지 매화벽(梅花癖) 때문인지는 알 수 없지만 그의 매화는 무척 육화적이고 다산적이며 풍부하다. 문기를 뺀 자리에 생명의 싱그러움이 가득 들어앉은 것이다. 어쩌면 조희룡의 매화는 문기를 표현할 줄 몰라서가 아니라 옛것을 본받아 새로운 것을 창조한다는 추사의 '법고창신(法古創新)' 정신을 담은 그림일지도 모른다.

길담서원에는 산딸나무, 앵두나무, 사과나무, 라일락, 붉나무가 있다. 좀작살나무와 말채나무를 빠뜨리면 섭섭해하겠구나. 달맞이, 인동, 벌개미취, 산국 등과 얼크러져 여름이면 이 풀들을 헤치고 들어와야 한다. 두문즉시심산(杜門卽是深山), 문을 걸어 잠그면 바로 깊은 산중이라는 말처럼 우리 서원은 이 뜰을 가운데 두고 속세와 탈속세를 나눈다고 여긴다. 여기 들어와서 잠시 그 모든 것에서 놓여나서, 속세의 상처나 아픔을 견디며 함께 공부하고 즐겼으면 한다.

왜, 잉글리시가 아니고
콩글리시 공부인가?

영어원서강독모임

길담서원은 문을 열면서 먼저 두 가지 공부모임을 시작했다. 첫 번째 모임은 영어로 고전을 읽는 콩글리시모임이고 두 번째 모임은 책으로 여는 새 세상, 책여세라는 독서모임이다.

콩글리시모임은 박성준 선생님과 함께하는 영어고전원서 강독모임이다. 우리나라는 학교에서도 사회에서도 영어를 비중 있게 다루기 때문에 유치원에서부터 회화나 입시를 위한 문법, 토익이나 토플 등 기능적인 측면에서 영어를 배우는 경우가 많다. 하지만 독일의 철학자 가다머가 "외국어를 배우는 것은 다른 세계관을 얻는 것이다."라고 말했듯이 하나의 언어를 알게 된다는 것은 소통을 위한 도구를 넘어선 또 다른 세계를 발견하는 일이다. 길담서원은 좋은 텍스트를 꼼꼼하게 읽으며 인문학 공부도 하고 영어도 익히는 방식으로 영어원서강독을 시작했다.

먼저, 독서는 좋을 책을 골라 비판적으로 읽는 것이 중요하듯이 영어원서읽기도 마찬가지다. 우리가 영어원서읽기모임에 잉글리시가 아닌 콩글리시라는 이름을 붙인 것도 한국인들이 쓰는 영어는 우리나라 사람들의 사회·문화·역사적 현실을 표현하는 우리다운 영어를 해야 한다는 생각이 들어 있다.

먼저, 비판적인 독서가 이루어지려면 문맥을 정확하게 짚어야 하는데 이때 도움을 받을 수 있는 게 문법이다. 선생님은 문법을 꼼꼼히 따져서 내용을 정확하게 읽도록 권한다. 그리고 소통을 위해서 발음도 강조한다. 매끄러운 발음보다는 오히려 또렷하게 내용이 전달되는 발음을 중시해서 구강구조를 그림으로 그려가며 짚어주신다.

공부 방식은 책을 선정한 후, 미리 각자가 발표할 분량을 나눠 맡아서 돌아가며 읽고 해석하는 것이다. 선생님께서는 중간중간에 단어의 의미, 문법, 문장의 전체적인 흐름을 부연설명 해주시는데 그러면 희미한 문장이 확연하게 드러났다. 더불어 참가자들과 지식을 나누기도 하고 질문하고 토론을 하며 읽어나갔다. 우리가 원서를 읽다가 난해한 대목을 만나 번역본을 참고하려고 들춰보면 번역자도 어물쩍 넘어가는 경우가 있었고 까다로운 문법을 요구하는 대목에서는 틀리게 번역한 경우도 있었다. 이럴 때에도 선생님은 대강대강 넘어가지 않았다. 또 발음과 문법에 이어 문장을 쓰여진 순서대로 읽고 번역하는 습관을 들이라고 강조하셨다. meaning group by meaning group. 즉 의미 단위별로 직독직해 방식으로 읽으라는 것이다. 이렇게 하면 눈앞에 텍스트 없이 대화나 강연을 들을 때에도 도움이 된다.

참가자는 10대부터 70대까지 영어교사, 디자이너, 금융인, 고등학생, 미국에서 대학을 졸업한 사람, 퇴임하신 분 등 다양한 사람들이 일주일에 한 번씩 모여서 영어로 쓰인 고전을 한 권 한 권 읽어나가고 있다.

영어공부와 관련하여 소개하고 싶은 책이 있다. C. 더글러스 러미스의 『경제성장이 안되면 우리는 풍요롭지 못할 것인가』(녹색평론)라는 책이다. 이 책 말미에 부록처럼 일본에서의 영어교육, 그중에서도 회화에 대한 경험을 신랄하게 쓰고 있는데 우리나라의 영어 토양도 일본과 크게 다르지 않다고 생각된다.

그간 읽었던 책들 중에는 『A Little History of the World』(곰브리치의 세계사), 하워드 진의 『Howard Zinn On History』(하워드 진, 역사의 힘)과 E. H. 카의 『What is history?』(역사란 무엇인가), 칼 폴라니의 『The Great Transformation』(위대한 전환), 슈마허의 『Small is beautiful』(작은 것이 아름답다), 버지니아 울프의 『A Room of One's Own』(자기만의 방), 버트런드 러셀의 『In Praise of Idleness』(게으름에 대한 찬양), 칼 세이건의 『Cosmos』(코스모스) 등이 있다. 우리는 영어로 쓰인 고전원서를 함께 읽고 해석하고 토론하면서 번역을 통해서는 맛볼 수 없는 그 언어만이 갖는 독특한 분위기와 재미를 느끼며 독서의 깊이를 더해갔다.

Que sais-je?
나는 무엇을 아는가?

프랑스어 공부모임

2010년 여름, 프랑스어 교사인 효은님이 길담서원에 프랑스어 공부모임도 있었으면 좋겠어요, 하고 말을 걸어왔다. 우린 공부모임의 방식을 의논하자고, 브레인 스토밍하자고 편안한 마음으로 부담 없이 모이자고 공지를 했다.

효은님과 라비님이 중심이 되었고 소년님이 도왔다. 8명이 모여서 회의를 하고 2010년 9월에 아우라님이 프랑스어 문법 공개강의를 네 번 하고 10월부터 프랑스어 원서강독모임을 시작했다. '끄세쥬Que sais-je?', '나는 무엇을 아는가?'라는 뜻으로 프랑스 어문공부모임이라고 이름을 지었다. 첫 책은『어린 왕자Le Petit Prince』였다.『어린 왕자』를 프랑스어로 읽으며 문법 공부도 함께 했다.

참가한 사람들은 프랑스문학 전공자부터 아, 베, 세, 데도 모르는 사람들이 섞여 있었다. 프랑스어를 잘 아는 사람과 이제 막 배우기 시작한 사람이 짝을 이뤘다. 30분 정도 일찍 와서 가르쳐주기도 하고 주말에 만나서 산책을 하고 카페에서 함께 공부하는 팀들도 있었다. 그렇게 참가자들은 프랑스어로 읽는 『어린 왕자』와 가까워졌다.

생텍쥐페리는 2차세계대전 중에 독일에 점령된 프랑스가 미국의 도움 없이는 해방될 수 없다고 판단해서 미국으로 망명했다. 그는 미국에서도 이미 『인간의 대지』로 유명했다. 생텍쥐페리가 뉴욕에서 지낼 때, 한 출판인과 식사자리에서 냅킨에 '아이' 그림 하나를 그렸다. '누구냐?'는 물음에 '늘 맘속에 품고 다니는 아이 하나가 있다.'라고 대답했고 '그럼 그 아이를 소재로 해서 동화를 써보면 어떻겠냐?'는 말을 들었다. 프랑스에 두고 온 아내를 닮은 모습이었다. 그 아이가 『어린 왕자』였다. 1943년 『어린 왕자』는 미국에서 영어와 프랑스어로 동시에 출판되었다.

『어린 왕자』 읽기모임이 끝나고 홍익대학교에서 불문학을 가르치는 고광단 선생님과 카뮈의 『이방인L'Étranger』 읽기를, 인문결 연구소 소장이자 《르몽드 디플로마티크》 한국판 편집위원인 임상훈 선생님과 『실존주의는 휴머니즘이다』 등 읽기를 함께했다.

2016년부터는 낮에만 시간이 되는 분들을 위해서 낮에 하는 쁘띠 77세쥬반을 열었다. 이 모임은 77세쥬반에서 열정적으로 프랑스 어문을 공부한 여름나무님이 중심이 되어 이루어졌다. 이 모임에서도 첫 책은 『어린 왕자』였다. 여름나무님은 『어린 왕자』를 프랑스어로 여러 번을 읽고 영어로도 반복해서 읽었을 만큼 『어린 왕자』라는 텍스트를 좋아했다. 프랑스어 전공자는 아니었으나 먼저 읽은 사람의 책임감으로 이차문헌을 살피며 텍스트가 갖는 힘을 믿고 모임을 진행해나갔다.

『어린 왕자』는 지금은 이미 어른이 된, 예전에 아이였던 친구, 레옹 바르트에게 바치는 책이다. 헌사에서 내가 가장 사랑하는 친구이자 아이들을 위한 책까지도 이해할 수 있는 그 친구가 춥고 배고픈 프랑스에 살고 있어서 위로가 필요한 그를 위해 이 책을 쓴다고 했다. 동화책인 이 책을 아이들에게 바치지 않고 어른에게 바치는 것을 미안해하면서, 이런 말로도 충분하지 않다면 아이였던 내 친구 레옹 바르트에게 바친다고 덧붙였다. 레옹 바르트는 생텍쥐페리보다 스무 살 많은 프랑스의 소설가이고 평론가였다. 그는 유대인으로『인간의 대지』를 가장 좋아하는 책으로 꼽았으며 늘 품에 안고 다닐 만큼 생텍쥐페리와 정서적으로 문학적으로 잘 통하는 친구였다. 친구를 늘 그리워하고 소중히 여기는 소년님은『어린 왕자』의 헌사를 붓글씨로 썼다. 프랑스어 원문을 먹으로 쓴 아주 특별한 붓글씨 작품이자 텍스트가 되었다.

『어린 왕자』는 정말 많은 분들에게 사랑받는 작품이다. 프랑스에서 오래 살다온 어느 사회학자는 해마다 세모에『어린 왕자』를 프랑스어로 읽는다고 했다. 쉬우면서도 머리가 맑아지는 책이라고. 나는『어린 왕자』가 이렇게 함축적이고 철학적이며 아름다운 작품인 줄은 커서 읽으면서 알았고 프랑스어로 읽으면서 느꼈다. 중학생 뽀스띠노는 몰랐던 감정이었다. 명작은 나이가 들어감에 따라서 더 밀도 깊게 읽어낼 수 있다. 두 번 세 번 읽어야 한다는 의미가 무엇인지 알 것 같았다. 생텍쥐페리의『남방우편기』,『야간비행』,『인간의 대지』, 그가 남긴 모든 작품으로 이끄는 힘이 있었다.

이어 학교를 발명하기 위해서는 도토리를 심어야 한다고 강조하던 소년님을 떠올리며 장 지오노의 『나무를 심은 사람*L'Homme qui Plantait des Arbres*』을 읽었다.

아무리 훌륭한 번역서라 하더라도 원문의 의미를 온전히 담지 못하는 구절이 있기 마련인데 프랑스어에서 전해지는 미묘한 뉘앙스를 원문으로 읽으면서 낯선 언어가 주는 신선함을 서서히 알아갔다. 언어를 모르기 때문에 더 자세히 들여다보고 더 생각하는 데서 오는 이해의 힘이라는 생각도 들었다. 이성적인 인식과 감성적인 인식이 함께하는 경험이었다.

어떤 책읽기모임도 마찬가지이지만 그 모임이 잘되려면 참여하는 구성원 못지않게 텍스트의 선정이 중요하다. 『어린 왕자』는 읽을 때마다 새롭게 읽힌다. 새롭게 읽히는 그 감동의 힘으로 나아갈 수 있기 때문이다. 그런 의미에서 『어린 왕자』는 분량도 적고 이미지도 특별하며 서사도 좋아서 프랑스어를 처음 공부하는 사람들에게 아주 좋은 텍스트이다.

내가 무엇 때문에 감옥을
살았는지 알아야겠어요
——

마르크스의 『자본』 읽기모임

소년 박성준 선생님은 일본의 개조사판 6권짜리 마르크스의 『자본』을 소장하고 막심 고리키의 『어머니』 등을 필사한 노트를 소지하고 있다가 그것이 증거가 되어 반공법과 국보법 위반으로 감옥살이를 해야만 했다. 선생님은 경제학과 학생이니 『자본』을 읽어야 한다고 생각했다. 그래서 청계천 헌책방에서 한 달 과외비를 몽땅 주고 산, 그 당시는 읽을 능력도 없었던 『자본』 일본어 번역본을 책꽂이에 꽂아두고 입주 가정교사 집을 옮길 때마다 소중하게 간직했다. 게다가 공부하면서 무수히 많이 베껴 쓴 공책들이 화근이 되어 더더욱 혹독한 형을 받았다. 박성준 선생님을 고문해서 판결하고 감옥에 넣은 사람들조차도 마르크스 사상이 어떤 사상인지 알지 못했다. 당시 박성준이라는 청년도 잘 알지 못했기는 마찬가지였다.

길담서원에서 『자본』 읽기모임을 시작하면서 선생님이 말문을 열었다. "내가 읽지도 못하는 『자본』을 소지했다고 15년형을 받았는데 사실 그게 뭔지도 잘 모르고 살았거든요. 근데 이제는 그 책이 버젓이 번역되어 책방에서도 팔고 여기저기서 공개강의가 이루어지고 있어요. 그러니 이제는 나도 『자본』이라는 책을 읽어 봐야겠어요. 내가 무엇 때문에 감옥살이를 했는지 알고 나서 죽 어야겠다는 생각이 들어요.”

『자본』1권을 읽기 전에 참가한 사람들이 마르크스나 『자본』 과의 인연에 대해서 이야기하는 시간이었다. 인간에 대한 연민이 많았던 27살 젊은이는 이제 졸업을 하고 부조리한 세상에 눈감으 면, 원하는 것은 무엇이든지 할 수 있는 앞날이 기다리고 있었다. 그런 청년이 날개가 꺾인 채로 13년 6개월을 감옥에서 지내야 했 고 그것은 주홍글씨가 되어 평생을 따라다녔다.

우리는 그 책 『자본』을 돌아가면서 소리 내어 읽었다. 자그마 한 공간에서 책을 소리 내서 읽는다는 것은 텍스트를 내 몸의 감 각기관인 눈과 입을 통해서 소리로 바꾸고 그 소리로 서로에게 전달하여 함께 호흡하고 공명하는 시간이었다. 보고 듣고 읽기가 타자와 더불어 이루어졌다. 그러니까 누가 소리 내어 읽느냐에 따라서 텍스트는 섬세하게 다가오기도 하고 무덤덤하게 스치고 지나가기도 했다. 내용을 숙지하고 읽는 사람과 그렇지 않은 사 람은 전달력이 다르다는 것도 알았다. 우리는 모여서 서로를 다 독이며 꾸준히 소리 내서 윤독을 했다. 때론 소년님이 해설을 곁 들여주셨고 한 달에 한 번은 김호균 교수님이 독일어 원전을 가 지고 오셔서 우리의 궁금증을 풀어주셨다. 지금은 매달 첫주 토요일 4시간씩 강신준 교수님의 『자본』 강의를 듣고 토론하는 시간을 갖고 있다.

강신준 선생님은 우리 사회 전반에 이유를 알 수 없는 억울함이 넘쳐나고 있는데 지금으로부터 150년 전 유럽에서도 지금 우리와 같은 억울함이 넘쳐났고 바로 그때 『자본』이 출판되었다며, 『자본』은 오늘날 그 억울함을 치유할 수 있는 길을 제시한 책이라고 했다.

지금이나 그때나 토지라는 생산수단을 박탈당하고 도시로 내몰린 사람들은 노동력을 팔지 않고는 먹고살 수가 없었다. 노동자들은 어디서도 인간적인 대접을 받지 못하고 저임금 과노동에 시달리며 하루하루를 연명하고 있다.

『자본』은 마르크스가 맨체스터 직물공장에서 하루에 16시간씩 남성은 물론 여성노동과 아동노동이 강행되고 있는 현장을 목격하고 그 실체를 자료를 통해 검증하면서 쓴 자본의 역사였다. 『전태일 평전』을 읽을 때 보았던 우리나라 노동자들의 모습이 거기에도 있었다. 『자본』 1권은 당시 공장의 상황을 면밀히 분석한 자료를 기반으로 노동자들의 현실을 사실적으로 묘사하면서도 문학적인 풍자와 유머 그리고 가난한 사람들에 대한 연민의 눈으로 쓰여진 철학서이기도 했다. 노동자의 노동력이 어떻게 해서 기업의 이윤으로 전환되는지, 기업이 돈을 버는 숨은 원리가 밝혀져 있었다. 마르크스 사후에 쓰여진 『자본』 2권은 그가 남긴 메모를 엥겔스가 정리해서 그런지 가독성이 떨어져서 읽기가 무척 힘들었다. 아무튼, 마르크스는 노동시간 단축을 화두로 삼고 있었다. 노동력에서 잉여가 발생하고 그 잉여는 곧 자본가의 재산으로 축적되기 때문이었다.

1970~1980년대 우리나라에서 이 책을 읽은 젊은이들이 어찌하여 금과옥조로 삼았는지 알 것 같았다. 젊은이들은 나의 가족과 이웃의 노동이 교환과정에서 자본가의 부로 이동한다는 것을 알았다. 노동의 착취가 어떻게 일어나는지 그 비밀을 알게 된 것이다. 노동자들이 시름시름 앓도록 일을 하면서도 가난에서 벗어나지 못하는 이유는 초가집에 살고 게을러서가 아니라 자본가에게 빼앗기고 있었다는 사실이었다. 감각이 팔팔하게 살아 있었던 뜨거운 젊은이들은 이 불합리한 세상을 바꾸자고 공장으로 가고 학교 밖으로 나올 수밖에 없었을 것이다. 그러니 당시의 기득권층은 『자본』이라는 이 책이 두려웠을 것이다.

수없이 많은 별들이 쏟아졌다

독일어 원서읽기모임

리영희 선생님이 새는 좌우의 날개로 난다고 사상적인 균형에 대해서 말했다면, 우리는 미국적인 신자유주의에 경도된 교육과 자본주의라는 경제체제 속에서 유럽적인 사민주의 사상을 배울 필요가 있다고 생각했다. 우리는 우선 철학하기에 좋은 언어인 독일어를 고전원서로 읽으며 배우기로 했다.

아라크네님과 함께 니체(Friedrich Wilhelm Nietzsche)의 『차라투스트라는 이렇게 말했다*Also sprach Zarathustra*』를 약 3년에 걸쳐 읽었다. 이 책은 니체 자신이 2천 년 인류의 철학사에서 가장 최고의 책이라고 평했던 책인데 부제가 '모두를 위한 그리고 누구를 위한 것도 아닌 책'이다. 그러니까 앞의 '모두를 위한'은 인류 모두가 읽어줬으면 하는 소망일 테고 뒤에 '누구를 위한 것도 아닌'은 이 책을 알아보는 사람이 한 사람도 없을 것을 암시한다고 볼 수 있겠다.

모임의 시작은 소년님의 제안으로 아라크네 이현애 박사가 길담서원 온라인 카페에 올린 '니체와 함께 왈츠를!'이라는 공지글이었다.

니체와 함께 왈츠를!

길담서원의 옥인동 시대를 펼치며 독일어 원서읽기를 시작합니다. 그 첫 번째는 니체의 『차라투스트라는 이렇게 말했다』입니다. 천천히, 느리게, 곱씹어 가면서, 달팽이 걸음으로 읽어 가려고 합니다. 눈으로만 읽지 않고, 입술로 소리 내어 낭독하고, 손을 움직여 베껴 써보기도 합니다. 니체의 글은 몸으로 읽지 않으면 느낄 수 없는 문학이고, 철학이고, 춤이고, 음악입니다. 그의 글에서는 정확한 스텝과 명료한 리듬으로 이루어진 정직한 왈츠가 들립니다. 니체의 정직한 음악에 맞추어 춤을 추고, 힘을 기르고, 삶을 그리고 싶다면 오십시오.

Zum Wohl 안녕을 위하여
아라크네 드림.

소년님은 늘상 말해왔듯이 감히 독일어도 모르는데 원서를 어떻게 읽겠어라며 머뭇거리는 우리를 설득하고 부추겼다. 나는 이것 때문에 할 수 없어 하는 이유가 있다면, 그 가능성을 만들어야 하고 발명해야 한다고. 그러자 독일어를 읽을 줄도 모르는 사람들부터 독일에서 심리학 공부를 한 사람, 문학 공부를 한 사람, 독일어교사를 지낸 사람, 게다가 두 분의 목사님 등이 함께했다.

공부 방식은 독일어를 알든 모르든 숙제를 배분하고 윤독해나가는 것이었다. 독일어를 처음 배우기 시작한 사람은 한두 문장, 좀 잘하는 사람은 그보다 많이 이렇게 차등을 둬서 숙제를 배분하고 발표를 할 때 잘 읽지도 못하고 더듬대는 것을 기다리며 발음을 교정해주고 해석을 도우며 같이 읽어나갔다. 어떤 분은 이 책을 번역본으로 여러 차례 읽었지만 이런 의미일 것이라고는 생각을 못 했다고 했다. 토론하는 과정에서 자기가 얼마나 편협한 사고를 하고 있었는지 툭툭 깨지는 경험을 했다고도 했다. 독일어는 못해도 작품을 해석해내는 능력은 뛰어난 분도 있었다. 이차문헌이라든지 사전 학습을 통해 같이 공부하는 사람에게 도움을 주는 동무도 있었다. 무엇보다도 독일어를 잘하는 분들의 인내가 이 공부모임을 끝까지 밀고 나가는 데 큰 힘이 되었다.

『차라투스트라는 이렇게 말했다』는 인류 역사상 가장 음악적인 책이라는 평가를 받고 있는데 독일어로 읽어보니 각운이라든가 리듬, 도치법이 상당히 사용되고 있었다. 우리말 문장구조와 다르지만 도치가 되면 문장구조가 같아지면서 의미는 물론 문장의 리듬까지 읽어낼 수 있었다. 우리는 초보니까 번역본을 옆에 끼고 영어 번역본도 보면서 읽어나갔다. 외국어로 쓰인 텍스트는 원문의 미세한 의미까지 오롯이 옮겨지지 않는데 이것이 원서를 읽는 매력이었다. 또 독일어를 못하기 때문에 더 집중해서 꼼꼼하게 읽고 먼저 공부한 분들의 설명을 듣고 토론을 통해서 읽고 건너갔다.

그렇게 열독하는 우리에게 어떤 대학교 철학과 교수가 지나가면서 이렇게 말한 적이 있다. 요즘은 번역서도 잘 나오는데 뭐 하러 그렇게 많은 시간을 들여 원서를 읽느냐고. 우리는 그때 뭔가 부당하다고 생각했지만 아무 말도 못 했다. 이 문장의 뜻을 알았을 때의 기쁨, 그 기쁨을 왜 평범한 우리들이 알면 안 되느냐고? 그리고 '학문적 영감을 가장 순수한 형태로 체험했을 때의 기쁨과 우리 정신에 미치는 작용이 얼마나 숭고한 것인가를 느꼈고 이런 기쁨을 극소수의 사람들만 누릴 수 있다.'는 사실을 깨닫고 슬퍼했던 크로포트킨의 말을 이해할 수 있었다. 그는 '이런 기쁨을 혼자서만 즐길 권리가 나에게 있는가?'라고 질문하면서 새로운 발견을 위해 애쓰기보다는 기존에 얻어진 지식을 일반대중에게 보급하는 일에 힘을 보태야겠다고 결심했다. 그것은 지식이 자신의 이익만을 위해서 사용되는 것이 아니라 모두를 위해 쓰여야 한다는 믿음, 역사적으로 선조들이 이미 이뤄놓은 토대로부터 얻어진 것이기에 유적존재로서의 지식인의 책무라는 생각에서 나왔을 것이다.

Ich sage euch : man muss noch Chaos in sich haben, um einen tanzenden Stern gebären zu können. Ich sage euch : ihr habt noch Chaos in euch.

나는 너희에게 말한다 : 사람은 자기 안에 혼돈을 가져야만 한다. 그래야 춤추는 별 하나를 낳을 수 있다. 나는 너희에게 말한다 : 너희는 너희 안에 혼돈을 가져야만 한다.

Unschuld ist das Kind und Vergessen, ein Neubeginnen, ein Spiel, ein aus sich rollendes Rad, eine erste Bewegung, ein heiliges Ja-Sagen.

어린아이는 순진무구요, 망각이며 새로운 시작이고 놀이이고 스스로 구르는 바퀴이고 최초의 움직임이고 거룩한 긍정이다.

Von allem Geschriebenen liebe ich nur Das, was Einer mit seinem Blute schreibt. Schreibe mit Blut : und du wirst erfahren, dass Blut Geist ist.

나는 모든 글 가운데서 어떤 이가 그의 피로 쓴 것만을 사랑한다. 피로써 써라. 그러면 그대는 피가 곧 정신임을 알게 되리라.

Bist du eine neue Kraft und ein neues Recht? Eine erste bewegung? Ein aus sich rollendes Rad? Kannst du auch Sterne zwingen, dass sie um dich sich drehen?

너희는 새로운 힘이며 새로운 권리인가? 최초의 움직임인가? 스스로의 힘으로 돌아가는 수레바퀴인가? 너희는 또한 별들을 강요하여 너희 주위로 돌게 할 수 있는가?

독일어로 『차라투스트라는 이렇게 말했다』를 읽으면 이런 문장들이 마구 쏟아져 별밭을 이룬다. 그 별들을 주워 담을 수 있는 것은 자기의 독서경험과 생활경험 그리고 그것을 연결짓는 사고에 따라서 다 달랐다. 공통점이 있다면, 그 책을 읽고 모두들 그냥 집에 가기 힘들었다는 것이다. 술을 마시기 위해가 아니라 이야기를 하고 싶어서 술집을 찾았고 24시간 카페에 가서 차를 마시면서 이야기를 잇고 새벽별을 보며 집으로 가기도 했다. 결국은 같이 공부하는 산책골님이 사는 전주로 여행을 떠나기도 했고 함께 하늘공원에서 캠프를 하기도 했으며 북한산을 걷기도 했다. 따로 또 같이 그렇게 한 시절을 보냈다. 산책골님은 대학원에 진학해서 니체로 논문을 썼고 바틀비님은 독일의 프라이부르크로 공부하기 위해 떠났다. 니체는 우리에게 그렇게 강력했다.

이어서 소년님과 함께 루터 탄생 2백 주년을 맞아 루터가 번역한 성서 『*Martin Luther, Bible*』 중에서 *Das Evangelium nach Johannes*를 읽었다. 성서는 라틴어로 되어 있어서 목사라든지, 성주라든지 귀족 계급만 읽을 수 있었다. 루터는 이 성서를 민중의 언어인 독일어로 번역한 것이다. 이는 혁명과도 같은 일이었다. 독일의 평범한 사람들이 이젠 목사 없이도 성서를 통해서 직접 하느님의 목소리를 들을 수 있게 된 것이다. 우리는 이 성서를 소년님의 해석을 곁들여 독일어로 읽었다. 단문으로 되어 있으며 같은 단어가 계속 반복되어 기초 독일어를 익히는 데 좋은 텍스트였다.『잘라라, 기도하는 그 손을』을 쓴 사사키 아타루는 책을 읽어 무엇인가를 알아버린 이상, 그 이전으로 돌아갈 수 없다고 했다. 당시 독일의 시민들이 그랬을 것이고 우리도 조금씩 조금씩 원서를 읽는 맛을 알아가면서 새로운 세계가 열리는 경험을 하고 있다.

『젊은 베르터의 괴로움』을
다시, 읽다
—

　길담서원에서 독일어 원서강독을 아무런 대가 없이 2년째 강
의하고 계신 안삼환 선생님은 경북 영천시 도동 선비마을에서 태
어났다. 아버지는 법대를 가길 원했으나 지독하게 부패한 대한민
국 사회에서 판검사가 되어도 이 사회를 바꿀 자신이 없었다. 게
다가 고등학교 선생님이 독문학을 권하기도 하고 백일장에서 상
도 타면서 소설가의 꿈을 키웠다. 네가 독문과에 가면 고생할 것
같다는 아버지를 배반하고 서울대학교 독문과에 들어간 것이다.
학교를 졸업하고 독일 본 대학에서 박사학위를 받고 돌아와 소설
쓰기를 미뤄둔 채 교수가 되었다. 독일 사회를 경험함으로써 우
리 사회의 문제점을 더 명확히 알았고 그 지점을 교육을 통해 개
선해야 하겠다는 생각을 했다.
　책 한 권을 제대로 쓸 수 없을 정도로 바쁘게 일하는 가운데 정
년이 다가왔고 퇴임하자마자 『새독일문학사』를 쓰고 소설 쓸 준
비를 하던 중에 우연히 길담서원에서 독일어 원서를 읽는 시민들

이 있다는 사실을 알게 되었다. 그 이야기를 듣고 대학교에서도 독문학과가 없어지는데 독일어로 고전을 읽는 사람들이 있다는 게 고마웠고 아버지한테 저지른 불효를 감당하려면 내 몫을 더 해야 한다는 생각이 들었다. 또 자신이 독일에 가서 대학을 다니는 동안 박성준 선생님은 조국의 민주화를 위해 투쟁하는 과정에서 13년 반이나 감옥에 산 것이 미안해서 아직은 더 가르쳐야 한다며 우리에게 오셨다.

요한 볼프강 폰 괴테의 『젊은 베르터의 괴로움*Die Leiden des jungen Werthers*』 함부르거판을 들고 온 안삼환 선생님은 첫 강의를 '인문학이란 무엇인가?' 하는 물음으로 시작했다. 그리고 왜 괴테의 '젊은 베르테르의 슬픔'이 아니고 '젊은 베르터의 괴로움'인지 설명해주셨다. 프랑스 혁명이 일어나기 15년 전에 쓰인 이 작품은 괴테의 신분적인 위치 그리고 시대적 배경을 알지 못하면 연애소설로 읽을 수밖에 없다.

괴테는 외할아버지가 시장을 지낸 라인강가 상업도시인 프랑크푸르트 암마인에서 혈통귀족이 아닌 도시귀족으로 태어났다. 네덜란드와 무역을 해서 자본을 축적한 시민이 귀족을 쫓아내고 비엔나 황제에게 돈을 주고 프랑크푸르트시를 사서 자유시가 되었다. 그래서 괴테는 프랑크푸르트에서는 집권자 딸의 아들로 귀족과 같은 신분을 누렸지만 다른 도시에 가면 시민계급에 속했다. 그러하기에 어떤 힘으로도 뚫고 나올 수 없는 꽉 짜인 구조 안에서 움직이는 신분사회의 갑갑함, 식탁에서 자리 하나 윗자리에 앉기 위해 눈치나 보는 귀족들과는 못 살겠다는 자유정신, 계급

군주에 반대하고 시민계급으로서 자기주장을 하며 자유와 평등에 눈뜬 저항 정신이 『젊은 베르터의 괴로움』에는 낮게 그러나 돌부리처럼 놓여 있다.

『젊은 베르터의 괴로움』은 문장이 워낙 장문이고 복잡해서 기초도 모르는 친구들이 텍스트를 꼼꼼하게 읽는 것은 무리였다. 그래서 선생님은 매주 수업할 분량을 번역하고 그중에 반드시 공부해야 할 부분을 표시해서 문법 설명이 딸린 예습지를 보내주셨다. 우리는 주간 발행하는 소설을 읽듯이 베르터의 편지를 읽어나갔다. 선생님께서 강조한 부분을 중심으로 공부했고 나머지 부분은 번역으로 낭독을 하면서 살펴나갔다. 선생님께서 우리에게 보내주시는 예습지에는 늘 짧은 당부의 말씀이 있었다.

길담서원의 도반 여러분, 베르터의 최후가 임박했습니다. 우리의 강의도 이제 두 번밖에 남지 않았네요. 지금까지 쉬지 않고 달려왔건만, 막상 우리가 이 강의에서 무엇을 얻었는지 자문하면, 정말 막연하기만 하지요? 인문학이란 것이 이렇습니다. 해도 해도 끝이 없고 막막하기만 합니다. 그래서 시인 라이너 마리아 릴케(Rainer Maria Rilke)는 젊은 시인에게 보내는 편지에서 참고 기다려야 한다(Geduld ist alles!=참는 것이 전부다!)라고 말했나 봅니다. 우선 텍스트를 곰곰이 읽고, 그다음에 원문을 참을성 있게 읽으시기 바랍니다.

가장 최근에 우리를 다독이며 보내주신 예습지에 따라온 편지

2장. 스스로 구르는 바퀴

이다. 개인적으로 나는 독일어보다는 독일문학에 대하여, 특히 괴테라는 한 사상가를 만나는 시간이었으며 안삼환 선생님을 알아가는 시간이기도 했다.

이렇게 우리에게 보내주신 예습지를 기반으로『젊은 베르터의 괴로움』이 부북스 출판사에서 출간되었다. 이 책은 길담서원에서 시민들과 함께 공부해나가면서 번역했다는 의미도 있고 유교적인 토양에서 자라 한학을 공부하고 괴테를 연구한 선비의 언어로 옮겨졌다는 점도 의미가 깊다. 고유한 자기 언어를 확실하게 가지고 있는 안삼환 선생님은 18세기 괴테의 고전적인 언어를 웅숭깊은 우리말로 번역해낸 것이다.

번역은 지식인의 책무라는 말이 있듯이 단어 하나하나의 음가 및 의미에 대해서도 예민하셨다. 그 고민의 맥락에서 베르테르는 베르터가 되었고 슬픔은 괴로움이 되었다. 또 선생님은 5개 자음밖에 없는 일본어 번역을 그대로 도입한 독일어 번역을 다시 재정립할 필요성에 대해서 자주 말씀하셨다.

예를 들어 Deutschland의 일본어는 獨逸이다. 獨逸을 일본어로 읽으면 도이츠가 되니 전혀 문제가 되지 않는다. 그런데 우리말은 독일이라는 발음과 아무런 관계가 없기 때문에 "도이칠란드"로 쓰는 게 적절하다. 또 낭만적, 낭만주의(浪漫主義)라는 말도 되짚어보자 하셨다. 浪漫主義는 일본어로 로만슈기라 읽는데 이는 Romantik(로마적)을 일본어로 발음한 것이다. 그런데 우리는 일본식 한자조어로 낭만주의라고 쓴다. Romantic은 어떤 청춘의 설렘을 불러일으키는 정서가 아니라 그냥 "로마적"이란 뜻일 뿐이라는 언급이었다.

언어는 단지 소통하고 학문하는 도구가 아니라 그 나라의 역사, 문화, 사회를 총괄하는 사상이 온축(蘊蓄)되어 있기에 중요하다. 따라서 우리 번역어를 찾아내야 한다. 독일어 발음 그대로를 수용한 것도 아니고 우리 언어체계에 맞지도 않는 번역어들은 재정립할 필요가 있겠다.

프랑스만 해도 새로운 상품이 도입되면 프랑스의 언어사적 맥락과 사회의 통념에 근거하여 그 상품의 이름이 붙여진다. 이는 새로운 언어의 생성이다. 무엇인가 새로운 문물은 새로운 단어를 낳아야 한다. 언어는 그렇게 생겨나고 성장하고 기능이 없으면 소멸한다. 외국어의 무분별한 사용과 급식체와 같은 경박한 언어로 우리 언어는 갈수록 척박해지고 있다. 학문 분야에서 새로운 언어를 만들고 풍성함을 더했으면 한다.

니체는 '예술가는 사슬에 매여 춤추는 자이다.'라고 했다. 우리는 무릇 현실의 제약, 사회의 제약, 텍스트의 제약이 있을지라도 자신이 묶인 이 사슬을 망각하지 않고 분명히 바라보면서 누구도 흉내낼 수 없는 자기만의 춤을 출 수 있어야 한다는 뜻일 게다. 그동안 『젊은 베르테르의 슬픔』이라고 아무 의문 없이 읽어온 텍스트가 바로 이러한 고뇌 속에서 『젊은 베르터의 괴로움』으로 다시 번역된 것이다.

안삼환 선생님은 노년을 지내기 위해 낙산에 작은 집을 짓고 꼭 필요한 것만 챙겨서 이사를 했다. 그때 챙겨 책상 앞에 걸은 글씨가 석전 황욱이 말년에 악필로 썼다는 송무백열(松茂栢悅)이다.

소나무가 무성하면 잣나무가 기뻐한다는 이 글귀는 선생님 메일의 끄트머리에 늘 붙어서 오던 역지사지(易地思之)하고 감정이입(感情移入)하는 삶의 자세와도 같은 맥락에 놓여 있을 것이다. 선생님은 이러한 마음으로 우리를 만나러 오셨다.

이미 『젊은 베르터의 괴로움』은 좋은 텍스트로써 힘을 가지고 있었지만 18세기 독일어를 우리 힘으로 읽는 것은 거의 무모한 도전에 가까웠다. 이것을 가능하게 한 것은 단어와 문법, 숙어까지 챙겨서 해석을 하고 보내주신 예습지의 힘이 컸다. 지금은 괴테의 『파우스트Faust』를 읽고 있다.

학자, 그것도 유학에 바탕을 두고 성장했으면서도 유럽의 문화 속에서 청년기를 보낸 선생님과 매주 만나는 일은 단지 학문만을 배우는 것이 아니라 독일 문화와 생활양식, 또 어른세대를 이해하는 방식에 있어서도 많은 것을 배우게 된다.

무엇을 공부하는가?

―――

길담서원 공부모임

　길담서원에는 한두 사람 혹은 서너 사람이 중심이 되어 들고나며 꾸준히 이어지는 다양한 공부모임들이 있다. 한 달에 한 번 모이는 헐거운 모임 중에는 책읽기모임인 **책여세**가 가장 오래된 모임이다. 길담서원을 열고 바로 시작한 모임으로 '책으로 여는 새 세상'을 만들어보고자 책여세라고 했다. 그러나 길담서원에서 일하는 사람들이 멤버에서 빠지고 사람들이 바뀌면서 그 구성원들의 호기심을 채우는 책들로 그때그때 선정하여 읽고 있다. 책읽기모임은 그 구성원의 삶의 방식, 문제의식 등이 책을 고르는 기준이 되기에 구성원이 바뀌면서 책 선택도 많이 달라졌다.

　그다음 만들어진 책읽기모임이 **철학공방**이고 여기서 호세 오르테가의 『철학이란 무엇인가?』를 첫 책으로 해서 데카르트의 『방법서설』, 스피노자의 『에티카』, 니체의 『차라투스트라는 이렇게 말했다』 등을 읽었고, 레비나스 철학을 공부하며 『타인의 얼굴』, 『시간과 타자』, 『존재에서 존재자로』 등을 읽었다. 철학공방은 박성준, 남경태, 강신주, 조광제, 이승환 선생님의 강의로 이어 졌다.

이어 후쿠시마 사태 이후, 길을 가다가 엄마 손을 잡고 아장아 장 걸으며 활짝 웃는 아이를 보면 마음이 아팠던 박성준 선생님 은 **핵에너지 공부모임**을 만들고 김종철 선생님과 강양구 기자의 강연을 마련했다. 핵에너지 공부모임은《녹색평론》읽기모임으로 나아갔고 김종철 선생님은 첫 모임에 함께해주셨다.

또 김성칠 선생의 『역사 앞에서』를 읽고 어렸을 때 생이별한 부모님을 떠올리던 박성준 선생님은 김성칠 선생의 막내아들인 김기협 저자를 서해문집의 아그네스님을 통해서 만났고 그 만남 은 『**해방일기**』 **읽기모임**으로 이어졌다. 김기협 선생님과 함께 해 방공간을 중심으로 근현대사를 공부하던 모임은 박성준 선생님 과 감옥에서부터 인연을 맺었던 **서준식의 옥중서한 읽기모임**으로 연결되었다. 『서준식 옥중서한』은 감옥의 현실과 함께 현대사를 고스란히 담고 있으며 기독교, 예수 그리고 책읽기, 글쓰기는 어 떠해야 하는지를 근원적으로 말하고 있다.

소리 내서 윤독하는 모임의 시작은 노르웨이 철학자 군나르 시 르베크와 닐스 길리에가 함께 쓴 『서양철학사』를 읽으면서 시작 되었고 이어서 **자서전 읽기모임**을 하고 있다. 그 첫 책이 『크로포 트킨 자서전』이다. 러시아를 대표하는 사상가 표트르 크로포트킨 은 명문귀족으로 지리학자이자 아나키스트이고 혁명가이다. 헌 신하고 언행일치하는 삶을 살았으되, 누군가에게 희생을 강요하

지 않았던 한 사상가의 삶을 통해 러시아 근현대의 역사와 문화
도 알아보았다. 그는 사람들을 계몽해야 할 대상으로 보지 않았
다. 농경사회 구조에서 관리자들은 주인에게 비굴하지만 농민들
은 자기 일에 대하여 겸손하면서도 당당했다고 기술하고 있다.
아마도 농민은 생산수단을 가지고 있어서 그랬을 것이다. 또 스
위스 쥐라연합공동체에서 그들의 자율적이고 당당한 운영방식을
보고 감동하고 기뻐한다. 가르치려 들지 않고 사람들의 삶 속에
서 그들만의 운영방식을 발견하고 지지한다. 일관되게 그런 시선
을 유지한다. 그래서 아나키스트 혁명가가 되지 않았을까? 이어
괴테의 자서전『시와 진실』을 읽었고 니코스 카잔차키스의『영혼
의 자서전』에 이어 사르트르의 자서전『말』을 읽고 있다.

　또 경제공부모임과 시민과학모임이 있다. **경제공부모임**의 중심
은 풀피리님, 철수님, 듀님, 신록님 등이다. 풀피리님은 박성준 선
생님과 영어원서를 읽는 콩글리시반에 나오던 분으로 자본주의를
신뢰하고 최첨단의 금융전선에서 일해왔는데 2008년 금융위기가
터지면서 불안해지기 시작했고 허공에 선 기분이 들었다고 했다.
그래서 뭔가 대안을 찾아야겠다는 생각으로 '자본주의 위기상황
을 제대로 이해하고 대응해야 한다.'는 문제점을 제기하자 소년님
이 공부모임을 권했다. 그렇게 경제공부모임이 만들어졌다.
　2011년 8월에 시작한 경제공부모임은 현재 25명 안팎의 회원
이 활동한다. 주로 금융, 세무, 은행, 패션, 마케팅, 연구소 등에서
일하는 직장인과 주부, 인문학도로 구성되어 있다. 매월 경제학

고전과 일반 경제, 사회 서적 등을 읽고 토론한다. 함께 읽은 책이 1백 권이 넘는다. 모임은 집들이로 이어지기도 했고, 남도로 여행을 가기도 했다. 경제전문가 홍기빈, 정태인, 김종철 교수 등 선배 학자들을 모셔서 강의도 듣고 자본주의 틀에서 벗어나 대안적인 삶을 살고자 하는 김유익 같은 분들을 모셔서 이야기도 들었다. 2015년에는 '우리들의 이야기'라는 글쓰기 자료집을 묶었다. 또 대안공동체 비빌기지와 연합세미나를 열고 청년경제공부모임을 제안하여 튜터 역할을 시도하기도 했으며 아카넷 출판사에서 나온 번역서 『붕괴』 감수를 했다.

시민과학공부모임은 2014년에 만들어졌다. 황우석 사태에서도 경험했듯이 시민이 과학을 모를 경우 특정 이해집단에 소속된 과학자가 잘못된 결정을 한다거나 반인륜적·반지구적인 상황으로 몰고 갈 수도 있다. 그래서 시민이 과학에 대해서 알아야 중심을 잡을 수 있다는 생각으로 시민과학공부모임을 만들었다.

자연사랑 김재영 선생님의 "길담서원 과학콘서트, 철학적 물음에 현대과학이 답하다", 장회익 선생님의 "현대인을 위한 자연과학" 강연이 계기가 되었다. 첫 책은 『우리는 모두 별이 남긴 먼지입니다』라는 책이었다. 시민과학공부모임은 자연사랑이라는 별명을 쓰는 김재영 선생님을 중심으로 이루어지고 있다. 자연사랑님은 늘 1/N의 역할뿐이라고 말하지만 과학공부는 전문영역이다 보니 역할의 비중이 큰 것은 사실이다. 거기에 반장격인 아다다님이 공지글과 후기를 쓰면서 모임을 살피고 있는 것도 큰 원동력이다.

공부모임운영은 어떤 책을 선정하느냐도 중요하지만 구성원들이 그 텍스트를 어떤 모양새로 어떻게 읽고 있는지를 게시글이나 댓글을 통해서 보여주는 것도 무척 중요하다. 더불어 기존 멤버들과의 유대감이 있어야 하고 동시에 새로운 사람들과의 균형을 이루어야 한다.

경제공부모임이나 시민과학공부모임의 장점은 이렇게 열려 있음과 닫혀 있음이 적절히 이루어진다는 점이다. 요즘은 모임이 단체 카톡방을 중심으로 움직이면서 점점 폐쇄화되는데 그럴 경우 구성원이 좀 더 내밀하고 친밀해진다는 장점이 있는 반면에 인원수가 줄기는 해도 늘지 않으면서 시간이 지날수록 지루해진다는 단점이 있다. 그런데 이 두 모임은 온오프모임의 적절한 조화가 특징이다. 모두가 볼 수 있도록 길담서원 온라인 카페에 다음 읽을 책의 안내뿐만 아니라 모임 후기, 특별한 활동을 했을 때 기록으로 남겨 공유한다. 카톡방에서 주고받은 토론 내용, 여행기도 올라오는 등 모임 구성원들이 어떤 활동을 어떻게 하고 있는지, 어떤 사람들이 모여 있는지, 어떤 생각을 하고 있는지 대략 보여줌으로써 호기심을 유발해 끊임없이 새로운 사람들이 참가할 수 있도록 문을 열어놓고 있다. 또 구성원들과 뒷풀이를 하면서 기존 멤버들과 돈독해지고 새로운 사람을 환대하면서 모임의 긴장을 놓치지 않을 수 있었을 것이다. 친해지면 폐쇄적으로 되고 그러면 편해져서 긴장감을 잃고 매너리즘에 빠지기 쉽고 사람은 줄어든다. 그러나 길담서원 카페라는 플랫폼에서 적절하게 모임을 안내하고 과정과 결과를 공유함으로써 관심 있는 분들이 들고나는 모임은 오래갈 수 있다.

길담서원은 1주년부터 10주년까지 기념하는 자리에 김종철, 윤구병, 홍세화, 송경동, 사사키 아타루 등 앞서 공부한 분들이나 현장에서 우리의 삶을 좀 더 나은 방향으로 만들어가고 계신 분들을 모시고 그분들의 생각을 듣고 배우고 나누는 시간을 마련했다. 돌아보니, 모두 남성분들이었다.

11년이 되는 시점에서는 페미니즘에 대한 인식도 대두되고 있으니 여성 선생님을 모시는 자리도 좋겠다 싶었으나 시민으로 길담서원에서 공부해온 친구의 강연을 듣는 것이 한층 의미 있겠다고 생각되었다. '우리가 모두 주인이다.'라고 했을 때, 그 주인인 길담서원 공부모임에서 활동해온 분이 그동안 공부한 것을 체계화하여 발표하는 쪽으로 방향을 잡고 경제공부모임과 시민과학공부모임을 염두에 둔 기획에 들어갔다. 시민과학공부모임보다는 길담서원에 먼저 둥지를 틀고 있는 경제공부모임이 좋겠다고 판단했다. 경제공부모임은 경제분야를 중심으로 다양하게 공부하면서도 후배들과 교류하고 공부 영역을 확장하며 꾸준하게 우정을 쌓아가고 있었다. 나는 좀 더 깊이 있는 연구와 발제로 전문가에 버금가는 혹은 기존의 연구자들과는 다른 시선과 시민적 안목을 기대하고 강연을 권했다. 하지만 바쁜 직장인들이고 누군가가 혼자 하겠다고 나서는 것이 쉽지 않았는지 4명이 모임을 대표해서 그동안의 활동을 돌아보고, 시민이 왜 그리고 어떻게 경제공부를 해야 하며 앞으로 우리 사회가 어떤 경제체제를 지향해야 할지를 고민해보고 함께 이야기 나누는 시간을 가졌다.

길담서원, 작은 공간의 가능성

2008년 가을 어느 날, 눈사람님과 시인처럼님이 자전거를 타고 찾아왔다. 이런저런 이야기를 나누고 간 후 세월이 좀 흘러 두 사람은 매달 둘째주 토요일이 되면 길담서원을 찾는다. 이들이 소속된 녹색아카데미라는 모임이 길담서원에서 진행되기 때문이다. 이 모임은 장회익 선생님을 중심으로 그의 제자들과 시민들이 함께 과학을 기반으로 공부하는 모임이다. 녹색아카데미에서 헤겔 연구자이자 번역가인 견각 전대호님이 『철학은 뿔이다』의 저자로 초대받은 적이 있다. 나는 다른 책모임에서 그 책을 읽은 터라 그와 이야기를 나누다가 저자와의 만남을 하자고 제안했고 그 제안은 근대철학사강의로 이어졌다. 지금은 전대호의 **헤겔 정신현상학 강독모임**을 진행하고 있다. 그렇게 공부를 시작한 지 10개월 만에 전대호의 『정신현상학』 번역과 해설이 『정신현상학 강독 1』(글항아리)이라는 책으로도 엮여 서원 밖 독자들과 만나고 있다.

이외에도 김성남님과 현대중국어로 논어를 읽던 모임은 선생님께서 중국으로 떠나면서 배연희님과 루쉰 단편선을 읽는 것으로 이어졌으나 세종으로 이사를 가시면서 중단되었다. 또 김해자 시인과 함께했던 글쓰기모임, 장태순님과 함께했던 영화모임, 최신옥님과 했던 클래식 영상음악 감상회 등등 다양한 모임들이 1년 혹은 4~5년 이렇게 유지되다 사라지고 점처럼 다시 나타나기도 하면서 길담서원이라는 정체성을 만들어왔다.

강연 중심에서 공부모임 중심으로

:

길담서원은 처음 둥지를 튼 통인동에서 옥인동으로 이사를 하면서 공부의 방향을 바꾸었다. 자기를 변화시키고 좀 더 나은 사회로 나아가려면 한 사람, 한 사람이 시간 들이고 고생하면서 스스로 공부해야 한다고 생각했다. 그래서 통인동 시절에는 한 달에 한 번 하는 공부모임과 매주 하는 강연이 중심이었다면 옥인동 시대에는 매주 하는 공부모임을 축으로 이차문헌 등을 참고해가며 공부를 하다가 부족함을 느낀다든지, 우리의 이해가 맞는지 궁금할 때, 스스로 읽기 힘든 텍스트를 공부해야 할 때, 필요에 따라서 선배들의 강의를 청해 듣는 방식으로 운영하고 있다. 다른 사람의 강연을 듣는 것도 중요하지만 단단하게 내가 누구인지 알아가려면 스스로 공부하는 힘을 키워야 했다. 자기 힘으로 좋은 책을 반복해서 읽고 토론하고 글을 쓰면서 나와 세계의 관계를 정립하는 시간이 필요했다.

이러한 다양한 모임 중에는 청소년들과 함께하는 프로그램도 있었다. 2008년 말부터 청소년들이 기획에 직접 참여하는 **청소년 인문학교실**을 꾸준히 열었다. 일, 몸, 집, 밥, 돈 등 우리 삶에 꼭 필요한 '한 글자'를 주제로 다양한 관점에서 강의를 듣고 질문하고 토론하고 후기를 기록하고 체험활동을 하는 방식이었다. 2014년부터는 청소년들과 영어원서를 꼼꼼하게 읽고 암송하며 지금, 여기를 감각하는 모임을 구상했다. 바로 **팔학년서당**이다. 이름에서 유추할 수 있듯이, 나이가 12살에서 19살까지의 청소년들이 한

교실에 모여 선생님과 영어원서를 강독하고 암송하며 자연을 직접 감각하며 즐기는 원룸스쿨(One Room School)이다. 이성적이고 합리적인 판단능력을 키우면서도 답사나 놀이, 드로잉을 통해 감각을 살리고 문학적 감수성의 순도를 높이는 모임이다.

어른들을 위한 공부모임에서는 인문학이 액세서리나 데코레이션화되는 것을 경계하면서 직장생활을 하는 틈틈이 꾸준한 독서와 사유, 토론과 발제, 글쓰기로의 연결을 시도했다. 자신의 관심분야를 발견해내고 자신의 생각을 표현하는 것. 이러한 시민이 한 분야의 전문가와 거침없이 토론할 수 있고 자기 언어로 강의를 할 수 있고, 글을 쓰거나 전시회를 하거나 창작발표회를 열 수 있는 아마추어들이 많은 세상을 꿈꿨다. 아마추어는 익숙하지 않은 비전문가라기보다는 애호가, 수집가라고 할 수 있다. 프로가 먹고사는 생계형 노동을 표상한다면 아마추어는 그 행위 자체를 즐거움으로 삼는 사람들이다. 프로와 비교하여 수준이 떨어지는 사람들이 아마추어가 아니다. 이러한 자기다운 삶을 살고자 하는 단독자들이 늘어난다면 정치도 변하고 사회도 변하고 우리 삶의 질도 달라질 것이다.

자율과 공률,
길담서원을 찾는 이는
모두 다 주인입니다

—

길담서원은 2008년 2월부터 현대의 서원이자 시민운동의 한 방식으로 작은 공간의 가능성을 실험하고 있다. 당시 이명박 대통령이 취임하는 날이었는데 경제발전만을 강조하는 청와대가 가벼워지는 것을 염려하여 그 옆 통인동에 작은 문진을 하나 눌러놓는다는 심정으로 문을 열어가고 있다. 세월이 흘러 이제 12년째다.

소년 박성준 선생님은 어느 인터뷰에서 길담서원을 찾는 이는 모두 다 주인이라 했고 책방을 해도 밥을 굶지 않는 것을 보여주겠다고 했다. 나는 이것은 시민운동을 오랫동안 해온 선생님이 책방을 해서 돈을 벌겠다는 선언이 아니라 책을 기반으로 한 문화예술공간의 모델을 창작하겠다는 새로운 운동의 개념으로 이해했다.

책방을 해서 먹고살 수 있다는 것은 책방이 잘된다는 것을 의미하고 이러한 보편성의 확보는 질을 결정하는 데 무척 중요하다. 사회적으로는 문화운동이고 개인적으로는 목마름, 옹달샘, 나와 같은 나그네가 찾아와서 같이 공부하고 노래하고 춤추다보면 어느새 갈증도 해소되고 세상도 좀 더 선한 방향으로 나아갈 것이라고 믿었다. 그러한 생각을 실천하는 방식으로 몇 가지 약속을 정했다. 사람들이 계속 바뀌어서 지금은 빛이 바랜 언약이 되었지만.

길담서원을 움직이는 기본요소

:

길담서원을 움직이는 기본요소는 평등에서 찾을 수 있다. 모든 관계에는 권력이 작용한다. 그러나 길담서원에서는 그 권력 관계를 최소화하고자 한다. 친구는 사회적 지위의 높고 낮음 없이 가장 평등한 관계이고 관계의 가장 성숙된 상태이다.

· 따라서 호칭은 그의 신분이나 학력, 경제력을 가늠할 수 없는 별명을 사용한다.

· 되도록이면 마이크를 쓰지 않는다.

· 자리 배정에서 상석이 없이 둘러앉으려고 노력한다. 자리는 1 대 다수의 구도보다는 서로 마주보고 앉을 수 있도록 최대한 둥그런 자리를 마련한다.

· 토론할 때는 듣는 것을 기본으로 한다. 친구가 말을 할 때 나는 무슨 말을 할까? 생각하지 않고 귀를 기울여 듣는다.

· 내 차례가 왔을 때는 바로 말을 하지 않고 잠시 뜸을 들였다가 말을 시작한다. 이 시간은 먼저 말한 친구의 말의 여운에 온전히 귀기울이는 시간이고 나에게는 말을 기다리는 시간이 된다.

· 말을 잘하려고 하지 않는다. 천천히 생각을 가다듬으면서 말을 시작하고 맺는다. 화려하고 빠른 말보다는 조금 생각하면서 더듬더듬 말을 해도 좋다. 말을 한다는 것은 나의 생각을 전하는 것이지만 듣는다는 것은 잘 배우는 것이다.

· 우리에겐 침묵할 자유가 있다. 말을 하고 싶지 않을 때는 하지 않아도 된다. 다른 사람의 말을 조용히 들어주는 귀가 되어주는 것도 중요한 일이다.

· 모두 같이 자리를 만들고 모두 같이 정리정돈한다. 나이가 많거나 남자이거나 사회적 지위가 높은 분도 예외가 아니다.

· 끝으로 모임은 마냥 편안하기보다는 따뜻하면서도 조금은 불편한 자리가 되도록 한다. 장 지글러의 『왜 세계의 절반은 굶주리는가?』와 같은 책을 읽었을 때의 불편함을 우리가 잊어서

는 안 된다.

때로는, 재활용봉투가 아름답다

:

2008년 문을 연 이래로 매출에 영향이 있는 것을 알면서도 테이크아웃 컵을 사용하지 않았다. 뭐든지 똑같아지는 세상사 풍경에서 하나쯤 이런 곳이 있는 것도 좋겠다 싶었고, 길거리에 다니면서 커피를 마셔야 할 필요도 느끼지도 못했으며 무엇보다 그 가벼움이 싫었다.

지구는 점점 쓰레기로 몸살을 앓고 있는데 좀 편하자고, 좀 싸다고 사용하는 물건들이 쓰레기더미로 쌓여가는 것이 눈에 들어왔다. 분리수거를 철저히 하고 설거지할 때 거품 비누를 안 쓰는 것도 중요하지만 더 중요한 것은 쓰레기를 만들지 않는 것이다. 이러한 일상이 중요하다는 것을 잊지 않으려 했다.

처음 길담서원에 왔을 때 책을 담아드리는 봉투로 비닐 봉다리를 쓰고 있었다. 장당 100원이라고 했다. 예쁘지도 않고 환경에도 안 좋은 비닐 봉다리를 사다가 쓴다는 게 맘에 걸려서 집에서 안 쓰는 예쁜 쇼핑백을 골라다가 책을 담아드리기 시작했다. 그리고 카페에 글을 올려 안 쓰는 종이봉투를 가져다 달라고 부탁했다. 공부하러 오는 분들이 종이봉투를 가져다주셔서 100원짜리 비닐 봉다리를 없앨 수 있었다. 나는 길담서원 로고가 찍힌 봉투보다 재활용봉투가 더 아름답다. 우리가 부모의 몸으로부터 발아하고 태어나 살다가 죽고 썩어서 순환이 이루어지는 것처럼 우리가 사용하는 기물들도 순환하는 것이 좋다. 편리한 기물들의 사용은 우리에게 부메랑이 되어 돌아올 것이다.

자율 + 공률 + 우연성

:

한 공간이 진화하기 위해서는 참여자들이 자발적·자율적으로 진화를 해야 한다. 먼저, 자발성이 있어야 한다. 스스로 하고 싶은 공부를 제안하고 글을 올리고 참가자들의 의견을 모아 회의를 한 후 하나의 프로그램을 만들어간다.

두 번째로 중요한 것은 니체가 『차라투스트라는 이렇게 말했다』에서 강조한 스스로 구르는 바퀴이다. 한 사람이 누구를 지배하지도 않고 누구의 지배를 받지도 않으면서 자율적이고 주체적으로 창작하는 사람을 말한다. 그럴 때만이 다양성이 꽃피고 우연이 끼어들 여유가 생긴다. 참여자의 안으로부터 솟아나는 신명과 열정은 즉흥성이다. 이는 놀이와 축제의 요소이고 창조의 과정에서 필수적이다. 사사키 아타루는 이것이 전기나 평전을 읽을 때 나타나는 사람들의 공통점이라고 했다.

자율성은 사람에게 물과 공기 같은 것이다. 자율이 없으면 주체적일 수 없고 주체적이지 못하면 다양성이 꽃피지 못하고 변화할 수 없다. 새로운 변화는 주체적이고 자율적일 때 다양한 개인들의 욕망이 공동체 속에서 발현된다. 주도면밀하게 기획된 프로그램엔 수동적으로 참가하게 되는데 거기엔 흥과 신명이 살아나기 힘들다. 진정한 참여는 스스로 창조의 주인공이 될 때 가능하다. 그래서 즉흥성을 중요하게 여기고 각자 주인이고 주체인 참여자들의 안으로부터 솟아오르는 신명과 열정은 길담서원을 '신명나는 인문사회문화예술놀이터'로 만들 것이다.

세 번째로 공률이다. 자발적으로 제안한 프로그램을 제대로 운영하기 위해서는 도움이 필요하다. 이때 어떻게 구현할 것인가에 대한 방법은 모임을 통해 만들어간다. 토론을 통해 좀 더 구체적이고 체계적인 프로그램으로 만든다. 길담서원에서 기획해서 진행하는 프로그램과 시민들의 자발적인 제안으로 이루어지는 프로그램이 자율과 공률, 원심력과 구심력, 자전과 공전처럼 창조적 긴장 관계 속에서 상호보완하고 조화롭게 이루어지는 게 길담서원 정체성의 정신적 두 축이다. 자율은 공률에 의해 책임감이 생기고 공률은 자율에 기초함으로써 더 풍요로워질 수 있다.

끝으로 우연성이다. 우연히 찾아온 한 사람이 자신이 가지고 있는 재능을 길담서원과 만나서 꽃피울 수 있도록 한다. 치밀하게 기획하지 않은 데에서 오는 가능성이다. 그래서 길담서원의 프로그램들은 길담서원 자체에서 기획하고 진행하는 프로그램과 한 분야의 전문가이거나 어떤 모임이 만들어지기를 기대하는 시민이 직접 제안하고 지지하는 사람들이 모여 공부모임을 만든다. 그리고 그 시민들이 주인공으로 설 수 있도록 도와준다. 참가자는 단순한 소비자가 아니라 창작자로서 함께하는 방식이다.

하지만 너무 바빠졌다. 회의를 소집하고 의견을 묻고 정리해서 올리고 다시 조율하는 그 과정은 시간이 너무 많이 걸리고 에너지를 많이 요구했다. 그러다보니, 새로운 공부모임은 적게 생기고 여행 프로그램은 점점 줄어들었다. 보름달 밤에 걷기라든지, 책이 있는 곳을 찾아가서 음악회를 연다든지, 현대미술기행 등을 하는 자리가 없어졌다. 각 공부모임과 연대하는 학술-교육 세미나와 예술-문화적 축제를 해보자는 생각도 아직 구체화되지 못하고 연말에 드로잉교실 회원전이나 송년음악회 정도만 하고 있다.

한 공간이 아름답게 존재하기 위해서는 정밀한 계획과 디자인도 필요하지만 그 계획은 뼈대와 같은 것이고 그 공간을 찾는 사람들이 만들어갈 수 있는 여백도 있어야 한다. 그 여백에서 사람들은 자기다운 색깔을 발견하고 드러내며 의견을 나누고 조율한다. 그것을 중심으로 공부하게 된다.

길담서원을 디자인하고 프로그램을 기획하고 진행해오면서 한 공간의 성장은 그곳에서 함께하는 사람들이 무르익어야 한다는 것을 알았다. 길담서원에 오는 한 사람, 한 사람이 여기에서 호흡하고 공부하면서 단단해지기를 바란다.

"우리는 이렇게 우연에 기대어 책
마음샘을 만들어갔다. 한 사람이
혹은 서너 명이 기획하지 않고 함
께 의논하여 만들어갔다. 한 사람
을 깊이 있게 만나고 참여자들이
자발적으로 준비하고 프로그램을
진행하는 동안 우리는 함께 배웠고
함께 성장했으며 긴 시간 자기 이
야기를 풀어놓으면서 정말 자기가
말하는 것과 같은 삶을 살고 있는
지 성찰하고 되새기는 시간을 가졌
다. 깊게, 길게 만나는 일은 타인을
통해서 나를 들여다보는 일이며 나
의 내부의 사정을 살피는 일이기도
했다."

3장

벗이 있어 세상은 아름답다

책과 사람 사이에서

책이 있는 마을,
음악이 샘솟다

별건곤님이 물었다. "여기, 피아노가 있네요. 친구 중에 피아니스트가 있는데." 하고 말했다. 나는 그 기회를 놓치지 않았다. 길담서원에서 유현주 피아노 독주회를 열었다. 슈베르트의 곡이었다. 우린 제목을 로시니의 오페라에서 차용하여 '보라, 하늘은 미소 짓고'라고 붙이고 프로그램을 올렸다. 50~60석의 작은 공간에서 연주자와 청중이 나누었던 깊고 깊은 떨림은, 얼굴이 발그레해졌던 순간은 잊을 수 없는 경험이 되었다.

그 피아니스트와 어린 시절부터 늘 클래식 음악에 귀를 열어놓고 살았던 길담서원 소년님과 음악 감상실을 후원하는 goforest님이 밥을 같이 먹었다. 일을 낼 필요충분조건을 갖춘 이들이 우연처럼 만난 것이다. 그리고 이런 음악회를 자주 열자는 의견이 나왔고 같이 의논하자고 길담서원 카페에 글을 올렸다.

책이 있는 곳이라면 도서관, 학교, 문화공간, 사회복지시설 등 어디든지 찾아가 거기 그곳의 시민들과 음악으로 만나자. 연주자와 듣는 우리 모두가 행복한 그런 음악회를 열어보자. 연주자들과 도서관 사서, 교사, 작가, 큐레이터, 피아노 조율사, 편집자, 문화기획자들이 뜻을 모았다. 도움을 주는 친구들[꿈나누기(dream-storming)]이 생겼다. 그 결과, "책이 있는 마을, 음악이 샘솟다"(책마음샘)라는 클래식과 대중이 만나는 음악 연주 여행 모임이 만들어졌다.

우리는 이렇게 우연에 기대어 책마음샘을 만들어갔다. 한 사람이 혹은 서너 명이 기획하지 않고 함께 의논하여 만들어갔다. 우연히 만난 우리가 함께 만들어간다는 것은 조금은 어수룩하고 부족해 보인다. 그런데 그 부족한 틈으로 신선한 바람이 들어와 새로운 싹을 틔우고 꿈을 키우게 했다. 모두가 주인공이 되게 했다.

이 일을 위해 피아니스트 유현주 · 서영미, 바이올리니스트 심혜선 · 진현주 · 이석호, 첼리스트 심혜원, 비올리스트 노현석 등등 연주자들이 앞장섰고, 웹디자이너 김반장과 사진작가 오롯, 피아노 조율을 해주시는 이정구 선생이 힘을 보탰고 캘리그라퍼 강병인 선생은 책마음샘이라고 붓글씨를 써줬다. 아울러 '책마음샘' 꿈나누기에 참여해주신 분들의 지혜 나누기와 시간 나누기가 뒤를 따랐다.

길담서원 책마음샘은 2010년 5월 21일 최순우옛집에서 첫 연주 여행을 시작했다. 5월의 푸르른 음악이 나뭇잎을 더 싱그럽게 한 봄밤 음악회였다.

피아니스트 유현주는 슈베르트가 〈겨울 나그네〉를 작곡할 때 썼던 포르테 피아노를 트로싱엔 국립음대에서 복수전공해서 업라이트 피아노를 아주 섬세하게 다룰 줄 아는 피아니스트였다. 그의 연주는 넓고 깊으며 무척 섬세하다. 절대음감의 그 예민함이 우리를 몰입으로 이끌었다. 그가 첫 음을 울리기 시작할 때의 긴장감은 이루 말할 수가 없다. 나는 이런 능력 있는 예술가가 그냥 이렇게 초야에 묻혀 있는 게 안타까웠다. 그래서 '눈으로 듣는 음악 귀로 보는 연주'라는 프로그램을 함께 기획하고 진행했다. 먼저 우리 귀에 익숙한 피아노 곡을 선정하여 피아니스트가 전곡을 연주하고 청중과 함께 악보를 보면서 곡을 해설하고 부분부분 피아노 연주를 들려준다. 이후에 객석 참가자가 연주를 하면 그 연주를 다시 설명하고 가르쳐주는 일종의 마스터 클래스 같은 방식이었다. 작은 규모의 피아노 레슨이었지만 무척 인상 깊은 자리였다. 그때 함께했던 미술사학자 아라크네님은 드뷔시의 〈달빛〉에 관한 콜라보레이션 강연을 해주었고 그림으로 남겨주었다.

바이올리니스트 심혜선, 첼리스트 심혜원 자매는 엄청난 연습광이다. 모든 삶의 중심이 연주에 맞춰진 두 사람은 세상일에도 관심이 많고 독서하며 행동하는 연주자들이다. 두 음악가가 '바흐의 밤'이라는 이름으로 길담서원에서 연주했을 때, 객석의 모든 촉수가 현의 움직임에 집중했던 경험을 잊을 수가 없다. 7월이었는데 에어컨도 끄고 빽빽하게 들어찬 사람들이 음악에 폭 빠져서 더위를 잊었다. 그 풍부했던 긴장감과 아름다움의 경험이 지금도 몸에 녹아 있다는 것을 느낀다. 책들도 깨어 있고 나무들도 전율했고 우리의 감각도 활짝 열렸던 경험이었다. 긴장이 날카롭고 뾰족한 것이 아니라 깊고 풍성할 수 있다는 것을 이때 처음 느껐다.

피아니스트 서영미의 연주도 잊을 수 없다. 1980년대에 만들어진 야마하 업라이트 피아노가 바르르 떨었으니까. 힘이 넘치는 피아니스트이다. 이론도 열심히 공부해서 곡에 대한 대중적인 해설을 곁들인 음악회를 자주 개최한다. 동료들과 늘 공부하고 클래식 음악의 대중화에도 앞장서고 있다.

요즘은 에드가 노로 알려진 비올리스트 노현석은 무척 대중적인 연주자이다. 3분 만에 50장의 티켓을 매진시켜버릴 정도로 팬들을 몰고 다니는 연예인 같은 연주자였다. 잘생긴 외모와 몸에 밴 친절함 그리고 연주할 때 나오는 다양한 제스처와 표정을 팬들은 좋아하는 것 같았다.

책마음샘 연주단은 성공회성당 음악회, 구름배님의 개인 서재인 잔서완석루, 광진구 도서관음악회, 지리산 산골학교 음악회, 성주 수륜중학교 음악회 등등 찾아가는 음악회를 열었다. 그중에서도 수륜중학교 음악회는 길담서원이 여름방학을 맞아 유럽으로 컨템포러리 아트기행을 떠난 후, 뮤즈, 하늘피리님 등 회원들이 주축이 되어 회의를 하고 음악회 일정을 조율하면서 소년님과 뽀스띠노 없이 준비했다는 점에서도 의미가 깊다. 지리산 산골음악회나 성주 해인사 아랫마을 음악회에서는 작은 공간에서 오는 감동보다는 음이 흩어지고 산만한 분위기가 먼저였다. 그러나 그 산만함에서 오는 자연스러움이 또 매력이었다. 연주자가 조율을 하면서 바이올린으로 〈고향의 봄〉을 연주하자 객석에서 와~ 하는 소리가 났다. 자신들이 익히 들어 알고 있던 멜로디가 이렇게 다른 소리로 황홀하게 나오리라는 것을 짐작하지 못한 낯섦에서 오는 감탄일 것이다.

그날, 심혜선 바이올리니스트가 장난처럼 민요 〈양산도〉를 연주했더니 함께한 분들이 무척 즐거워했다. 가만 보면 익숙한 것이 새로운 것과 만났을 때 사람들은 거기서 신선함을 느낀다. 그래서 가끔은 모르는 곡도 좋지만 잘 아는 곡을 연주하는 것도 괜찮을 것이라는 생각을 했다.

시골학교를 찾아갔을 때는 아이들이 그 자연을 마음껏 즐기지 못하고 도시아이들처럼 컴퓨터 앞에서 게임만 하고 논다는 말씀을 들을 때 마음 아팠다. 그러나 그렇더라도 자연이 갖는 힘이 있어서 학교를 오가면서 그 아이들의 옷자락에 자연의 싱그러움이 묻어날 것이라고 생각했다. 우리에게도 자연 속으로 떠난 아름다운 음악여행으로 남아 있으니까.

백야제, 깊은 밤의 이야기

콜롬비아 몸의 학교

길담서원에서 독서모임이나 강독모임을 할 경우 보통 2시간에서 3시간이면 끝이 났다. 서로의 어색함이 풀리고 어느 정도 이야기의 물이 오르기 시작하면 마무리를 지어야 하는 안타까움이 있었다. 이러한 안타까움, 완전히 풀어내지 못함에서 오는 감칠맛도 좋았지만 가끔은 속내까지 드러내면서 서로의 이야기를 듣고 말하는 자리도 있었으면 했다. 그래서 깊은 밤에 하는 이야기 자리를 만들고 이름을 '백야제'라 붙였다.

첫 손님으로 어떤 분을 모시면 좋을까? 고민하고 있을 때, 알고 있던 『딸과 함께 떠나는 건축여행』의 저자, 이용재 건축평론가가 한번 들르겠다고 했다. 나는 그 사실을 길담서원 카페에 알렸고 소년님은 첫 번째 초청손님으로 어떻겠느냐고 물었다.

생각해보니, 우리가 염두에 두었던 백야제 손님과 적절하게 맞아떨어졌다. 이미 유명한 사람보다는 자기다운 삶의 색을 간직하신 분, 자기의 삶을 열정적으로 살아가는 분, 그러한 삶의 모습을 통해 사회에 좋은 에너지를 주는 분, 소박하지만 일상에서 삶을 알차고 아름답게 꾸려가는 분, 나 혼자 알고 있기에는 아쉬운 분 등등.

이렇게 해서 2008년 8월 첫 백야제는 이용재 건축평론가와 함께 시작했다. 형식은 스스로 '단기체류' 심야 버스가 끊어지기 직전인 12시까지 함께하거나, '장기체류' 즉 밤샘을 하는 모임이었다. 가볍게 저녁을 함께하고 작은 음악회에 이어 '이용재가 본 건축 이야기'를 듣고 묻고 답하다가 밤참을 먹으면서 편안하게 쉬었다. 영상으로 피아노곡을 감상하면서 잠깐 졸기도 했다. 12시쯤 말씀손님이 돌아가고 우리는 초를 켜고 둥그렇게 앉아 이야기를 시작했다. 아침이 밝아올 때까지.

이용재 건축평론가에 이어 생명평화탁발순례단 황대권 선생님과 도법 스님이 다녀가셨고 이어 콜롬비아 몸의 학교 교장인 알바로 선생과 안무가 마리 프랑스, 건축가이자 화가 레오폴드, 비디오아티스트 가브리엘까지 함께했다.

콜롬비아 몸의 학교 무용단과 함께한 백야제
:

알바로 레스토레포와 마리 프랑스 들뢰방은 1997년 콜롬비아에 몸의 학교를 설립했다. 이 학교는 정치적으로 불안하고 사회적으로 가난과 폭력에 방치되고 마약에 노출된 어린이, 청소년들을 올바른 시민으로 크도록 돕는 무용학교이다. 타인의 눈에 보여지는 몸짓도 중요하지만 몸에 내재되어 있는 무한한 가능성을 발견하는 데에 중점을 두고 있어 무용학교라 하지 않고 '몸의 학교(엘 콜레히오 델 쿠에르포 · El Colegio Del Cuerpo)'라고 칭한다. 그래서 몸의 학교 연습실에는 거울이 없다고.

2008년 10월 당시 알바로 일행은, 우리나라에 서울세계무용축제의 초청을 받아 오기로 되어 있었다. 한국 방문 소식을 듣고 우리는 알바로 선생과 함께하는 백야제를 계획했다. 10월 21일 7시 길담서원에 모여서 12시까지 이야기와 놀이, 음악, 음식을 나누는 백야제 모임을 하고 헤어졌다가 주말에 길담서원 친구들과 17명의 몸의 학교 무용수들이 2박 3일 여행을 함께하는 프로그램을 짰다.

여행지는 당진. 당진에서의 프로그램은 한정식전문점 미당을 운영하는 윤혜신 대표와 그 친구들이 함께했다. 미당에서는 식사를 비롯하여 무용단을 위해 숙소를 예약해주었고 길담서원 친구들에게는 미당의 방을 내주었으며 물망초님은 휴가를 내고 차량을 지원해주었다. 길담서원과 같은 서원을 꿈꾸는 은영이라는 분과 그의 남편이 비디오를 찍어주었고 폐교가 된 유동초등학교를 아미미술관으로 만들고 있는 화가 부부는 평소에 공개하지 않는 서재에서 세미나를 하도록 도왔고 잔디운동장에서 춤을 출 수 있도록 배려해주었다. 이것은 세상의 중심은 아픈 곳이어야 한다는 알바로에 대한 우정과 존경, 몸의 학교의 꿈과 비전에 함께하고픈 마음들이 모여 만든 자리였다.

한국을 찾은 알바로 일행은 서울 예술의전당에서 〈몸의 종말을 위한 사중주〉를, 안산문화예술의전당에서 〈또 다른 사도〉를

길담서원, 작은 공간의 가능성

공연했다. 몸의 학교 젊은 무용수들이 예술의 힘, 교육의 힘을 세계에 보여주려는 의지를 담은 공연이었다.

길담서원 백야제에서는 몸의 학교 교장인 알바로 선생이 몸의 학교 설립배경과 뉴욕에서 만난 스승이자 한국인 선배 무용가였던 조규현에 대한 이야기를 들려줬다. 객석에는 알바로 선생의 벗인 무용가 홍신자 선생도 함께했다. 알바로 선생은 조규현의 말을 이렇게 전했다.

조규현이 콜롬비아에 왔을 때, 그가 말했어요. '이곳은 춤으로 가득한 곳'이라고. '네가 돌아올 곳은 여기고 여기에서 네가 배운 춤을 꽃피워야 한다.'라고 했습니다. 왜 제가 미처 알지 못했던 것이 그에게 보였을까요? 그 말에 대단히 감화받은 저는 이후 그의 조언을 실현시키기로 마음먹었습니다. 그 결과가 이 몸의 학교입니다. 저는 조규현으로부터 한 개의 씨앗을 받았어요. 이는 그로부터 배운 불교철학에서의 연꽃과도 같지요.

또 조규현으로부터 두 가지 개념을 배웠어요. 하나는 시간과 리듬입니다. 바람이 불고 바람이 멈추는 것처럼, 춤을 출 때 율동도 그러해야 하는 것입니다. 또 하나는 '사이'입니다. 시간과 리듬 그리고 과거와 현재를 연결하는 사이가 중요하다는 이러한 믿음에 관하여 배웠습니다.

텅 빈 충만_ 알바로 일행과의 여행

:

며칠 후, 다시 만난 알바로 선생 일행과 당진분들, 길담서원 친구들이 예산 추사고택과 당진 솔뫼성지를 답사했다. 고즈넉한 가을, 추사고택의 한옥과 노랗게 물든 은행나무. 그리고 지나는 길에 빨갛게 익은 사과밭에서 콜롬비아의 무용수들은 젊은이의 발랄함을 그대로 드러내며 지금, 여기를 즐겼다.

저녁식사 자리에서 담소를 나누던 중 지역의 풍물패들이 마당에서부터 풍악을 울리더니 2층으로 올라왔다. 모두들 몸이 흔들거렸다. 그래도 아직은 서먹해서 앞으로 나서는 이가 없자 소년님께서 맨발로 나가 덩실덩실 춤을 추었다. 그러자 무용수들이 쏟아져 나왔고 누구랄 것도 없이 나와서 몸을 흔들어댔다. 어느새 꽹과리와 징이 무용수의 손에 가 있고 풍물패는 무용단과 얼크러져 춤을 추고 있었다. 서로 다른 문화가 섞여들면서 그렇게 밤은 익어갔다.

이튿날 아침, 우린 단풍이 한창인 수덕사로 향했다. 입구에서 크게 틀어놓은 '뽕짝'이 우리를 맞이했다. 절간의 고요를 쫓아낸 자리에서 손님을 모시는 것이 민망했는데 알바로 일행은 낯선 문화에 눈이 휘둥그레져서 즐거워했다. 이것이 우리 절의 문화가 아닌데 말이다. 그 아수라장의 공간을 지나 수덕사 주지 스님을 만나면서 고요함을 되찾았다. 맑고 고운 가을날이었다.

아미미술관 서재에서 간단한 세미나를 하고 잔디가 깔린 운동장에서 알바로가 조규현에게 배웠다고 하는 춘앵무를 같이 췄다.

우리가 모르는 우리 춤을 알바로를 통해서 배웠다. 잔디가 곱게 깔린 유동초등학교 운동장에 저녁놀이 지나가고 밤으로 접어드는 시간이었다. 낮과 밤이 교차하는 시간에 우리는 고요하게 알바로의 몸짓을 보며 춤을 익혔다. 내가 익히 알고 있는 동작 같았지만 쉽게 되지 않았다. 그러나 잔디운동장에 둥그렇게 우리가 그린 원은 충분히 아름다웠다.

숙소에 도착하여 저녁밥을 먹고 둘러앉아 소감을 나누고 헤어질 무렵, 그 자리에 참여했던 은경님이 피아노 연주를 시작했고 그 연주는 무용단의 춤으로 연결되었다. 알바로 선생은 지금 모두 피곤하지만 마음은 따뜻하다며 느리고 슬픈 피아노곡을 부탁했고 무용단은 즉흥적으로 피아노 연주에 맞춰 춤을 추었다. 모두 긴장해서 벽으로 몸을 붙이고 춤을 올려다보았다. 천천히 바람이 불고 머물고 물결치듯 흐르더니 어느 순간 멈추었다. 우리는 잠시 공백을 갖고 박수로 화답했다. 알바로는 이것이 바로 '텅 빈 충만'이라고 하며 놀라워했고 우리는 끝없이 박수를 치며 환호했다. 텅 빈 충만이 가득한 자리였다.

마지막 날 아침, 일본 도쿄로 가는 무용단을 공항에서 배웅하며 콜롬비아에서 만나자고 약속하고 길담서원으로 돌아왔다. 와서 보니, 카페에 사진과 후기들이 올라와 있었다. 그중에서도 당진에서 프로그램의 흐름을 잡아준 미당 윤혜신 대표님의 글이 눈에 띄었다. 소년님은 "그날의 기록을 이보다 더 잘할 수는 없다."라고 댓글을 달았다.

— 몸의 학교 일행에게서 배운 것들 —

윤혜신

처음엔 콜롬비아에서 온 무용수들에게 밥 한 끼 대접하겠다는 가벼운 마음에서 시작한 일이 갈수록 불어나서 나 혼자는 도저히 감당이 안 될 지경에 이르렀다. 그래서 내 마음의 동지들에게 구원을 요청했다. 그리고 그들은 다들 너무나 흔쾌히 헌신적으로 동참해주었다. 나는 이것이 무엇보다 기쁘고 소중하다. 천군만마에 비빌 언덕이 생겨서 마음이 든든했다.

이번 알바로와 마리 프랑스가 이끄는 콜롬비아 몸의 학교 일행의 방문은 우리에게 참으로 많은 것들을 가르쳐주었다. 빈민촌의 아이들에게 무용을 가르쳐서 그들에게 자신의 소중함을 깨닫게 하고 인생의 아름다움을 선물한 알바로와 마리 프랑스에게 깊은 존경심이 우러나왔다.

우리에게도 이런 아름다운 학교, 머리만 쓰라고 강요하지 않고 몸을 쓰고 몸으로 자신을 표현하는 것을 가르치는 학교가 있다면 얼마나 좋을까? 내 아이들이 학교 성적에, 입시에 골머리를 썩이고 내 친구의 아이들이 공부 때문에 병들어가고 내 이웃의 아이들이 희망을 잃어가는 현실을 볼 때 그리고 나 자신을 돌아보아도 마찬가지다. 아직도 꿈속에서 수학문제를 못 풀어 절절매는 꿈을 꾸거나 지각하는 꿈을 꾸면서 어쩔 줄 몰라하는 마흔 중반의 나 자신도 피해자이긴 마찬가지니까. 우리도 누군가가 나 자신과 아이들에게 머리를 쓰는 것 못지않게 몸을 쓰고 몸으로 자신을 표현하는 것이 얼마나 소중하고 아름다운 것인가를 말해야 할 때가 온 것이다.

준비가 너무 덜 되었고, 일정이 오락가락했고, 그런 것은 그렇게 중요하지 않다. 우리는 모두 몸의 학교 일행을 만나면서 그들에게 빛나는 희망과 아름다움을 보았다. 그것이 중요하다. 알바로가 말한 것처럼 우리에게는 소중한 것들이 아직도 남아 있다. 알바로가 왜 그토록 작고 오래된 물건에 집착하는지. 사라져가는 것들에 대해 애정을 두는지. 그 속에서 희망을 보았기 때문이 아닌가. 그것이 그가 말하는 '사이'다. 우리는 늘 어느 사이에 서 있다. 기성세대와 신세대, 전통과 현재, 고전과 전위, 남성과 여성, 부모와 자식, 물질과 정신, 몸과 마음 사이에서 방황을 하곤 했다. 그 '사이'를 잘 바라보는 것. 그것이 알바로의 메시지다.

몸의 학교 프로젝트 설명회 또한 감동적이었다. 꿈의 학교로 지어질 아름다운 학교의 조감도와 그 의미를 살펴보면서 가슴이 설레고 벅차올랐다. 앞으로의 학교는 저래야 할 것이다. 우리의 아이들, 우리들의 아이들의 아이들은 저런 학교에서 자라야 할 것이다. 자신이 살아 있음에 대한 기쁨을 만끽해야 할 것이다. 자신의 성장을 스스로 대견해하고 즐겨야 할 것이다. 아이들부터 노인까지 누구나 원하면 모두 일하고 공부하는 꿈의 학교, 바쁘고 지친 일정 중에 만난 몸의 학교 일행이었지만 그들은 내게 많은 이야기를, 메시지를 주고 떠났다.

알바로와 한국 춤꾼 조규현

알바로가 그렇게 존경해마지않는, 그의 영혼의 스승인 조규현과는 뉴욕에서 만났다고 한다. 우리가 운동장에서 배운 기본 동작들은 바로 조규현이 알바로에게 가르쳐준 춘앵무였다. 알바로에게 조규현은 '춤의 고향은 콜롬비아니 네 조국으로 돌아가라.'라고 했고 알바로는 고국 빈민촌으로 들어가서 매춘과 마약에 찌든 희망 없는 아이들에게 춤을 가르치기 시작했다. 이것이 바로 몸의 학교, 시작이다.

알바로의 말 중에 조규현 선생님 이야기가 무척이나 많았다. 동양적인 사상을 조규현에게 배웠는데 조규현 선생님은 후에 사고를 당해서 춤을 출 수 없는 몸이 되자 정원학교에서 공부를 하고 지금은 뉴욕 센트럴 파크의 정원사로 일하고 있다고 한다. 그래서 알바로는 자기 영혼의 멘토인 조규현의 고향인 한국을 몹시 그리워하고 좋아한다.

개인적으로 무용수들이 미당에 와서 가장 관심 있어한 것은 한국 음식과 까만 머리의 여주인보다는 오래된 장농, 반닫이, 약장, 백자로 만든 그릇들이었다. 마리 프랑스는 백자로 만든 도자기 오리가 너무 아름답다고 감탄을 연발하여 내가 선물했더니 그렇게 좋아할 수가 없었다. 백 년 된 자개농, 주칠3층장, 함, 궤, 항아리 등에서 눈을 떼지 못하며 좋아했다. 오래된 물건들, 정성을 들여 하나하나 손으로 만들고 몇 대째 대물림된 살림살이들에서 뿜어져 나오는 깊은 아름다움을 그들도 느끼는 것 같았다.

한국 춤은 역시 느리고 나긋나긋하고 덩실덩실하고 너울너울하다. 남미의 춤처럼 격정적이지는 않으나 그 격정을 숨기는 기다란 넓은 소매자락이 더 애간장을 태운다. 알바로의 눈에는 그것이 보였던 것이다. 알바로는 참으로 센스쟁이다. 한국의 춘앵무를 완벽하게 콜롬비아식으로 재현해내고 25년 만에 그것을 다시 소중하게 체화하여 우리에게 돌려주었다. 우리가 운동장에서 받은 감동은 바로 원래의 것을 돌려받는 그런 감동이었다. 한 숨 한 숨 천천히 정성을 다해 내딛는 발자국, 손짓, 눈길과 마음.

알바로 일행을 보내고 뒷풀이를 겸한 평가모임이 있었다. 10명 정도가 공부방에 모였다. '물 흐르듯이' 그렇게 자연스럽게 전개되었는지 서로에게 물었다.

이번 모임은 빡빡한 프로그램 때문에 시간이 많지 않아서 참여자가 자기소개를 못 한 것이 아쉬웠지만 알바로 선생의 말씀 그 자체가 좋아서 감동이 진했다. 참여자들이 적극적으로 자기 역할을 하는 자율적이고 주체적인 모임으로 가는 첫발을 디뎠다고 생각한다.

아직, 물이 자연스럽게 흐르는 지점에 도달하지 못하고 굽이치고 고여 있기도 하고 그러면서 흘러가고 있지만 그래서 재미있고 새로운 일들이 발생하는 것이리라. 시간이 지나면서 연륜이 쌓이면 백야제는 밤처럼 깊고 깊어질 것이다.

길담서원 밤샘모임인 백야제는 몸의 학교에 이어, 문성희 자연요리연구가의 몸과 마음이 행복해지는 밥상 이야기, 소년 박성준 선생님의 철학과 살아온 이야기, 평화운동가이며 저술가인 이시우 사진가의 유라시아 체계의 발전과정과 유엔사 이야기, 4대강 반대 음반을 발표한 환경운동가 이기영 교수 이야기, 옳다고 생각하면서도 그 말을 하지 못한다면 나머지 한 알의 개똥은 내가 먹어야 한다는 개똥 세 개의 깨달음을 전한 홍세화 선생님 이야기, 오연호 오마이뉴스 대표와 덴마크의 행복한 삶 이야기를 함께했다.

한 사람을 깊이 있게 만나고 참여자들이 자발적으로 준비하고 프로그램을 운영하고 진행하는 동안 우리는 함께 배웠고 함께 성장했으며 긴 시간 자기 이야기를 풀어놓으면서 정말 자기가 말하는 것과 같은 삶을 살고 있는지 성찰하고 되새기는 시간을 가졌다. 깊게, 길게 만나는 일은 타인을 통해서 나를 들여다보는 일이며 나의 내부의 사정을 살피는 일이기도 했다. 말씀손님으로 참여했던 분들도 그러하셨으리라 생각된다.

우연히 나는 공주시 원도심에 마당이 있는 작은 집을 한 채 마련했다. 이곳에서 새로운 방식으로 백야제를 열고 주말 프로그램도 하고 청소년들과 함께할 방학프로그램도 열어보리라 계획을 세웠다. 하지만 서울의 일상은 바쁘게 돌아갔고 집은 수리를 하고 보니 너무 작았다. 그러나 이 작은 터전에서 길담서원은 새로운 시작을 할 것이다.

길담서원, 작은 공간의 가능성

초록별소년과 야간비행

—

소년 박성준

2009년 2월 21일 토요일 백야제 이야기 손님은 서원지기소년 박성준 선생님이었다. 살아온 이야기, 길담서원을 열게 된 이유, 길담서원에서 하고 싶은 일 등이 주제였다.

선생님은 소년시절과 감옥시절 등의 사진을 보여주면서 책방에 모여 앉은 우리에게 살아온 이야기를 풀어놓기 시작했다. 몇몇 친구들과 자연요리연구가 문성희 선생님은 공부방의 문을 열어놓고 밤참으로 먹을 가래떡을 썰며 이야기에 귀를 기울였다. 먼저, 어린 시절 성서 암송대회에서 상을 받고 동생과 함께 찍은 사진이 있었다. 이어 수의를 가리기 위해 간수의 반외투를 빌려 입고 목도리를 하고 조그마한 온실에서 찍은 수감시절 사진이 있었다. 원예부에서 일할 때라고 했다. 20대 후반 젊음이 빛나는 선생님이 거기 있었다. 그 사진 속의 목도리를 비롯해서 감옥에서 입었던 바지도 보여주셨다. 반외투 사진의 목도리는 너무나 오래 사용해서 형태가 뒤틀려진 듯하고 보풀이 가득했다. 감옥에서 입었던 털실로 짠 바지는 너무나 엉성했는데 오금동에 사시다가 얼마 전에 돌아가신 고모님께서 손수 짜주신 것이라고 했다.

선생님은 형기 15년이 떨어지자마자 서대문형무소 9사6방에서 6개월간 면회도 안 되는 독방에서 지냈다. 간수가 문을 열고 선생님의 등을 밀어 넣었다. 문을 쾅 닫고 가버리자 변기통에서 파리가 화라락 날아올랐다. 소년은 푸른 수의를 벗어 그 파리를 작은 창문으로 내쫓고 처음 한 일이 감옥 창살을 철봉 삼아 팔굽혀펴기를 하는 것이었다. 지금 국가가 나를 고문하지만 내 생각이 옳다고 생각하신 것 같았다.

재판받고 형이 확정되어 대전교도소로 이송되는 날에는 눈이 펑펑 내렸다. 새벽에 다른 수감자와 수갑 하나에 채워져 경부선 기차에 태워졌다. 바깥세상이 궁금해서 팔꿈치로 창문에 낀 성에를 닦아내며 창에서 눈을 떼지 못하고 내다보았다. 키 작은 마을과 대자연들이 소년의 여행을 반겨주었다.

대전교도소로 이감된 후에는 누구나 면회를 올 수 있었으나 정치범인 선생님을 찾아오는 사람들은 가난한 고모와 처가 사람들뿐이었다. 우리는 20대에 감옥에 들어가 40대에 출옥한 사람의 아픈 몸과 마음을 감싸주었던 그 목도리와 그 바지를 묵묵히 만져보았다. 성긴 대바늘뜨기로 짜여진 한복 형태의 바지는 결코 따뜻해 보이지 않았다. 그저 고모의 마음을 입었을 것 같았다. 옷이 한 바퀴를 돌아 다시 선생님 앞에 놓이자 본격적인 이야기가 시작되었다.

저는 1968년 통혁당 사건으로 체포되기 6개월 전 결혼을 했습니다. 당시 아내는 23살이었고 저는 27살이었지요. 아내는 저를 13년 반 동안 기다렸습니다. 나를 믿고 기다려준 아내가 있었기에 버틸 수 있었다고 봅니다. 저는 강렬하게 '사랑의 힘'과 '혁명의 꿈'을 가지고 있었습니다. 그렇기에 운동도 열심히 하고 공부도 열심히 하면서 힘든 상황을 긍정적인 마음으로 이겨낼 수 있었습니다.

'그리움'은 제 일생 동안 저를 따라다녔습니다. 내 마음속 이야기를 남김없이 할 수 있는 사람에 대한 그리움 말입니다. 아홉 살 때 생이별한 어머니, 그런 후에는 만날 수 없었던 어머니를 일생 동안 그리워했습니다. 사람은 자기 이야기를 다 들어주는 사람이 필요합니다. 우리가 외롭고 슬픈 것은 그런 사람, 지음(知音)이 없어서인지도 모릅니다. 그런 친구가 있다면 세상은 보다 나은 곳으로 바뀔 것입니다. 내가 살아오면서 맘속에 꽁꽁 싸서 넣어두고 못 하는 말들이 있었습니다. 동생과 함께 고아원에서 살았다는 것, 웃어본 기억이 없는 인간이었다는 것, 부모와 생이별했다는 것입니다.

동생을 고아원에 두고 몰래 배를 타고 친척집에 밥을 얻어먹으러 갈 때 군인이 자신이 먹던 건빵 봉지를 나에게 쓱 건네주고 갔습니다. 그때 저는 건빵의 개수를 세기 위해 그 속을 들여다본 것이 아니라 봉지를 가슴 위에 올려놓고 손으로 쓰다듬었습니다. 그 하나를 덥석 먹지 못하고 조금씩 베어 물었습니다. 너무나 배가 고팠었는데 배가 고파서가 아니라 밤바다

위에 드리워진 밤하늘이 너무나 아름다워 울었습니다. 그때 알 았습니다. 아무리 배가 고파도 사람은 아름다운 것을 필요로 하는 존재라는 것을.

대전교도소에 있을 땝니다. 아침이 되면 멀리서 종소리와 목탁소리가 들립니다. 이게 음악일 수 있다고 생각했습니다. 경부선 열차가 지나가면 그 진동이 전달되었는데 그것도 음악 이었습니다. 처마 밑 참새 떼가 당산나무에 날아와 앉으면 나 무가 온통 새카맣게 참새 떼로 뒤덮였습니다. 멀리 지평선의 해를 보는 것인지 참새들이 일제히 울기 시작하면 교도소는 참새합창으로 가득 찹니다.

비가 오는 날, 특히 폭우가 쏟아지는 날, 멀리서부터 먼지 냄 새가 코로 들어옵니다. 이때부터 귀를 기울이면 비가 교도소 4 동 근처의 큰 은행나무의 나뭇잎을 톡톡 건드립니다. 또 비가 양철지붕으로 내려옵니다. 높은 담으로 이루어져 있는 13동 위 에 떨어지는 빗소리가 거대한 드럼연주로 들립니다. 홈통으로 비가 흘러내리면 교도소는 빗소리에 가득 잠기게 됩니다. 교도 소에 가면 음악이 없어서 어떻게 살까 걱정했는데 이렇게 음 악이 있었습니다.

마른 풀잎과 대화를 한 적이 있습니다. 감정이입을 하면 가 능해집니다. 콘크리트 틈새에서 올라오는 연두색 풀씨도 보이 고 줄기에서 꽃이 맺히는 것도 보입니다. 마른 풀은 바람에 따 라 움직입니다. 이를 바라보면서 제가 마른 풀잎에게 춤, 그것도 탱고를 추라고 주문한 적이 있었습니다. 그렇게 대화하던 은행나무가 어느 날 베어졌습니다. 저도 한동안 앓았습니다.

출감 후, 일본 릿교대에서 공부를 하고 미국 유니언 신학대에 갔을 때, 퀘이커 영성센터인 펜들힐(Pendle Hill)에 머물 때 일입니다. 내 속에서 가장 문제가 되었던 생각들이 뱀처럼 똬리를 틀고 있었는데 1년여 명상을 하고 이 뱀이 저로부터 떠나고자 하는 느낌이 들었습니다. 이 마음을 표현해서 만든 것이 뱀이 똬리를 틀고 있는 도자기 작품입니다.

길담서원을 구상할 때 "책+우정+문화공간+서원"으로 생각했습니다. 전통의 서원을 현대적 서원으로 재현하고 창조적으로 계승한다는 것이었습니다. 그 이유는 제가 길을 잃었다고 생각했기 때문입니다. 길을 잃은 나에게 지적 옹달샘이 필요했습니다. 1980년대의 지식인들은 뭔가 알았다고 생각을 했었지만 그게 아니었다는 것을 알게 됩니다. 이는 기독교도 퀘이커 신앙도 목회활동도 아니었습니다. 이것들을 다 버리고 원점으로 돌아왔습니다. 그게 길담서원이며 오늘이 바로 그 자리입니다. 길담서원에 샘이 있다는 소문이 퍼지면서 전국각지에서 자기 속에 샘을 가지고 있는 사람들이 하나둘 찾아오는 상상을 합니다. 민들레 홀씨가 바람을 타고 날아가 여기저기에 민들레가 무더기로 피어나는 것처럼 길담서원이라는 씨앗도 그랬으면 합니다. 물론 그것을 저는 못 보겠지요. 그것은 길담서원 친구들의 몫이겠지요.

밤이 무르익었을 때, 선생님은 그 사연 많은 피아노로 서툴게 드보르작의 교향곡 〈신세계〉의 어느 소절을 짧게 연주했다. 슈만이 피아노를 배우는 학생에게 '쉬운 곡을 아름답게 연주하라.'라고 했다는데 단순한 음조였지만 문학적이면서도 이성적인 정서가 배어든 연주였다. 이어 피아니스트 신은경의 반주에 무용가 박준희가 즉흥 춤으로 화답했다. 춤을 추는 그녀의 눈에서 눈물이 맺히더니 또르르 흘러내렸다. 우리도 그의 안내에 따라 함께 춤을 추었다. 선생님의 말씀과 춤이 버무려져 가슴속에 뭉클함이 자라났고 마무리 허그로 잦아들기까지는 긴 시간을 필요로 했다.

문성희 선생님과 친구들이 똑똑 현미가래떡을 썰던 소리가 보글보글 끓는 소리로 바뀌더니 장김치와 함께 현미미역떡국으로 나왔다. 선생님의 말씀을 받아 적던 따뜻한 종이님도 촬영을 하던 큰솥님도 모두모두 따뜻한 떡국을 중심으로 모여 앉았다.

함께 자리한 동무들의 말
:

저에게 길담서원은 '해방구'입니다. 늘 답답하고 스트레스를 받는데 여기 오면 대화를 나눌 수 있는 사람들이 있습니다. 앞으로 길담서원이 어떻게 변화할지 모르겠지만 그 점이 좋습니다. 나이나 직업, 배경 등과 상관없이 다양한 사람들과 동질감을 느낀다는 것이 신기합니다.

—

길담서원이 '그냥' 좋습니다. 물리학에서 상보성이란 말이 있습니다. 불확정성의 원리도 있지요. 물리학자들에게 진리의 상보성이 뭐냐고 물으면 명료성이라고 답한답니다. 즉 명확하게 딱 떨어지는 명료함이란 진리가 아니라는 뜻이지요. 사람들은 대개 강하게 말하고 옳다고 주장을 하는데 이는 진리가 아니라는 것입니다. 무언가 옳다 그르다를 주장하는 것이 문제라는 것이지요. 체제나 이즘이 없어도 농부가 땅과 더불어 잘 살고 있는 것을 봐도 그러합니다. 다양한 사람이 모인 곳이 길담서원입니다. 쉽사리 현실적 가치에 의해 예단하지 말고 보이지 않는 무형의 가치에 대하여 근본적이고 필요한 것들을 나눌 수 있는 길담서원이었으면 합니다.

—

내 이야기를 들어줄 수 있는 사람이 필요하다는 말이 와 닿았으며, 오늘 내가 귀를 열고 말을 들을 수 있게 된 것만으로도 좋았습니다. 길담서원에 오면 언제든지 내 안의 아픔을 위로받을 수 있을 것 같은 생각이 듭니다.

—

요즘에는 눈물을 주체할 수 없습니다. 박준희님의 춤을 보면서도 눈물이 났습니다. 오늘 허그를 했는데 이것이 저는 우는 시간이라는 생각이 들었습니다. 그렇게 울게 됨으로써 우리들의 마음과 몸이 열리고, 선생님의 이야기를 스며들듯 받아들일 준비를 하게 된 것 같습니다.

—

감옥에서 아주 작은 움직임이나 물소리, 새소리, 씨앗 소리까지 느꼈다는 선생님 말에 저와 공통점을 느꼈고, 선생님의 그런 점을 공유할 수 있다는 것이 기쁘고 감사합니다.

—

오늘 내내 선생님이 말씀하시는 아홉 살 소년이 제 가슴에서 흐느껴 울었습니다. 선생님의 그 아홉 살 소년이 되어 눈물을 주르륵 흘렸답니다. 얼마나 아프고 힘들고 외롭고 슬펐을까? 선생님께서 당신의 가슴에 가득 찬 슬픔이라고 하실 때, 선생님과 함께 춤출 때, 이별이 아파서 멀리 떨어지지 못하시는 선생님의 눈을 보면서 입으로 하신 말씀보다도 더 많은 이야기를 들었습니다.

—

새벽에 버스 타고 집에 돌아가며 흥분해서 '선생님 말하실 때 두 번인가 세 번인가 전율을 느꼈어.'라며 이런저런 소감을 이야기하는 아들이 얼마나 기특하던지요. 사진과 곁들여 들려주시는 이야기, 박준희 무용가의 춤, 베토벤 심포니 17번 '템페스트', 어느 것 하나 놓칠 것이 없었죠. 클래식도 학교에서 들을 때는 좋은 줄 몰랐는데, 길담서원에서 들으니 너무 좋았다고 하네요. 압권은 역시 선생님 삶의 이야기였죠. 가슴으로 들려주시는 이야기, 가슴으로 듣고 있자니 10시간의 시간이 어떻게 지나갔는지 모르게 지나갔어요.

저는 선생님의 말씀 중 두 번의 귀향을 했다는 부분이 가장 크게 와 닿았습니다. 첫 번째 귀향은 감옥에서 나왔을 때이고 두 번째 귀향은 미국 생활을 접고 고국으로 돌아오신 때라고 하셨지요. 두 번째라고 쉬웠을 것 같지는 않습니다. 그래도 성공이라고 자평하시는 것은 사회의 대안을 찾는 걸음을 시작하셔서 그런 것이 아닐까 생각합니다.

서대문 구치소에 수감되자마자 제일 처음 한 일이 감옥 창살을 철봉 삼아 운동을 하신 거라고 하셨죠? 주어진 조건을 받아들이고, 그 상황에서 내가 할 수 있는 일을 찾아내는 힘이 아무에게나 있다고 생각지는 않습니다. 선생님의 그 힘이 뭔가를 만들 수 있을 거라고 봅니다. 그래도 계속 눈에 밟히네요. 어머니에 대한 그리움에 목말라하며 고아원 화장실에서 밤새 책을 보는 15살 소년이……. 감옥에서 껌 은박지로 불을 돋우어가며 밤새워 책을 보는 30대 청년의 모습이…….

—

제가 백야제를 참여한 건 이번이 두 번째였구요. 밤을 새운 건 이번이 처음이었습니다. 처음에 참여했을 때가 알바로 선생님이 오셨던 때인데 그날은 용산참사 집회에 다녀오는 길이었어요. 좀 피곤하기도 하고, 그래서 소년님 말씀하실 때 졸면 어쩌나 걱정했는데 정말 백야제에 함께하는 순간순간이 너무너무 좋았습니다.

그날의 백야제를 한마디로 표현한다면 '온몸으로 인문학을 했다.'고 할 수 있지 않을까 싶어요. 특히 그날의 춤은 이루 말할 수 없을 정도로 좋았습니다. 집에 와서 그때 내가 느낀 감정이 무엇이었나를 다시 생각해봤는데 그건 '해방감'이었던 것 같아요. 물론 여전히 그렇게 몸으로 표현한다는 것이 부끄러워서 완전히 누리진 못했지만요. 지금에서야 왜 알바로 선생님이 '몸의 학교'를 하시는지 조금 이해할 수 있을 것 같구요. 그리고 저는 박성준 선생님이 어떤 분인지도 잘 모른 채 길담서원에 왔는데 오늘 살아오신 이야기를 들으면서 많이 놀랐고 그런 시간을 갖게 되어 행복했습니다.

—

길담서원에 많은 사람들이 모였습니다. 사회생물학적 나이는 잊고 초록별소년의 비행선에 올라타 야간비행을 떠나기 위해서. 무용가 박준희는 피아니스트 신이 연주하는 쇼팽의 〈빗방울 전주곡〉에 맞춰 조용히 몸을 움직이기 시작했습니다. 숨 죽이다가 숨을 뱉으며 손과 발을 여리고도 강하게 움직이고 초록별소년의 비행선 공간을 점점 크게 키웠습니다. 작은 공간이 무럭무럭 자라나는 것을 함께 느꼈고 눈물풍선이 텅 빈 우주 공간에서 불꽃처럼 터지는 순간, 우리 모두 진심으로 가슴 속을 울리는 포옹을 할 수 있었습니다.

만약 초록별소년님이 노변정담처럼 말씀을 하지 않으셨다면 큰 덩어리의 삶을 덥석 받은 우리는 감당이 안 되어 쩔쩔맸을지도 모릅니다. 사실 이야기를 들었다기보다는 우리 자신을 돌아보는 시간이었음을 고백하는 것이 더 맞는 것 같습니다. 우리는 초록별소년을 쳐다보며, 길담서원에 대한 꿈이나 자기독백 등에 대한 질문에 소년은 밤이 하얘지도록 대답하였습니다. 우리의 야간비행은 웃음과 울음이라는 연료를 든든히 채우고 어디에 착륙할지 모르는 상황을 구김살 없이 받아들이고 좋아했습니다. 아침이 오고 햇살이 창틀 사이를 기웃거리기 시작할 무렵까지요.

* 당시 소년은 초록빛 귀걸이를 하고 있어서 '초록별소년'이라고도 불렸다.

3장. 벗이 있어 세상은 아름답다

고요가 깃든 자리

일본어 공부모임 * 가이후칸, 빛의 교회, 나오시마 답사

맨땅헤딩 일본어 공부모임은 2012년 여름, 우치다 타츠루(內田樹) 선생의 길담서원 강연을 계기로 시작되었다.

우치다 선생 초청은 『스승은 있다』를 출간한 민들레와 『일본변경론』을 출간한 갈라파고스 출판사에서 준비하고 있었다. 그때 레비나스 책을 찾아 읽던 박성준 선생님이 우연히 레비나스를 스승으로 삼은 우치다 선생의 글을 읽었고, 민들레의 김경옥 대표가 함께하자고 제안했다. 강연은 8월 15일, 무더운 휴일임에도 많은 이들이 함께했다.

강연 이후, 맨땅헤딩일본어라고 이름을 짓고 공부모임을 만들었다. 맨땅헤딩일본어란 일본어는 우리말과 어순이 같고 한자문화권이기에 히라가나만 알면 발음공부나 문법공부 없이 바로 독서가 가능한 언어라는 생각이 담겨 있다. 우리는 우치다 타츠루의 『일본변경론』을 번역하고 강연회 통역을 도왔던 김경원 번역가와 함께 한자는 우리말로 읽고 히라가나와 가타가나를 익히면

서 읽어나갔다.

그 책을 읽고 있는데 우치다 선생으로부터 박성준 선생님의 이야기를 전해들은 건축가 고시마 유스케(光嶋裕介)가 답사차 한국에 가는데 길담서원을 방문하고 싶다며 메일을 보내왔다. 그때는 추석이었다. 추석 연휴에 고시마 유스케는 우치다 선생님의 가이후칸을 지은 이야기 『민나노 이에みんなの家』를 비롯하여 그동안 작업한 건축물과 유럽건축기행을 하면서 그린 스케치를 통해 자신을 소개하는 강연을 했다.

우리는 『일본변경론』에 이어 고시마 유스케의 『민나노 이에』를 일본어로 읽었다. 이 책은 후에 박성준 선생님이 번역해 『모든 이의 집』(서해문집)이라는 제목으로 출간되었다. 이런 인연으로 고시마 유스케는 크리스마스 때 가이후칸에서 세미나를 열자고 제안했다. 우리는 고베에 있는 우치다 타츠루의 가이후칸을 방문하고 안도 다다오의 빛의 교회를 고시마 유스케의 안내로 둘러본 후 나오시마로 가는 일정을 짰다.

프랑스 철학을 전공하고 합기도 7단인 우치다 타츠루는 합기도 수련과 인문학 강좌를 하는 배움의 집을 짓고 '남쪽에서 불어오는 따뜻한 바람'이라는 뜻에서 가이후칸(凱風館)이라 이름 지었다.

우치다 타츠루는 설계 경험이 없는 일본의 젊은이 고시마 유스케에게 가이후칸의 설계를 맡겼다. 1층은 다다미가 깔린 넓은 합기도 공간, 2층은 연구 공간, 사교 공간, 개인생활 공간으로 나뉘어 있었다. 가이후칸 현관에 들어서자마자 신발장이 있고 맞은편에는 합기도를 수련하는 회원들의 명패가 쭉 걸려 있었는데 서생 1호, 서생2호 이런 식이었다. 넓은 다다미방에는 접이식 작은 서안이 큰 원을 그리며 놓여 있었다. 공부나 합기도를 마친 후에 이 서안을 접어서 지정된 장소에 수납하면 된다. 합기도 수련에서 가장 중요한 것은 청소라고 말하는 우치다 선생의 공간답게 모든 게 제자리에 흐트러짐 없이 반듯하고 깔끔했다. 도장이라 그런지 빳빳한 기운이 흘렀다. 수련생들은 어른이든 아이든 도장에 오자마자 청소하고 수업이 끝나면 또 청소한다. 도장이 깨끗하면 몸을 펼치게 돼 신체 감수성의 감도가 올라가고 활동을 유연하게 만든다는 것이 우치다 선생의 철학이다. 합기도를 하면서 일상생활에 닫혀 있던 몸을 열어 마음을 함께 키우는 교육을 하는 곳다웠다. 1층은 이렇게 도장이 되었다가 세미나장이 되었다가, 음식을 나누는 연회장이 되기도 한다. 또 다다미를 걷어내면 일본의 전통극인 노(能)를 공연할 수 있다고 했다. 아무튼 수련생들이 다함께 청소를 하고 모든 것이 제자리에 놓이게 되면 넓은 공간은 고요가 깃든 텅 빔으로 가득하다. 깊은 고요로 가득해진다.

2층 연구 공간에는 우치다 타츠루 선생님의 저서 70권이 한 군데에 나란히 정리되어 있고 책장이 사방을 감싸면서 군데군데 그림이 걸려 있었다. 한국어로 번역된 책들도 꽂혀 있었다. 오른쪽 작은 사교 공간에서는 소규모 세미나와 마작과 같은 놀이가 이루어진다. 연구 공간 위에 계단으로 연결된 작은 누마루가 있는데 여기에는 만화책들이 그득하다. 이 누마루에 누워서 만화책을 읽고 있으면 자신은 안 보이면서 아래 있는 사람들이 한눈에 들어오는 재미있는 구조다. 마치 어린 시절에 다락에 올라가서 창문으로 마당을 내려다보는 그런 느낌이었다.

이 세미나에서 우치다 타츠루 선생님은 박성준 선생님과 길담서원을 소개했고 가이후칸에 대해서 설명했다. 이어 일본인들의 멘탈리티를 비판한 『일본변경론』을 기반으로 말씀을 이어갔다. 1945년 일본이 패전한 후, 일본인들은 세계의 중심은 먼 곳에 있다고 가정하고 스스로는 변경에 위치시켰다. 그럼으로써 심리적 안정감을 확보하고 열등한 지위를 방패 삼아 겉으로는 복종하는 것처럼 행동하면서 속으로는 오히려 자신의 이득 추구에 전념한다고 말했다.

박성준 선생님은 미국, 펜들힐에 있을 당시 감옥의 경험을 들려달라는 퀘이커들의 요청을 받고 썼던 아래 글을 포함하여 개인의 삶을 통해서 한국현대사를 소개했다.

― 야생풀과 감옥 속의 나 ―

나는 정치범으로 13년 반 옥중에 있었다.

내가 처음 투옥되었을 때 나는 6개월간 좁은 독방에 넣어졌다. 그곳에서는 책을 읽는 것조차 허락되지 않았다. 나는 배가 고팠고 고독했다.

감옥 생활에서 가장 견디기 힘들었던 것은 그곳에 음악이 없다는 것이었다. 그렇지만 나는 뒤늦게서야 그곳에도 음악이 있는 것을 알게 되었다. 여름이 되어 멀리서 비가 내리기 시작하면 처음에는 흙냄새가 나기 시작한다. 그러다가 빗소리가 가늘게 들리기 시작한다. 빗소리는 예민해진 나의 귀 언저리에 점차 가까이 다가온다. 소리는 조금씩 더 커지고 좀 더 크게 들리기 시작한다. 그리고 돌연히 비가 내리붓기 시작하고 오랜 감옥의 함석지붕을 난폭하게 두들겨대기 시작한다. 감옥은 빗물받이에 흘러넘치는 물소리와 쇠창살과 철문이 비바람에 덜컹대는 소리들로 자욱해진다. 번개가 번쩍 내리친 뒤에 우르르 쾅쾅 천둥이 울려 퍼져서 이 음악의 연주를 더욱더 극적인 것으로 만들어준다. 참으로 대단한 음악이었다!

옥뜰에는 모퉁이나 후미진 곳에까지 온갖 종류의 식물이 번성하고 있었다. 높은 콘크리트 벽의 갈라진 틈서리에도 강인한 야생의 생명들이 뿌리를 내려 자라고 있었다. 봄이 되면 풀들은 겨울잠에서 깨어나 작은 주먹을 하늘을 향해 내밀었다. 여름에는 앙증맞게 작은 꽃들을 자랑스레 흔들었다. 가을이면, 세심한 관찰자의 눈에는, 그들이 분주하게 수확의 노동을 하고 있는 모습이 보인다. 그리고 겨울이 되면, 그 가늘게 마른 줄기들은 저 높은 콘크리트 벽 위에서 살을 에는 북풍을 참고 견디며 봄의 도래를 기다리는 것이다.

겨울의 옥사는 혹독하게 추웠다. 그곳에는 난방기구란 아무것도 없었다. 방안 온도는 바깥 기온과 거의 같았다. 그래서 그릇에 담긴 물을 실내에 두면 다음 날 아침에는 그것이 얼음 덩어리로 변해 있는 것이다. 꽁꽁 얼어붙은 밤, 나는 추위에 떨었고 외로웠다. 하지만 나의 의식은 맑고 깊었으며 오감은 예리할 만큼 깨어 있었다. 나의 숨결은 고요한 기도가 되었다.

차가운 밤하늘에 보름달이 뜨면 달빛은 작은 창을 통해 들어와 반대편 벽에 대해원(大海原)의 푸른 파도를 펼쳐놓았다. 나는 일어나 발돋움으로 서서 정원의 나무들을 바라보았다. 달빛에 휘감긴 나무들은 기쁨과 한기로 오들오들 떨고 있었다. 나 또한 그러하였다.

'여보게~' 하고 나는 나지막한 목소리로 그들을 불렀다. '여어~'라고 그들은 수줍은 듯이 몸을 흔들며 대답했다. 그런 채로 우리는 오랜 시간 서로를 바라보며 마음을 위로하는 이야기를 침묵 속에서 주고받았다.

그러나, 아뿔싸! 그 정일(靜逸)한 고요는, 석방된 후 나날의 일상에 분주해지면서, 사라져버리고 말았다.

— Wild Plants and I in Prison —

When I was first imprisoned, I was cast in a tiny solitary cell for the first six months without being permitted even a book to read. I was so hungry and so lonesome.

But the greatest hardship I met with in prison was that there was no music there. But later on I came to know that music was there. In summer, when it began to rain at a distance, first came the smell of dust and then the sound of rain. It came nearer and nearer to my attentively listening ears. The sound became bigger and bigger and bigger. And suddenly the rain began to pour down and drummed violently on the tin-roofs of the old prison-buildings. Then there were the sounds of the water gushing out of the gutters and the creaks of the iron bars and the gates. Throughout the prison there was a flood of music. And suddenly the lightening came running across the sky and the thunder a little later, making the musical performance more dramatic. What a spectacular music it was!

In the yards and in every nook and cranny there grew various kinds of plants. Even out of the cracks on the high concrete fence there were living tiny wild plants. They had their four seasons. In spring, they awoke and raised their green fists. In summer, they boasted of their exquisite flowers. In autumn, if a careful observer, you could watch how they were busy with their harvest. And in winter, the thin dry stalks of wild plants, high up on top of the concrete wall, were waiting for the spring to come enduring steadfastly the piercing north wind.

The winter in prison was terribly cold. There were no stoves, no heating system whatsoever. The temperature in the room was almost the same as that of the outside of the building. If you put a bowl of water in your room, you would find a lump of ice there in the morning. In the freezing night I was cold and lonesome.

Yet my consciousness became so still and so concentrated and my senses so keen and vulnerable. My breathing became silent prayers. When there was a full moon in the cold sky, the moonlight flooded in through the small window of my cell and painted blue waves of the ocean on the opposite wall. I arose and tiptoed to look out at the trees in the yard. In the moonlight they were thrilling with joy as well as with cold, just as I was. I said 'Hi' to them in a low, quiet voice and they returned 'Hello' in a shy motion. we could have long consoling talks with each other.

But, alas! Since I was released, I have lost that stillness in the routine of daily life.

나는 선생님의 말씀을 들으면서 '그 험한 감옥에서 견디기 위해, 살아남기 위해 찾은 하나의 방도가 음악이었구나! 20대 청년에게 책도 없는 독방은 얼마나 혹독한 처형이었을까? 미쳐버리지 않았던 것은 내가 부당한 처형을 받았다. 내가 옳다!, 라는 신념이 지탱해주지 않았을까?' 하고 생각했다. 그렇더라도 그때 각인된 국가의 폭력은 지금까지도 선생님을 괴롭힌다. 여름철에도 내복을 입고 발 앞에 난로를 두어야만 하는 선생님! 그 폭력의 흔적이 몸에만 남아 있을까?

감옥은 정체성을 지워버린다. 그래서 푸른 수의를 입히고 이름마저 빼앗고 번호를 부여한다. 선생님은 가끔 차를 타고 지나가다가 아파트 동이나 버스의 번호를 보고 저거는 내 번호였다고 말씀하셨다. 『이것이 인간인가』에서 모멸감과 구타로 점철된 죽음의 수용소에서 살아남은 프리모 레비는 "그들은 우리의 이름마저 빼앗아갈 것이다. 우리가 만일 그 이름을 그대로 간직하고 싶다면 우리는 우리 내부에서 그렇게 할 수 있는 힘을 찾아내야만 할 터였다. 그 이름 뒤에 우리의 무엇인가가, 우리였던 존재의 무엇인가가 남아 있게 할 수 있는 힘을 찾아내야만 했다."라고 기술하고 있다.

감옥살이가 선생님의 정신적인 삶에는 어떠한 영향을 끼쳤을까? 선생님께서는 몸으로 겪은 공포와 두려움, 정신적 고통이나 절망은 어디엔가 숨겨둔 채 아름다운 발견만을 말씀하셨다.

그날 누구보다 박성준 선생님의 말씀을 주목해서 들었고 감동해서 선생님과 대화를 나누고 싶어하는 사람이 있었다. 어떤 목사님이셨는데 윤동주 시인이 다닌 도시샤대학을 졸업했고 윤동주 시인을 좋아하다가 관심이 생겨 한국어를 배웠다고 했다. 그래서 〈서시〉에 곡을 붙여 한국어로 노래를 했노라며 기타반주로 들려주었다. CD를 박성준 선생님에게 전달하고 싶어서 크리스마스라 바쁜 일정에도 이곳에 왔노라고 했다.

다음 날, 기차를 타고 고시마 유스케의 안내로 안도 다다오의 빛의 교회를 찾아갔다. 어느 길모퉁이 아주 소박한 자리에 교회는 있었다. 살짝 돌아 들어간 예배당에 비스듬한 경사로 저 끝에 십자가 모양으로 뚫린 틈으로 빛이 들어오고 있었다. 관광객이 꽤 많이 있었는데도 고요와 성스러움 그리고 검박함이 가득했다.

길담서원, 작은 공간의 가능성

우리나라 예배당은 보통 목사님의 설교대가 높이 있는데 빛의 교회는 그 반대였다. 고시마 유스케의 설명에 의하면 목사는 내려다보면서 가르치려는 사람이 아니라 가장 낮은 곳에서 봉사하는 사람이 바로 목사의 일이라는 생각이 담긴 설계라고 했다.

다음 날 다시 신칸센을 타고 배를 타고 나오시마로 향했다. 나오시마라는 섬은 베네세 그룹의 후쿠다케 회장과 안도 다다오가 만나 자연과 어울리는 세계적인 예술의 섬으로 만든 곳이다. 집을 미술관으로 꾸민 이에(家) 프로젝트를 비롯해 클로드 모네, 제임스 터렐 등의 작품을 볼 수 있는 지추미술관, 그리고 이우환 미술관도 있다. 무엇보다 제임스 터렐의 명상적인 공간들이 맘에 들었다.

제임스 터렐은 퀘이커이다. 내 마음에 빛이 있다는 퀘이커의 사상은 기독교에 그 뿌리를 두고 크리스천 퀘이커, 무신론 퀘이커, 부디스트 퀘이커까지 수용한다. 목사님이 없이 예배를 보고 모든 안건은 회의구조를 통해 만장일치로 결정한다.

여기서 '내 안의 빛'은 가장 근원적이고 직접적인 경험이다. 우리가 하느님을 직접, 다른 매개 없이 경험함이다. 그러니까 '내재하는 빛'은 교육과 문화적 환경에 따라 조건 지어지는 '인간적 능력'이 아니라 내재하는 빛이 비출 때 드러나는 인간이라는 본성이 갖는 능력의 하나다. 각 사람 안에 있는 '하나의 빛(God's Light)'을 인정함으로써, 우리 안의 분열과 다름에서 오는 문제를 극복할 수 있고 남들의 필요에 민감하게 반응하고 그들에 대해 책임감을 느끼게 된다. 그래서 분쟁지역이나 난민들이 있는 곳에는 어디든지 퀘이커가 있고 그들이 가장 먼저 달려간다.

퀘이커의 창시자인 조지 폭스는, "그러므로 '빛' 안에 거하십시오. 거기에 하나됨(unity)이 있습니다."라고 했다. 바로 제임스 터렐의 작품에서는 이러한 빛과 퀘이커들의 특별한 용어인 고요(Silence)를 만나게 된다. 퀘이커들에게 고요는 단지 소리가 없음이 아니라 희망을 잉태한 기다림, 들녘에 뿌려진 씨앗의 고요이다. 레비나스의 '일리아(il y a)'와 비슷한 개념일 것이다. 마음을 고요히 가라앉히고 마음의 흐름을 깊이 안쪽으로 향하게 하는 고요이다. 조용함이 밖으로부터 정의되는 것이라면 고요는 안으로부터의 정의되는 것이다. 제임스 터렐은 이러한 퀘이커의 사상을 나오시마라는 아름다운 자연 안에 설치해놓았다.

우치다 타츠루 선생이 다녀간 후, 가이후칸을 중심으로 길담서원이 알려졌고 합기도 도장에서 공부하는 노리코라는 분이 길담서원을 찾아오기도 했다. 우치다 선생이 한국어 공부를 하고 계셔서 자기도 공부하게 되었고 여행도 좋아해서 오게 되었다고도 했다.

우리는 고시마 유스케의 『모든 이의 집』에 이어 강상중의 『살아야 하는 이유』 등을 읽었고 박성준 선생님과 함께 사사키 아타루의 『잘라라, 기도하는 그 손을』을 읽었다. 그리고 사사키 아타루를 길담서원 7주년 기념 강연자로 초청했다. 이 책은 니체의 영향을 받은 책으로 원문이 니체의 『차라투스트라는 이렇게 말했다』의 리듬을 많이 닮아 있었다.

 원서로 책을 읽는다는 것은 그 나라 언어의 정수를 만나는 일이다. 감성적 인식의 접점이 음악과 미술과 같은 예술작품이라면 문학과 철학 같은 언어로 이루어진 학문은 감성과 이성을 관통하는 정서이다. 우리는『일본변경론』을 읽으며 일본인들의 비주체적 열등의식을,『모든 이의 집』을 읽으며 일본 장인들의 삶의 방식과 예술적인 구현방식을, 사사키 아타루를 만나면서 책이 곧 혁명임을 강조하며 읽고 쓰는 것이 얼마나 중요한 것인가를 좀 더 가깝게 읽어낼 수 있었다.

우리들의 바느질 대화

—

자투리 천을 엮으며 서로의 이야기를 엮다

길담서원에서 2013년부터 진행하고 있는 바느질인문학은 책 속 이야기와 우리들의 이야기가 만나서 실과 바늘로 하는 인문학 공부모임이다. 낮시간에 하는 이 모임의 주인공은 주로 여성들이다. 가족을 돌보느라 자신의 몸과 마음을 챙기는 데 소홀했던 여성들이 모여서 인문학 책을 읽으며 자투리 천들을 엮고 서로의 이야기를 엮는다. 차와 바느질 도구를 손에 들고, 생텍쥐페리의 『어린 왕자』, 『인간의 대지』, 헬렌 니어링의 『아름다운 삶, 사랑 그리고 마무리』, 빅터 프랭클의 『죽음의 수용소에서』 등을 읽고 대화를 나누어왔다.

함께 읽은 또 다른 책은 소설가 앨더와 화가 질로의 대화를 담은 책, 『여자들의 사회』이다. 전체 8장으로 이루어져 있는데, 1장 '전쟁의 방'을 시작으로 '버지니아 클럽', '레이스를 품은 전쟁', '윗대 여인들', '리틀 블랙 드레스', '흰옷을 입은 예식들', '영국의 푸르고 평화로운 들판'에 이어 '중용' 장으로 끝난다.

『여자들의 사회』를 곁에 놓고 우리는 안 입는 옷, 안 쓰는 천 등을 모아다가 콩밭님과 함께 바느질 놀이를 했다. 자르고 잇고 덧대고 꿰매는 일은 천에 대한 이해를 돕는 시간이기도 했다. 서로 이야기하며 가르쳐주고 배우며 아이디어를 나누는 사이에 재치 있는 작품이 만들어졌다. 바느질은 필요이며 동시에 창작이니까.

앞뜰엔 가을꽃이 피었고 우리는 꽃무늬 천을 꿰맸다
:

우리는 못 입는 옷, 안 쓰는 천을 가져와서 펼쳐놓고 네 것, 내 것이 없이 잇고 대고 자르고 꿰매며 이야기꽃을 피웠다. 물론 처음에는 뭐가 될지 모른다.

첫 시간에는 멤버들이 모여 앉아 얼굴을 익히고 차를 마시며 바느질에 대한 경험, 생각을 나누고 천의 물성을 알아가며 바느질 수다를 시작했다. 둘째 시간부터는 책 속의 이야기와 함께하는 바느질 대화가 이어졌다.

다들 하고 싶은 말도 많고 만들고 싶은 것도 많았다. 질은 좋은데 유행 지난 옷을 리폼하자고 했고 연말 파티에 쓸 아주 크고 풍성한 코사지와 천목걸이도 큼직하게 만들자고 했다. 랩스커트를 만들자는 의견도 있었다. 프로그램을 헐렁하게 짜고 참가자의 의견을 반영하기로 했더니 이런 생각들이 입혀졌다.

사과가 익어가는 만큼 우리의 바느질도 익어가리라

:

『여자들의 사회』 첫 장, '전쟁의 방'을 읽기 시작했다. 전쟁으로 마음이 폐허가 되었다고 해서 죽은 부모나 자식, 남편의 흔적을 지워버릴 수는 없는 일이다. 그래서 여성들은 본능적으로 떠나간 사람이 남긴 전리품들이 있는 공간을 만들어 추모하고 기억하면서 거기서 바느질을 통해 마음을 정리하고 치유하고 창작하며 견뎌왔다. 세월호 어머니들이 그 교실을 비워낼 수 없는 것과 같은 마음이리라. 그래서 세월호 참사로 아이들을 잃은 엄마들도 모여서 뜨개질을 했다.

우리들의 바느질이 아직 뭐가 될지는 모르겠으나 리사 앨더와 프랑수아즈 질로의 대화는 여성의 삶에 대한 성찰이고 현대 미술사를 더듬는 좋은 질료다. 다들, 카미유 클로델과 프리다 칼로가 로댕과 디에고 리베라와의 사랑에 함몰되어 힘겨운 삶을 견뎌야 했다면, 피카소를 외면하고 주체적인 삶을 살았던 프랑수아즈 질로의 삶에 공감하며, 리폼하는 시간을 가졌다. 이미 살아버린 삶은 리폼할 수 없으니 옷이라도 리폼하고 싶었던 것일까? 자연스럽게 그렇게 흘러갔다.

바느질에 대한 질문과 자기 삶의 이야기를 털어놓는 덕에 대화는 프라이팬의 콩처럼 이리저리 디글디글대며 익어갔다. 원래 수업은 2시간 30분인데 3시간 30분을 넘겼는데도 부족해서 그만하자고 졸라야 했던 시간. 결국 저녁까지 먹고 헤어졌다.

파란색 블라우스에 노란 주머니를 달고 뒤에는 나비 한 마리를 달았더니 새 옷이 되었다. 통 넓은 바지의 다리 하나는 버선코를 닮은 에코백이 되었다. 나는 지난 학기에 꿰매다 던져둔 가방을 완성했다.

레이스를 이용하여 베갯잇 만들기

:

베갯잇의 잇이라는 접미사는 무언가를 덧씌우는 것을 의미하는 명사다. 나는 잇에서 붉은 물을 들이는 잇꽃을 상상하고 핏빛을 떠오르기도 하며 대명사 it을 읽어내기도 한다. 이어지는 시간에는 금잔화, 치자, 맨드라미 등 각종 풀감과 꽃감으로 물들인 면을 가지고 베갯잇을 만들어보기도 했다. 자식이나 남편, 애인의 것이 아니라 오직 나를 위한 베갯잇을.

베갯잇, 배갯잇, 배갯잇을 자꾸 소리 내서 읽다보면 가을날 내다 넌, 무명 홑청이 햇볕에 바짝 말라가는 소리가 들리기도 하고 뽀닥한 온기가 전해지기도 한다. 감각은 보는 감각보다 상상하는 감각이 더 강하다. 그래서 선경험의 축적이 중요하다.

『여자들의 사회』 중 '레이스를 품은 전쟁' 장을 읽는 날에는 레이스를 이용한 작품을 만들어보았다. 전쟁 중에도 침략자들에게 의상으로 자존심을 세우고 자기 존엄을 지켰던 그리고 남성들의 성희롱을 오히려 우월감으로, 농담과 유머로 치환해버렸던 프랑스 여성들의 '여유'는 어디에서부터 비롯된 것일까? 자존감 낮은 요즘 사람들과 대면하면서 그 근원이 궁금했던 바느질 시간!

바느질을 하면서 참가자들과 여행 계획을 짰다. 재봉틀 하나

신고 봉고차를 몰고 다니면서 어느 시골에 찾아가 혼자 사는 할머니와 하룻밤을 지내며 청소도 해주고 밥도 해서 나눠 먹으면서 장롱을 열어 정리하고 뜯어진 옷을 꿰매가며 할머니의 이야기를 듣자고. 그리고 거기서 나온 천으로 할머니가 필요로 하는 뭔가를 만들어주고 나오자고. 우리는 동가숙 서가식 하면서 전국을 누벼보자고. 동무들이 번갈아가며 운전을 하기로 했고 재봉틀을 가져오기로 했고 신문물인 컴퓨터를 이용해서 할머니들에게 멋진 그림을 보여주며 신화 이야기를 들려주겠다고도 했다. 별이 쏟아지는 마당에서 디오니소스와 아리아드네 이야기를 할머니들에게 들려주면 뭐라고 화답할까? 우리는 그 예측불허의 이야기를 녹음하고 받아 적고 마음에 담아 작은 책 한 권을 내기로 했다. 그러나 말이 행동으로 전개되기까지는 추동력이 될 만한 어떠한 계기를 필요로 했다.

가방 만들기

:

네 번째 시간에는 가방 만들기를 했다. 구멍도 뚫고 수도 놓고 천이라는 캔버스에 바늘과 실로 좀 더 입체적인 드로잉을 해보는 시간이다.

앨더와 질로의 대화로는 『여자들의 사회』 중 '버지니아 클럽' 장을 읽었다. 지금도 그렇지만, 윗세대 사람들과 당대 사람들은 옷을 바라보는 시선의 차이로 늘 갈등한다. 앨더의 집에서는 옷을 이용하는 두 가지 방식이 있었다. 엄마는 자신의 상황에 저항

하는 방식이었고 할머니는 자기 자신을 재창조하는 방식이었다고 한다.

따라서 옷은 저항의 방식이며, 창작의 방식이다. 발자크에 의하면 한 계층에서 다른 계층으로 옮겨갈 때 가장 먼저 바뀌는 게 옷이었다고 한다. 옷을 바꿔 입음으로써 변신한 것이다. 그럼, 변신이란 무엇인가? 새로 태어나는 것이다. 애벌레가 고치의 시간을 견뎌 나비가 되는 것이다. 기존의 애벌레인 나를 버리지 않고서는 나비로 부활할 수가 없다. 그러니까 변신한다는 것은 먼저 죽어야 가능하다. 우리는 바느질을 하고 대화를 하면서 무엇을 내려놓고 무엇을 붙잡고 부활할 것인가? 그런 질문을 던져봤다.

브랜드 옷은 인용이다

:

『여자들의 사회』에서, 미국 사람들은 신분 상승을 하려면 제일 먼저 자동차를 고급으로 바꾸고 브랜드 옷을 입는데 프랑스 사람들은 유명한 브랜드 옷을 입는 게 아니라 자기만의 스타일이 있는 옷을 입는다고 한다. 스타일은 고유한 문화다. 그러니까 금방 쉽게 돈 생겼다고 백화점 가서 비싼 브랜드 옷을 사서 입는다고 바뀌는 게 아니다. 그래서 브랜드 옷은 남의 것이라는 의미로 '인용'이라고 한다. 남의 것을 슬쩍 빌려온다는 뜻이다. 브랜드 옷이란 너도 입고 나도 입고 돈만 있으면 누구나 입는 거니까 자기다움이 없는 거다. 그런 옷을 입는 것은 주체적이지 못한 거다. 나를 표현하는 방식이 아닌 거다. 프랑스에서는 돋보이고 특별해야 하기에 자기가 직접 만들어 입거나 수공예품을 입거나 아니면 이야기가 있는 물려받은 옷을 입어야 한다. 물려 입는다는 것은 문화적 역사성이다. 자기가 속한 신분을 극복하기 위한 방법이 이렇게 다르다.

뽀스띠노, 전기수
:

다섯 번째 시간에는 '윗대 여인들' 장을 미리 읽고 와서 토론하면서 바느질하기로 되어 있었다. 못 읽어온 분들이 여럿이라 내가 전기수를 자청했다. 다른 분들은 소곤소곤 물어가며 바느질을 했고 내가 읽어가는 앨더와 질로의 대화 속에 잠시 끼어들었다 나갔다 했다. 어떤 때는 읽기를 멈추고 경험을 나누고 바느질에 빠졌다가 다시 읽고 멈추고를 반복했다. 황현산 선생은 『밤이 선생이다』에서 초등학교 3학년 때부터 겨울철 멍석 짜는 어른들 틈에서 전래동화나 고전을 읽어드리면서 이야기의 힘을 몸에 익혔다고 기록한 적이 있다. 나는 바느질하는 선배들 틈, 말석에 앉아 들이밀기도 하고 빠져 있기도 하면서 책을 읽었다. 인왕산을 넘어오는 햇살이 사과나무 아래 만개한 산국 위에 쏟아지고 내 목소리는 서원 안에 가득했다. 선배들이 귀담아듣는 느낌이 나에게 전달되었다. 그러면서 마음속 깊은 곳에서 참! 좋구나! 풍성한 느낌이 들었다.

내가 인상 깊었던 곳은 더 힘을 주어 읽고 설명하면 옆에서 선배들이 한마디씩 거들었다. 예를 들면 이런 구절이었다. 이미, 빌

브라이슨이 『거의 모든 것의 역사』에서 한 말이지만, "저도 가끔 그런 생각을 해요. 여기에 오기까지 우리 조상 중 단 한 명에게라도 무슨 일이 생겼다면 나는 이 땅에 존재하지 않는다는 거죠."라든지, "여자 남자가 하는 일이 중요한 게 아니라 잘하는 사람이 그 일을 하면 된다."는 진술이나, "때로는 전쟁이 사회를 완전히 뒤흔들어 평평하게 만들기도 하는 것 같아요. (…) 전쟁이 한 차례 일어날 때마다 사회기반이 흔들리고 신분질서가 뒤집히고 새로운 사회가 된다는 걸 알게 되죠. 모든 시스템이 무너지고 너무나 많은 사람들이 죽으면서 그 이후에 남은 사람들이 사회를 재편성해야 하고 그럴 때는 이전에 존재했던 복잡한 패턴보다 덜 복잡해진 방식으로 개편을 하죠. (…) 전쟁은 남성적이고 폭력적인 기질들을 권장하기도 하지만, 남자들이 많이 죽어나가면서 동시에 남성적인 특질들이 소멸되어버리기도 하지요. 하지만 현대에 전쟁이 나게 된다면, 남녀구분 없이 모두 죽게 될 터이니 다른 이야기가 나오겠지요. 전쟁은 상상하는 것보다 남성적인 에너지가 다량 출혈되어버리는 사건이에요. 그와 동시에 여성들은 새로운 포지션을 차지하게 되고요." 프랑스 사람들의 인권의식이 특별히 높아서가 아니라 전쟁이라는 공백이 여성들에게 교육을 장려하고 남녀차별을 철폐하게 되었다는 이야기……. 바느질인문학이 꽃피는 순간이었다. 이야기가 여물어가듯이 가방들도 자기만의 모양새로 여물어가고 있었다.

오후 2시에서 4시 반 사이는 길담서원에 가을빛이 가장 깊고 이름답게 머무는 시간이다. 돌아가신 신영복 선생이 감옥에서 20년 넘게 견딜 수 있었던 것은 신문지만 한 크기의 햇빛이 2시간 정도 감방에 들어온 덕분이었다고, 그 햇빛만으로도 살아야 하는 이유는 충분했다고 한다. 그때 우리는 음악도 끄고 햇볕 속에서 바느질하면서 책을 읽어주는 소리에 집중하다가 잠시 잠깐 대화 속에 끼어들기도 하다가 그랬다. 해가 넘어갈 때까지.

길담서원, 작은 공간의 가능성

오감이 모두 살아
기능을 다하는 기쁨

—

몸으로 표현하는 시민 프로그램

　길담서원에 퇴근녘이 되면 친구들이 몰려왔다. 프로그램이 없
는데도 그냥들 왔다. 그러면 우리는 술집으로 가는 게 아니라 걸
으러 갔다. 서촌의 골목길을 누비다가 산자락으로 올라가 청운공
원에서 노을을 보며 캔맥주 하나 마시니 좋았다. 그래서 **보름밤에
걷기모임**을 만들었다. 그러다가 때를 매번 놓치는 바람에 **일요일
아침에 걷기**를 했다. 인왕산은 그야말로 동네 앞산이니 자주 갔
고 옆 산인 북악산도 부지기수로 갔다. 동네를 구석구석을 걸었
고 걷다가 힘들면 환기미술관에서 그림도 보고 맛있는 식사와 함
께 서로를 알아가며 봄 여름 가을 겨울 없이 걸었다. 어떤 날은 조
금 마음을 내어 남한산성길, 북한산 사모바위, 승가사, 여자바위
를 찾았고, 강화나들길, 남산둘레길 등등을 걷다가 『모래강의 신
비』를 책으로 쓰고 방송으로도 연출했던 손현철 PD와 함께 영주
내성천을 답사했다. 내성천은 다른 말로 모래강이라고도 부르는
데 그곳에 무섬마을이 있다.

(…) 무섬마을은 엄마의 외가였어요. 어린 시절 아직 새댁인 엄마와 함께 저기 가본 적 있어요! 새댁이었던 엄마는 돌아가시고 어렸던 나는 늙어가고……. 무섬이라도 제발 변하지 않고 거기에 남아 있었으면.

감자꽃님은 길담서원 온라인 카페에 이렇게 댓글을 남겼다. 평생 엄마를 그리워하며 살아온 소년님은 "엄마의 고향 무섬을 찾아가는 감자꽃님의 그 발걸음을 저만치서 뒤따라 걸어보고 싶네요."라고 답했다.

나는 모래강에서 조르바 춤을 추자고 제안했다. 영화 〈그리스인 조르바〉 마지막 장면에서 "Hey~ Boy~" 하면서 시작하는 그 춤을. 그 춤을 연습해오자고 동영상과 함께 공지글을 올렸다. 우리 거기서 함께 춤을 추자고……. 지금은 거리에서 시민들이 자유롭게 춤을 추는 모임들이 있지만 그때만 해도 누구 하나 관심이 없었다. 심지어 춤 때문에 가기 싫다는 사람, 춤추자는 제안을 내리자고 한 사람도 있었다. 나는 자율이라고 하면서 강요하지 않았다. 강가의 군무를 상상했던 나는 밤에 무섬마을 모래강가에서 혼자 춤을 추었다.

일요일에도 뭔가를 지속적으로 하는 게 힘들어서 소년님과 여름나무님 그리고 내가 나가지 않게 되자 걷기모임이 없어지고 말았다. 아무튼, 우리는 비정기적으로 따로 또 같이 북한산도 가고 춘양에도 가고 통영에도 가고 거제도에도 가고 캄보디아로, 나오시마로, 롱샹성당으로, 뒤셀도르프 인젤 홈브로이히로 갔다. 이렇게 저렇게 걷기는 여행으로 자라났다.

책 보고 토론하고 강의를 듣고 걷고 여행하는 것도 좋았지만 두 발을 단단하게 땅에 딛고 산다는 생각이 들지 않았다. 뭔가 불안한데 그 원인을 못 찾고 있었다. 그 무렵 전국귀농운동본부 분들이《귀농통문》편집회의를 하러 오셨다. 우리는 농삿꾼들이라 시끄럽다고 하시더니 정말 시끄러웠다. 전희식 선생님은 운동화도 양말도 벗고 맨발로 앉아계시고 또 다른 분은 농사를 지으면서 아침에 세수 안 하는 버릇이 생겼다며 마른세수를 했다. 그분들 주변에서 쉰 막걸리 냄새 비슷한 향이 모락모락 났다.

소년님은 그분들의 모습을 보시더니, "저, 낙천적인 목소리 좀 봐. 저분들은 농사짓는 사람들이라 자신감이 넘쳐. 우리는 세상이 아무리 시끄러워도 먹고살 수 있다는 자부심이 가득하지……."라고 했다. 내가 느끼고 있던 그 불안이 이거구나! 싶었다. 생산수단을 가지고 있는 사람과 없는 사람의 차이. 도시에 사는 우리는 노동력을 팔지 않으면, 돈이 없으면 먹고살 수 없구나! 나는 슬며시 길담서원 카페에 텃밭인문학이라는 카테고리를 만들었다. 그리고 텃밭인문학, 바느질인문학을 시작으로 몸과 마음의 균형을 이루기 위한 프로그램을 진행해왔다.

텃밭인문학은 먹고사는 직접적인 문제뿐만 아니라 자연과 분리된 삶, 대상화된 삶을 살고 있는 현대인들이 어떻게 하면 농사짓는 삶을 생활 속으로 끌어들일 수 있는가? 하는 고민에서 시작되었다. 지금은 상주에서 포도농사를 짓고 있는 생화학자 이수재

박사의 세포에 대한 강의를 듣는 것으로 시작했다. 관심 갖는 분들이 많지 않았지만 나는 길담서원 앞의 풀꽃과 잡초를 뽑지 않고 서로 어울리게 키우면서 조금이라도 촌스러운 분위기를 내려 했다.

또 하나 길담서원 문턱이 너무 높다는 말을 자주 들어서 그 문턱을 낮출 수 있는 방식을 고민하다가 **바느질인문학**이라는 프로그램을 만들어나갔다. 바느질인문학은 이웃에 사는 두 아이의 엄마 어떤날님이 놀러 와서 이야기를 나누다가 시작되었다. 나는 어렵지 않으면서도 감동적인 책을 읽고 손바느질을 하면서 책 속의 이야기를 나누면 어떻겠냐고 제안했고 어떤날님은 기쁜 마음으로 우리가 나눈 이야기를 바탕으로 공지글을 올렸다. 글은 '내 식으로 꿰매버리는 바느질인문학'이라는 구절로 시작하고 있었다.

아이 둘을 낳고, 열심히 키우며 산 세월이 이제 8년, 집안 곳곳을 닦고 식구들 위해 밥 하고 아들딸 건강하게 키우며 이만큼의 세월을 보냈는데, 나를 위한 공간과 시간은 없고 마음은 허전하네요. 간절히 나를 성장시키고 싶어 길담서원 카페에 들어가봐도 저녁에는 시간 내기도 어렵고 용기를 내려 해도 내가 잘할 수 없을 것 같아 자꾸만 망설이게 되구요.

그런데 뽀스띠노님이 바느질인문학 이야기를 하셨어요. 바느질하고 수다 떨면서 우리끼리, 우리 식으로 인문학을 가지고 놀아보자고. 신나게 놀다보면 뭐가 보이지 않겠느냐고. 안 보이면 계속 즐겁게 놀면 되고 보이면 그때 내가 원하는 공부를 시작하자는, 그런 모임을 하자고 하더라구요.

와~ 그런 모임이면 아이들 키우고 살림만 하며 지낸 나도 길 담서원에서 무엇인가 시작할 수 있겠다는 자신감이 생기더라 구요. 우리 같이 모여서 차 마시고 바느질하며 글도 쓰고 이런 저런 주제로 토론도 해요. 이 세상을 건강하게 살아가고자 하 는 사람들의 마음과 이야기들이 모일 테니 여러모로 많은 것 을 배울 수 있는 좋은 모임이 될 거예요.

그러자 책을 토대로 손과 머리를 쓰는 모임이 만들어졌다. 바 느질 하듯이 익숙하고 쉽게 인문학에 접근하는 징검돌을 놓은 것이다. 어떤날님 제안대로 이 모임에서 엠마 골드만의 자서전 『*Living My Life*』를 읽는 모임이 파생되었다.

청소년들이 『빨강머리 앤』을 영어원서로 읽으며 드로잉하고 산책하는 프로그램을 보고 엄마들도 하고 싶다는 마음을 전해왔 다. 그렇게 해서 **엄마앤e모임**을 만들었다. 여기서 엄마는 생물학 적인 엄마이기도 하지만 모든 창작자를 의미한다. 에마뉘엘 레비 나스는 출산을 물리적인 출산과 정신적인 출산으로 이야기하는 데 자기의 철학을 정립하여 글로 쓰는 행위를 정신적 출산이라고 명명하고 있다. 하여, 우리는 『빨강머리 앤』을 영어원서로 읽으며 청소년들처럼 풀, 꽃, 나무를 드로잉하고 국립현대미술관 덕수궁 분관으로 조르조 모란디 전시도 보러 가고 혜곡 최순우옛집으로 나들이를 가서 북정마을을 산책하기도 했다.

정안나 연출가와 했던 **시민예술단**은 시민들이 모여 놀이하듯이 여유를 가지고 연극을 하면서 내 몸이 지닌 어떤 특별한 것을 발견해내려는 실험이었다. 말이 아닌 소리와 몸짓과 눈빛으로 풀어 창작으로 연결 짓는 놀이 한마당이었다. 낭송이든, 연극이든, 춤이든, 노래든, 마술이든 그때그때 우리가 하고 싶고 할 수 있는 건 다 하자. 몸과 마음에 생생한 물길을 끌어올려 창작하는 시민이 되자며 놀다가 괴테의 희곡 『파우스트』, 아서 밀러의 『시련』을 읽고 낭독극을 올리기도 하고 함께 연극을 보기도 했다. 시민예술단에서 함께했던 김서령 작가가 『여자전』을 재출간했을 때는 김후웅 할머니의 이야기를 대본 작업해서 연극으로 올리기도 했다.

세월호 참사를 기억하는 모임, **아! 세월호**는 이 죽음을 헛되이 하지 않기 위해서는 세월호 사건을 기록해야 한다는 마음들이 모여져서 시작되었다. 광장의 어머니들을 모셔서 이야기를 듣고 단식릴레이에 참여하고 안산 단원고를 찾아가기도 했다. 세월호 가족들에게 쏟아지는 험한 말들을 들으며 함께 서명운동을 했다. 소년님은 그들을 향해 안구건조증 같은 눈병이 아니라 가슴이 말라버린 심장병에 걸렸다고 했다. 나는 그 실의와 절망 속에서 청소년과 함께하는 **빨강머리 앤e 영어원서강독*풀꽃나무 드로잉 수업**을 기획했다.

끝으로 한뼘미술관을 만들면서부터 해온 모임이 지금의 **미술학교**이다. 첫 시작은 펜으로 사라져가는 구멍가게 그림을 그리는 이미경 작가와 한지를 이용해 달동네 그림을 작업하는 정영주 작가가 함께하는 **이야기 드로잉**이었다. 나는 내 이야기를 그림과 글로 표현하고 싶었고 이 두 작가의 그림은 서사적인 정서를 잘 담고 있었다. 이미경 작가가 사실 그대로 표현하는 구상적 작가라면, 정영주 작가는 구상적이면서도 구체적이지 않은 이미지로 전체를 조합해내는 표현방식이 특징이었다. 두 작가와 함께하는 드로잉 교실은 그림을 시작하는 사람들에게 더없이 좋을 것이라 생각했다.

이어, 손한샘 작가와 함께 2기 드로잉 교실을 시작했다. 개념미술을 공부한 손한샘 작가는 quantity is quality, 양이 곧 질이라고 강조했다. 드로잉은 draw에서 왔다며 서랍을 끌어당겨 열 듯이 자기 무의식 속에서 잠자는 것을 꺼내는 것이 드로잉이라고 했다. 이 말은 곧 자주, 많이 그려야만 자기 내면에 간직한 무엇인가가 끌려 나온다는 이야기였다. 도구의 파격과 사고의 전환을 주문하는 수업을 많은 분들이 좋아했다. 나중에 심화반을 만들어 운영하기도 했다.

그 후 잠시 휴지기를 두고 시작한 3기는 목탄화가이자 『나뭇잎 일기』의 저자 허윤희 작가와 함께했다. 허윤희 작가는 사물을 보는 방식을 강조했다. 나무를 그릴 때 나뭇가지나 나뭇잎만 보지 말고 그 사이 허공을 보라고 했다. 어쩌면 그림은 이미 있는 것에서 허공을 만드는 것인지도 모른다는 생각을 했다. 이야기 드로잉은 사생수업으로 '서촌12경'을 기획했으나 참가자가 적어서 진행할 수가 없었다. 그래서 그 기획은 내셔널트러스트에서 일하는 하늘피리님과 이야기하다가 서촌에 위치한 홍건익 가옥에서 진행했다.

　다시, 시간은 흘러 길담서원 한뼘미술관에서 류장복 작가의 전시를 준비하면서 3회의 워크숍도 함께 기획했다. 이론과 시연 그리기 비평으로 이어지는 수업이었다. 휴지기에 있던 드로잉 교실을 다시 시작하면 좋겠다 싶었는데 워크숍이 끝나갈 무렵 어느 분이 수업을 계속했으면 좋겠다고 했고 그 자리에서 결정되어 4기 이야기 드로잉을 열었다. 4기는 '선과 명암', '색과 질감'이라는 카테고리로 1년 과정을 기획하면서 좀 더 심도 깊은 미술학교로 확장되었다. 10년 넘게 예술의전당에서 수업을 진행해온 류장복 작가는 시민들과 어떻게 만나야 하는지를 잘 알고 있었으며 현재 미술교육의 문제점도 명확하게 짚고 있었다. **미술학교**에서는 감각과 사유 그리고 지성이 복합적으로 빛나는 그림을 그리고자 했다.

　류장복 작가는 사생을 주로 하는 작가인데 자연의 움직임, 떨림이 내 몸에 전달되는 그 에너지의 생생한 파동이 그림 안에 녹아든다고 보았다. 그래서 시간을 마련해서 사생을 하러 멀리 또 가까운 곳으로 여행을 떠난다. 러시아의 상트페테르부르크를 다녀와서 길담서원 한뼘미술관에서 그림여행 전시를 하기도 했으며 오는 봄에는 남프랑스로 가는 사생여행을 준비하고 있다.

　『영혼의 자서전』 저자, 니코스 카잔차키스는 병원에서 퇴원하여 햇빛에 씻긴 대지를 보며 이렇게 말했다. "세상에 들어오는 다섯 문인 다섯 가지 감각이 모두 살아 기능을 다하는 기쁨"이라고. 그러한 기쁨을 우리는 그림으로 담아 볼 수 있으니 얼마나 좋은가!

'한 글자'로 풀어본
청소년인문학교실

어떤 청소년이 책을 추천해달라고 왔다. 그는 축구하다가 팔도 부러뜨리고 쌈박질하다가 다리도 다쳐서 엄마의 애간장을 태우더니 고등학생이 되어서는 담배를 피우다 걸려서 강제로 머리를 밀리고 정학을 당한 상태였다.

이발의 역사를 소재로 한 소설, 김해원의 『열일곱 살의 털』을 소개했다. 가족사를 현재 두발단속과 엮어서 재밌게 전개한 청소년소설이었다. 그리고 시간이 흘러 그 책을 어떻게 읽었는지 물었다. 그 녀석은 머리에 '후까시'를 가득 세운 채.

청소년: 그 책은 청소년이 주인공이기는 하지만 우리는 그런 식으로 말하지도 않고 행동하지도 않아요.

뽀스띠노: 그래도 알아보려고 노력을 하는 어른들이 있다는 게 어디니?

청소년: 그냥 어른들이 우리를 아는 것처럼 그렇게 말하는 게

더 짜증나요.

　　뽀스띠노: 작가는 청소년에게 직접 물어봤고 고맙다고도 썼던데…….

　　청소년: 범생이한테만 물어봤나부죠.

　　대부분의 청소년들은 소설 속 주인공처럼 그렇게 쉽게 수긍하고 변하고 그러지 않는단다. 청소년으로부터 공감을 받기 힘들다는 것이다. 청소년의 그 말은 오랜 시간 나를 떠나지 않았다. 그리고 예전에 신문에 아주 조그맣게 보도된 기사 하나가 떠올랐다. 김진경의 『고양이 학교』가 프랑스 아동 문학상인 앵코립티블(incorruptible) 상을 받았다는 내용이었다. 앵코립티블은 '부패하지 않는', '변질되지 않는'이라는 뜻이다. 이는 시간이 흘러도 그 작품의 의미가 결코 퇴색하지 않을 것이라는 의미를 내포한 것이 아닐까 생각해봤다. 아무튼 사람들은 최초로 한국작가가 이름도 어려운 저 상을 받았다는 데 주목했는지 모르겠지만 나는 '어린이들이 직접투표를 해서'에 주목했다. 이렇게 쓰여 있었다. '이 상은 3천 개 학교 15만 명의 어린이들이 투표해 선정했다.'라고. 프랑스의 어린이들은 어렸을 때부터 이렇게 주체적으로 사는구나! 주체가 교과서의 용어가 아니고 일상의 언어이고 삶 그 자체이구나!

　　우리나라도 사계절문학상, 창비청소년문학상, 문학동네청소년문학상 등 다양하게 있지만, 심사위원은 전문 작가와 평론가 중심으로 구성되어 있다. 비교적 최근에야 어린이·청소년이 직접 심사에 참여하는 문학상이 생기고 있다. 나는 처음 청소년소설 당선작이라는 이야기를 들었을 때, 이게 청소년이 썼다는 건지, 청소년을 위한 소설이라는 건지 헷갈렸다. 알고 보니 어른들이 청소년은 이럴 것이다를 상정하고 그들의 언어를 조사하고 인터뷰하고 이웃의 누군가를 주인공으로 삼아 쓰는 것을 청소년소설이라고 하고 있었다. 문학작품에서조차도 청소년을 가르쳐야 할 대상을 삼고 있다는 것을 예민한 청소년은 몸으로, 감각적으로 인식했을 것이다.

청소년이 주체가 아니구나! 청소년은 그냥 소비자이구나! 청소년은 어른이 기획한 책이라는 상품을 소비하는 소비자로 여겨지고 있는지도 모를 일이었다. 그러면 어떻게 해야 하지? 길담서원은 이런 물음을 가지고 2008년 겨울부터 청소년인문학교실을 기획하기 시작했다.

우리는 청소년인문학교실을 위한 준비모임에 학부모, 교사, 교육에 관심 있는 분들은 물론 청소년을 주인공으로 불렀다. 몇 차례의 준비모임과 시범 교실을 운영한 후 본격적인 한 글자 청소년인문학교실을 진행했다. 그렇게 길, 일, 돈, 몸, 밥, 집, 품, 힘, 눈, 삶을 주제로 길담서원 청소년인문학교실을 열었다.

기획회의에는 어른 말고도 청소년 3~4명이 자율적으로 참여했다. 전문적인 분야나 적절한 강사에 대해서는 몰랐지만 '밥'이나 '몸'을 주제로 할 때 청소년들은 자기들과 밀접한 관계가 있어서 그런지 생각을 편안하게 풀어냈다. 학교급식이 어떻게 소비되고 있는지, 친구들이 학교에서 성적으로 얼마나 개방되어 있는지, 학교 성교육이 얼마나 웃기는지 같은 솔직한 이야기들이 나왔다.

'몸'을 주제로 하는 2010년 10월 15일 금요일 청소년인문학교실, 준비모임의 대화 일부다.

청소녀: 2차 성징이 나타나면서 이성에 대한 관심이 많이 가요. 또 건강을 생각하다 보면 먹을거리 친환경 식품에 대해서도 궁금해요. 저는 아빠가 제주에 계셔서 자주 가는데 해녀들처럼, 몸 기술로 생계를 꾸리는 사람들에 대해서 알아보았으면 좋겠어요.

어른1: 지적노동자 말고 공장노동자, 군인, 광부, 스포츠인 등도 몸을 이용해서 사는 노동자들이지요. 피아니스트가 건반을 두들기는 것처럼 말입니다. 몸 관리를 잘해야 하는 사람들이 있는데 놓치기 쉬운 대목이 해녀처럼 몸을 가지고 사는 사람만 몸의 문제가 절실한 것은 아니에요. 과학자와 같은 정신노동자들도 마찬가지예요. 칸트 같은 철학자가 지적인 성찰을 이룰 수 있었던 것은 그 사람의 건강상태와 무관한 것일까? 질문해야 해요. 우리가 살면서 음악을 듣고 시를 읽고 그림을 그리고 그런 것들이 모두 몸의 작용인 것입니다. 기쁨, 슬픔을 느끼고 아픔을 느끼는 것은 정신과 몸의 합일 과정이니까 몸은 정신의 문제와 함께 잘 들여다봐야 합니다.

어른2: 우리는 몸을 무시하고 망각하는 사회에 살아왔어요. 육체와 정신을 둘로 나눠서 생각하고 둘의 상호연관에서 이루어진다는 것을 알고는 있으나 생각 중심의 사고를 하는 것을 볼 수 있지요. 관념론적 철학자들은 몸을 정신의 하위개념으로 두고 있다고 생각했는데 사실은 니체 이후의 몸은 곧 이성이고 이성이 곧 몸이라는 것을 깨닫지요. 니체는 이성을 몸의 작용으로 보고 우리 몸에 대하여 근본적으로 다시 생각하게 했어요. 몸을 하인 취급하고 철학 없이 사는 이 사회에서 중심을 잡아주는 선생님을 모셨으면 좋겠네요.

청소년: 결국 자아 찾기 같아요.

어른1: 그렇지요. 몸을 안다는 것은 내가 누구인지 아는 것이지요. 우리는 후방에 있는데 아이들은 전방에 있네요. 좀 더 도움이 되는 이야기를 해야겠어요.

청소녀: 중3 언니는 임신을 해서 학교에 못 오는데 오빠는 학교에 다녀요. 여자이기 때문이지요. 선생님이 안 계시면 남학생들이 학교에서 큰 빔프로젝트로 성과 관련된 동영상을 봐요.

청소년2: 우리 학교에선 선생님 없을 때 커플이 같이 춤도 추고 키스도 해요. 그러면 애들이 막 박수 쳐주고 부러워하고……

어른1: 우리가 상식적으로 생각하는 것보다 학생들의 성에 대한 경험이나 지식에 대한 수위가 높네요.

청소녀2: 학교의 성교육은 같은 비디오로 재탕하고 있어서 우리들에게 보탬이 되지 않아요. 친구들은 이상한 도구를 구해 오기도 하고……. 성적인 욕구는 커지는데 학교는 감당이 안 되는 것 같아요. 친구들의 성교는 몸의 즐거움 내지는 호기심에 치우쳐져 있어요.

어른3: 어떤 것을 알려줘야 도움이 될까?

청소년: 저는 피임하는 법을 알려줬으면 좋겠어요.

청소녀: '하지 마라'가 아니라 섹스를 하게 되는 이유를 찾고 뭐가 좋고 뭐가 나쁜지 그것을 구체적으로 알려줬으면 좋겠어요.

어른1: 청소년들에게 시시한 강의가 되어서는 안 되겠어요. 청소년의 성과 관련한 문제를 전문적으로 이해하고 구체적으로 설명할 수 있는 분을 모셔서 문제를 심층적으로 파고들어 정말 필요한 강의가 되도록 해야겠어요. 청소년기에 잘 모르고 하는 성교가 인생에 어떤 영향을 미치는지, 그런 문제에 부딪혔을 때 어떻게 해결해야 하는지를 알아봤으면 해요.

어른2: 질의응답을 통한 이야기식 강연이 좋겠네요. 내 친구가 그러는데요, 이런 방식으로요. 그래야 구체적인 상담이 되니까요.

어른1: 더불어 몸에 대한 이해를 도와주는 철학 강의도 필요하겠어요.

어른2: 문학작품이나 그림 등에 나타난 성의 문제라든가?

청소녀: 1970~1980년대 어른들은 어땠나요?

어른1: 우리 때는 대학에 가서 처음으로 성을 경험하거나 군대 갈 때 성경험을 하기도 했어요. 신혼여행을 가면서도 아무것도 모르는 상태도 있었고요. 첫 성경험이 일생을 지배할 수도 있어요. 자기 몸의 변화를 알고 컨트롤하는 것이 중요하고 아무것도 모르면서 몸의 지배를 받는 것은 굉장히 위험해요. 성이라는 문제는 삶의 질, 아름다움과 직결되는 문제인데 이것을 잘못 다루면 삶의 행복에 금이 갈 수 있게 됩니다.

청소년: 이런 것을 교육에서 다루지 않아요. 외적인 환경이 너무 자극적이어서 정리도 안 되고 무척 힘들어요. 몸에 대한 강의를 하고 따로 성에 대한 강의만 집중해서 하면 어떨까요?

그 결과, '몸'을 주제로 한 강의는 온생명(장회익), 여성의 몸(이유명호), 나이 들어가는 몸(전희식), 청소년의 성 묻고 답하기(변혜정), 마임(강지수), 몸 철학(조광제)으로 구성했고 경기도 남양주시 수동면 운수리 작은 야산이 있는 산돌학교에서 연극배우이자 마임이스트인 강지수 배우와 함께 마임교실을 열었다. 서로가 서로의 몸으로 호흡하고 공명하는 시간이었다.

그리고 다음 날 아침, 우리는 산속에서 눈을 밟으며 고요히 함께 그리고 홀로 산책했다. 눈이 곱게 쌓인 산길을 한 사람씩 시간과 공간의 거리를 두고 천천히 걸으며 눈밭에 누워 하늘을 보고 자기가 좋아하는 나무를 끌어안고 호흡했다. 산새소리, 바람소리, 코끝에 맵싸한 바람을 느끼고 마른 풀잎의 흔들림을 보면서 그렇게 추운 날 아침에 따뜻한 아침 해를 받으며 홀로 그리고 함께 살아 있음을 확인했다. 그 기록은 궁리출판에서 『몸, 태곳적부터의 이모티콘』으로 정리해 펴냈다.

이런 방식으로 청소년들과 대화하며 청소년인문학교실의 구체적인 그림을 그려나갔다. 강의는 한 글자 주제마다 청소년들과 회의를 통해 역사적인 측면, 사회과학적인 측면, 문학적인 측면, 예술적인 측면, 철학적인 측면, 감각적인 놀이가 가능한 현장 답사 등으로 다채롭게 구성하려 했다. 역사, 문학, 사회과학, 철학적인 측면도 중요하게 다뤘지만 예술적인 측면과 1박 2일 답사를 매번 구성했다. 주제마다 6~8명의 실천적인 지식인과, 20~25명 정도의 청소년이 함께했고, 강연을 듣고 질문과 후기를 나눴다.

특히 답사를 통해 청소년들이 또래 친구들과 친해지고 마주치며 놀고 자연과 만나는 시간을 소중하게 기획했다. 청소년인문학 교실의 강연 내용은 책으로 펴내어 이 강연에 함께하지 못한 청소년, 학부모, 교사 등 여러분들과 나누고자 했다. 다만 책에는 답사 내용을 담지 못한 아쉬움이 있다.

청소년들과 프로그램을 진행하면서 느낀 것은 어떤 일이든지 맡겨주고 시간을 주고 믿어주면 우리가 생각한 것보다 훨씬 더 잘하고 스스로 해결할 수 있는 능력을 가지고 있다는 점이었다. 단지 학교에서도 어디에서도 그 능력을 발견하고 키우고 갈고 닦을 시간을 주지 않을 뿐이다. 학교 밖에 나온 청소년이라도 그러한 기회를 자주 가졌으면 좋겠는데 이 친구들은 그들대로 바쁘다. 모든 일은 바쁜 가운데서 이루어진다고 하지만, 우리의 문명이 발전해온 기반은 시간적 여가와 경제적 여유였다는 것을 잊지 말아야 한다. 우리 청소년들이 약하고 에너지가 없고 편향되어 있다면 그것의 절반은 어른들의 탓일 것이다.

책방의 공공성은 무엇일까?

—

공간은 사람을 따스하게 맞아들이기도 하고 들어온 사람을 튕겨내기도 한다. 공간에도 파동이 흐르고 있어서 잘 맞으면 그곳에서 오래 관계를 유지하고 머물지만 정서적 교감이 이루어지지 않으면 스쳐 지나가게 된다. 공간이 가진 고유한 진동수에 공명하는 사람과 그렇지 않은 사람이 저절로 분리되는 것이다.

길담서원에서 오래 같이 공부했던 분들 그러니까 짧게는 1~2년, 길게는 10년 넘게, 매주 혹은 매달 오셨던 분들은 길담서원의 파동과 잘 맞는 분들이었을 것이다. 그런데 갑자기 길담서원이 멀리 이사를 간다고 하니, 눈물을 보이는 분들이 계시고 우울감을 호소하는 분들도 계신다. 심지어는 몇 분이 우리가 월세를 감당할 테니 그것이 문제라면 서울에 길담서원을 유지해달라는 분들도 있었다. 동무들이 아파하고 힘들어하면 괜찮던 나도 같이 아파온다. 공간의 정리는 쉽지만 인간사 관계의 정립은 어려울 수밖에 없다.

현대인이 우울증에 걸리는 여러 가지 이유 중의 하나가 단절, 그중에서도 익숙한 공간이 사라지는 데서 오는 허망함이 있다. 그래서 정신문화공간은 지극히 개인적이면서도 동시에 공적인 공간이 된다.

나는 가끔, 책방의 공공성은 무엇일까? 책방은 왜, 면세일까? 그런 생각을 한 적이 있다. 책 한 권 팔아서 남는 이문이 워낙 적어서일까? 책은 다른 물질과 비교불가한 정신문화 영역이어서일까? 잘 모르겠지만, 책방이 이처럼 공공의 기능이 있는 건 사실이다. 나는 사람들이 와서 진열된 책 사진만 찍고 목록만을 적어가는 일이 반복될 때 좀 화가 났다. 우리가 나름대로 좋은 책이라고 골라놓은 지적 활동인데 그것을 대가 없이 가져간다는 계산이 앞섰다. 그런데 여름나무님이 우리는 면세니까 그 정도는 봐줘야지 했고 소년님께서는 다른 책이 아니라 우리가 골라놓은 그 책을 어디선가 읽을 것이라고 생각하면 괜찮다고 했다. 그렇게 '정신승리법'을 썼더니 조금 괜찮아졌다.

우리가 길담서원을 열기 전에 이미 다른 공간을 참고했던 것처럼, 길담서원 문을 열고 얼마 되지 않아서 수없이 많은 분들이 찾아왔다. 시청에서, 도서관에서, 학교에서, 문화재단에서, 종교단체에서, 개개인들이 서울은 물론이고 전국각지에서 많은 분들이 오셨다. 우리는 그분들과 마주앉아 우리가 지금 하고 있는 일뿐만 아니라 우리가 앞으로 하고자 하는 계획, 공간이나 힘이 부족해서 할 수 없는 일까지 모두 이야기했다. 우리 사회에는 서서히 책을 기반으로 하는 문화학습공간들이 생겨났다. 그리고 그 공간

3장. 벗이 있어 세상은 아름답다

들을 유지하기 위해 나름대로 자구책을 간구하고 정부의 지원금 사업으로 프로그램도 진행하면서 의미를 만들어가고 있다.

그러나 정부기관에 기획안을 제출하고 심사를 거쳐 지원금을 받고 크린 카드로 운영한 후, 보고서를 작성하는 방식은 너무 소모적이고 도덕적이지 못하며 문화적인 다양성을 찾는 방식이 아니라고 본다. 나는 개인이 운영하는 공간이더라도 공적인 역할을 한다면, 2년 혹은 3년 단위로 상과 같은 지원금을 주는 제도가 있었으면 한다. 영수증 없이 마음껏 쓸 수 있는 지원금 말이다. 노동력은 계량할 수 있어도 노동은 계량화할 수 있는 게 아니다. 단지, 경쟁이라든지 감동으로 불러일으킬 수 있을 뿐이다. 따라서 좋은 공간을 운영하는 사람들이 그 돈으로 여행을 한다면, 맛있는 것을 먹고 벗들과 토론의 장을 펼치고 논다면, 한 달가량 쉬는 시간을 갖는다면, 그것은 그대로 그의 아름다운 노동으로 나타날 것이다. 이렇게 마음대로 쓸 수 있는 상금을 주면 좋겠다. 그것은 새로운 사업을 하는 좋은 기획에 그대로 반영될 것이다. 이제 우리는 감시하지 않는 지원을 해야 할 때이다.

이런 책방의 문화공공성이라는 맥락에서 길담서원은 프로그램의 참가비를 최대한 낮추어 경제적인 부담이 문턱이 되지 않도록 했다. 한때는 유리항아리를 두어 자발적으로 참가비를 내는 방식으로도 진행했다. 남의 눈이 감시를 하지 않아도 스스로 참가비를 내는 문화를 만들고자 했고 옛날에 서커스가 들어오면 지나다가 슬쩍 들어가서 보기도 했듯이 서로에게 그런 여유를 지니고자 했다. 반면, 예약문화를 정착시키려고 의자에 좌석번호를 붙이는 수고로움을 감내했었다.

또 경제적 어려움 속에서도 함께 만든 프로그램에서 발생하는 이익은 함께 나누는 방식을 지켜나가려고 했다. 그중 하나가 청소년인문학교실이다. 참가비를 최대한 낮췄을 뿐만 아니라 강연 내용을 정리하여 출판하면서 우리가 욕심을 내어 출판사로부터 받는 10%의 인세를 모두 가질 수도 있었지만 콘텐츠를 제공한 6~7분의 선생님들께 각각 1%씩 인세를 나누고 나머지를 길담서원의 몫으로 정했다. 길담서원 청소년인문학교실 시리즈는 9권을 출판했는데 그중 『나는 무슨 일 하며 살아야 할까?』는 28쇄를 찍었고 10쇄 이상 찍은 책도 여러 권이며 가장 최근에 나온 『눈, 새로운 발견』은 4쇄를 펴냈다.

우리가 공공기관은 아니지만 이렇게 마음을 내어 운영할 수 있었던 것은 길담서원은 새로운 개념의 서원이어야 했기 때문이고 후원을 해주는 분들이 있어서 가능했다. 아무런 이득이 자신에게 직접적으로 돌아가는 게 없는데도 꾸준히 후원금을 보내주신 그분들이 있어서 별것 아닌 것 같지만 사회의 기반을 이루는 작지만 큰 것들을 다시 생각하고 실천하게 되었다.

3장. 벗이 있어 세상은 아름답다

독서교육 시작은
스스로 책을 선택하는 것부터
—

가끔씩 어른들이 아이들에게 줄 책을 권해달라고 한다. 나는 조금 난처해하며 아이를 알아야 권할 수 있는데 평소에 어떤 책을 읽나요? 하고 묻는다. 그러면 책을 안 읽어서요, 하며 말끝을 흐리는 경우가 종종 있다. 초등학교 4학년만 되어도 책을 안 읽는 경우가 허다하다고 하니 안타까운 일이다. 그러면 나는 이 책 저 책을 펼쳐보며 이야기를 나누다가 어떤 수를 써서라도 아이를 좋은 책들이 잘 선별되어 있는 도서관이나 책방에 혼자 보내라고 한다.

어렸을 때부터 관심도 없고 재미도 없는 책을 숙제하듯이 읽어온 아이들이 책을 좋아하기는 힘들다. 학습량이 많아지는 4학년 전후로 독서량이 급감하고 예전에는 중등 단계에서 나타나던 난독증이 초등학생에게도 생긴다고 하는데 이러한 현상은 너무나 당연해 보인다. 어렸을 때는 그림이 많으니 대충 읽어도 내용을 알 수 있고 그다지 견디는 힘을 필요로 하지 않는다. 하지만 고학년이 읽는 책을 보면 그림이 줄고 글이 많아진다. 그리고 학교에서 해야 할 숙제들이 주어지면서 자연스럽게 책과 멀어진다. 책을 좋아하고 독서의 재미를 아는 아이라면 그러한 틈에서도 스스로 찾아 읽고 힘들 때 위로를 받겠지만 책이 숙제나 다름없던 아이들에겐 다시는 돌아보고 싶지 않은 부담일 터이다.

따라서 책을 처음 읽기 시작할 때부터 스스로 책을 선택해서 읽게 도와줘야 한다. 부모가 특정 시기에 읽어야 할 책 목록을 뽑아서 주문한 책을 읽히고 도서관에서 빌려다 읽히면 아이들은 자기의 의견이 반영되지 않은 책을 숙제처럼 받아들이기 쉽다. 사실 어른들도 책에 대해서 잘 모른다. 모르면서 추천도서 같은 걸 보고 선택할 뿐 부모 자신은 읽지 않아서 대화도 안 된다. 그러면 부모는 잔소리쟁이가 되고 아이를 부리는 사람으로 인식될 뿐이다.

스스로 책을 선택해서 읽는 아이는 어떤 책이 재미있을 것 같은지, 생각하면서 고른다. 이러한 경험을 거듭하면서 더 이상 책을 선택하는 데 실패하지 않으려고 지은이를 보게 되고, 출판사를 살피게 되고 목차와 서문을 보고 심지어는 번역자는 어떤 사람인지 꼼꼼하게 체크한 후 선택하게 된다.

추천사라든지 광고를 보고 선택했을 경우, 읽어보니 광고와는 다르다는 것도 배운다. 스스로 실패하지 않고 좋은 책을 선택할 수는 없다. 그렇지만 그러한 실패와 수고를 거듭하는 과정을 거치면서 아이들은 스스로 책을 읽을 수 있는 힘을 기를 수 있고 동시에 비평하는 능력도 얻게 된다. 책을 선택하는 자기 안목이 생기는 것이다.

그렇다고 자율에만 맡겨두면 영원히 좋은 책과는 다른 길로 가 버릴 수도 있다. 그냥 방치하면 엉뚱하게도 좋지 않은 책을 골라 보고 말초적인 신경을 자극하는 책으로 빠질 위험이 있다. 자율 적인 선택을 통한 독서는 손이 많이 가고 시간이 많이 걸려서 실 패를 반복하지만 그렇기 때문에 더 나은 실패를 할 때까지 살펴 줘야 하고 기다려줘야 한다. 설거지하는 것, 사과 깎는 것도 실패 를 거듭해야 배우듯이 함께 읽고 가르쳐주고 기다려주고 대화해 야 한다. 그게 힘들다면, 부모가 잘 모르는 것에 대해서 내 경험 치로 대하는 것보다는 아이 스스로에게 맡겨 좋은 책이 많은 도 서관 사서라든지, 책방지기가 있는 공간에 아이를 데려다줄 필요 가 있다. 권장도서는 참고사항으로 삼고 스스로 골라보고 도서관 에서 책방에서 놀면서 책과 친해지는 경험을 아이가 스스로 하게 하는 것도 중요하다.

아이들이 혼자 도서관이나 책방에 가게 되면 이미 정보를 통해 서 아는 책만 보는 것이 아니라 책장에서 손에 닿는 책을 빼들고 여기저기 뒤적이며 읽어보고 타인의 판단 이전에 내 판단으로 책 을 발견하는 기쁨을 알게 된다. 그 기쁨은 그 책을 친구나 부모에 게 권하는 것으로 나타난다. 그리고 책을 넣었다 뺐다 하면서 손 에 묻은 먼지라든지, 오래된 책이 바래져가는 색감과 바스스해지 는 질감의 차이라든지, 활자본의 매력을 발견하는 것은 인터넷 서점에서 만날 수 없는 감각들이다. 또 거기서 혼자 온 또래와 만 나 읽고 있는 책에 대해서 이야기하면서 새로운 친구를 사귀거나 사서 혹은 책방지기의 추천을 받고 서로 대화를 나누기도 한다. 이러한 부딪힘이 아이에게는 사회화의 과정이기도 하다.

따라서 혼자 오랫동안 다니는 책방이나 도서관이 있다는 것은 무척 기쁜 일이다. 자율적으로 책을 골라보다가 책방지기나 사서가 권하는 책을 읽기도 하고 그곳에서 운영되는 책읽기모임에 함께하면서 이야기도 하고 토론에 참여한다면 즐거운 일이다. 이렇게 맺어진 인연은 단순히 책을 소개해주는 관계에 그치지 않고 부모나 친구에게 하지 못하는 삶의 고민을 털어놓는다거나 개인적인 은밀한 구석을 꺼내 보이는 사이가 되기도 하며, 때로는 힘들 때 기댈 수 있는 언덕이 되기도 한다. 부모 말고 어른 친구가 있다는 것은 참으로 고마운 일이다. 좋은 책을 읽는 것도 중요하지만 그 책을 만난 공간, 같이 있던 사람, 같이 나눈 대화 이런 것들이 한 사람의 삶을 확장시킨다.

성인이면서 어린아이같이 유치한 행동을 하는 이들을 '찰러리맨'이라고 부른다고 한다. 어린이(child)와 샐러리맨(salaried man)의 합성어로 취업 후에도 부모에게 심적·물적으로 기대어 사는 사람들을 일컫는다. 취업이 늦어지고 부모의 과잉보호가 늘면서 생긴 현상이라고 하는데 나는 스스로 선택해서 읽는 독서교육의 시작이 바로 이러한 어른으로 키우지 않는 하나의 방법이라고 본다.

책읽는사회문화재단에서는 초등학교 입학하는 날, 어린이들에게 책꾸러미를 입학선물로 준다고 한다. 이렇게 꾸러미를 선물로 나눠주는 것도 좋지만 그 책꾸러미 중에서 일부라도 어린이들이 직접 책을 선택할 수 있는 기회를 주는 쪽으로 사업의 방향을 확대했으면 좋겠다. 어린이들에게 책을 구입할 수 있는 쿠폰을 발행해줘도 좋고 작은 책방에 지원금을 줘도 괜찮을 것이다. 그러면 아이들이 자연스럽게 책방에도 가보고 새로운 공간, 새로운 사람을 만나고 동네 책방도 알게 될 것이다.

청년들의 모임,
에레혼의 부활을 꿈꾼다

실패의 기억

앞으로 더 하고 싶은 일이 있다면, 청년들과 공부모임을 도모하고 싶다. 2012년에 길담서원 청소년인문학교실에서 공부한 청년들의 모임 에레혼을 만들었다. 몇 차례의 회의와 진행 방식을 옆에서 도우며 새로운 청년문화를 만들고자 했다. 아래 편지는 〈레드 마리아〉의 경순 감독님을 섭외하는 편지이다. 쿨하고 명쾌한 감독님은 목욕재계하고 가겠노라는 답신으로 우리에게 와주었다.

그러나 아르바이트도 해야 하고 공부도 해야 하고 연애도 해야 하고 이것저것 할 것이 너무 많은 청년들은 결국 한 번의 모임으로 그쳤다. 시간이 지나 생각해보면 내가 너무 간섭을 많이 했다.

이런 거 하자는 제안부터 진행사항, 편지까지 손봐주면서 사진 찍고 후기 쓰기까지 간섭을 했다. 그래서 출판까지 기획을 해놓고 청년들을 내 기획의 한 부분으로 진행시켰던 것이다. 청년들이 각자 하고 싶은 말을 적어온 글은 다듬지 않은 원석 그대로였다. 그것을 다듬고 어휘를 바꾸고 모호한 표현은 다시 물어 분명하게 하고 이어 붙이고 순서를 바꾸고 그 짓을 내가 한 것이다. 그냥 보냈어도 경순 감독님은 청년들이 하고자 하는 말의 의미를, 그들의 가슴을 느꼈을 것이다.

청년들이 한번 해보면 다음부터 스스로 하겠지 했지만 해야 할 일도, 하고 싶은 일도 많은 청년들의 삶에서 에레혼 모임은 밀려나게 되었다. 스스로 기획하고 스스로 책임지고 하는 그 성과를 스스로 가질 수 있어야 했는데 그렇게 하지 못한 실패의 기억이다.

나는 청년들과 이 모임을 다시 부활해서 해보고 싶다. 에레혼 청년들과 같이 쓴 아래 편지에 그 기획의 의도가 드러나 있다.

— 감독님, 뵙고 싶습니다! —

에레혼(Erehwon), 길담서원 청년 인문학 공부모임

길담서원은 종로구 통인동에 위치한 인문학 책방이며 공부 공간입니다. 길담서원 안에는 서로 다른 모습의 공부모임이 옹기종기 자리 잡고 있습니다. 그중 하나는 길담서원에 푸른 에너지를 채워주고 있는 '길담서원 청소년인문학교실'입니다. 제도 교육 속에서 숨쉴 공간조차 없는 청소년들에게 주체적인 생각과 감수성을 갖고 세상과 만날 수 있도록 길, 일, 돈, 몸, 밥, 집, 품, 힘, 눈처럼 한 글자로 된 주제로 강의를 열어왔습니다.

길담서원 청소년인문학교실을 함께했던 친구들이 어느새 청년이 되었습니다. 우리는 무엇인가에 목말라 하고 있었습니

다. 모여서 그 무엇의 정체를 찾아보기로 했습니다. 정보가 홍수처럼 범람하는 이 시대에 '사람 냄새 나는 이야기'를 듣고 싶다는 것이 우리들의 결론이었습니다. 지식이나 정보가 아니라 한 사람이 살아오면서 성장하고 좌절감을 겪고 극복하고 삶을 재정립하면서 걸어온 이야기를 듣고 우리 삶을 설계해야겠다고 생각했습니다. 그래서 '에레혼'(이것은 NOWHERE를 거꾸로 읽은 새뮤얼 버틀러의 소설 『EREHWON』에서 따온 이름입니다.) 이라는 모임을 꾸리기로 하였습니다. 우리 시대의 좋은 선생님들을 모시고 살아오신 이야기를 듣고 우리들의 개인적이고 사회적인 삶의 고민을 나누는 '이야기 마당'을 펼쳐보려 합니다.

선생님의 '삶' 이야기를 듣고 싶습니다

'여성(몸)', '노동(일)', '가난(돈)'은 감독님이 만든 영화 〈레드 마리아〉를 떠올리면 생각나는 단어들입니다. 이 단어들은 우리가 한 글자로 된 청소년인문학교실에서 공부한 일, 돈, 몸과도 중첩됩니다. 20 대 80의 사회에서 88만원 세대라 불리는 우리 청년들이 '어떻게 살아야 할까?'를 고민할 때 '일'과 '돈'은 빠뜨릴 수 없습니다. 10명이 취직하면 8명은 비정규직인 상황에서 나 혼자 잘 먹고 잘 살기보다 조금은 부족해도 함께 나누며 살아가야 한다고 생각합니다. 그런데 요즘은 1 대 99의 사회로 치닫고 있다고 합니다. 이런 시대에 우리 청년들이 가지고 있는 고민과 선생님이 살아온 삶 속에서 맞닿은 지점을 찾아

이야기를 듣고 우리의 고민을 나누고 싶습니다.

무엇보다 살면서 어떤 경험이 지금의 감독님을 이루었는지 궁금합니다. 학교 다닐 때 어떤 책을 읽었는지, 부모님과의 갈등은 없었는지, 암담한 미래를 극복하기 위해 무엇을 했는지, 친구들과 싸웠을 때는 어떻게 그 관계를 회복했는지, 공부하기 싫을 때는 어떻게 했는지, 꼭 이루고 싶어서 열심히 공부했는데 안 되었을 때 그 절망을 어떻게 극복했는지, 남자친구를 사귈 때는 어떻게 해야 하는지……. 살아가는 데 아주 중요한데 학교에서도 책에서도 들려주지 않고 만나볼 수도 없는 작지만 소중한 이야기들, 지금 여기 있는 한 사람을 이루게 되는 그 경험을 나누어 주십시오.

비정규 노동자, 마냥 고달픈 삶은 아니다

이 메일을 대표로 정리하고 있는 저는 유수정입니다. 성공회대학교 김엘리 교수님의 추천으로 〈레드 마리아〉라는 작품을 보았습니다. '여성의 노동은 배에서부터 시작한다.'라는 감독님의 관점이 새로웠습니다.

저는 〈레드 마리아〉를 보고 난 뒤에 고등학교 3학년 때가 떠올랐습니다. 어른들은 '고3' 하면 입시 공부에 치여 지친 학생들의 모습을 상상합니다. 그래서 자주 힘들어도 조금만 참으라며 위로합니다. 하지만 고등학교 3학년 교실에서 정말 입시 준비 때문에 지친 아이들은 얼마 되지 않습니다. 입시 준비에 매진하는 소수의 아이들을 제외한 나머지 대다수의 아이들은 다들 저마다의 생명력으로 재잘재잘 떠들며 그 안에서도 재미를 찾고 즐겁게 지냅니다. 청소년들은 그렇게 생명력이 왕성합니다. 그렇지만 그 즐거움이라는 것이 깊은 깨달음을 준다거나 영원히 잊지 못할 그런 즐거움은 아닙니다. 또 그런 것을 견디지 못하고 세상을 버리는 친구들도 있습니다.

이 영화도 비슷하다고 생각했습니다. 고단한 노동자의 이야기를 담았지만 유쾌했습니다. 감독님과 출연자의 일상적인 대화가 고스란히 영화에 담겨 웃음이 나기도 했습니다. 기자 혹은 제3자가 서술한 노동자에 대한 글을 보면 부당한 처우나 고단한 삶의 모습이 적나라하게 드러납니다. 하지만 거기까지입니다. 노동자가 직접 쓴 글은 그런 삶 속에서도 나름의 '즐거움'이 있습니다. 『소금꽃나무』 김진숙 선생님의 유쾌함이 생각나는 대목입니다. 그런 점에서 이 영화가 '진짜 노동자의 이야기'를 하고 있구나 싶었습니다. 이만큼 힘들다, 좀 도와달라고 말하지 않았지만 툭툭 던져진 화면 속에서 그 사람들이 그렇게 사는 것은 너무 부당하다고 생각했습니다.

저희들이 교실에서 나름대로 재미를 찾고 유쾌하게 지냈지만 그것은 진정한 자유가 아닌 것처럼, 여성 노동자들이 힘들다, 도와달라라고 말 한 마디 하지 않았지만 그 안에는 그보다 더 큰 절규가 들어 있는 것 같았습니다.

저희는 이 모임이 진정한 어른과 청년들의 소통의 장이길 바랍니다. 누군가의 삶을 모방하면 나도 성공할 거 같다는 같

잖은 희망에 들뜨지 않고, 다시 자기가 발붙이고 서 있는 현실
에 돌아와 앞으로 나아갈 힘과 위로를 얻을 수 있는 모임이 되
길 바랍니다. 감독님을 첫 번째 선생님으로 모시고 싶습니다.
길담서원에서 만나뵐 수 있도록 저희 젊은이들의 초대를 받아
들여 주십시오.

2012. 7. 22.

길담서원 에레혼 청년들(유수정, 엄지, 이슬기, 이소영) 올림

중인문학과 정선
그리고 길담서원

서촌, 윗재 혹은 세종마을

서촌에는 누가 살았을까?

:

서울은 내사산인 남산, 북악산, 인왕산, 낙산으로 둘러싸여 있고 그 중앙에 경복궁이 있다. 경복궁을 중심으로 북쪽에 자리 잡은 마을을 북촌, 서쪽에 자리 잡은 마을을 서촌이라고 불렀다. 지금은 서촌(세종마을)으로 불리지만 예전에는 경복궁 윗동네라 해서 윗재 혹은 상촌이라고도 했다.

길담서원은 경복궁 서쪽, 인왕산 아래 서촌에 자리 잡고 있다. 인왕산으로 내린 비는 수성동계곡에서 옥류천을 지나 청계천으로 흘러간다. 옥류천은 9번 마을버스가 다니는 대오서점 앞길이다. 인왕산 초입에 '청계천발원지'라는 표지가 있는데 지금은 물길이 끊겨서 청계천으로 가지 못한다. 경제개발 과정에서 지하를 깊게 파고 건물들이 들어서면서 물길이 흩어져버렸다. 그리고 산중턱까지 집을 지으면서 깊은 숲이 사라졌다.

'수성동'의 수성(水聲)은 물소리를 뜻한다. 인왕산이 바위산이다 보니 바위에서 물이 떨어질 때, 작은 폭포가 만들어지고 그 사이를 건너는 기린교라고 하는 돌다리가 있는데 그 계곡에 비가 오면 물소리가 좋아 수성동(水聲洞)이라고 불렸다.

겸재 정선은 인왕산 아랫자락에 인곡정사라는 정자를 짓고 살았다. 세월이 흘러 인왕산 바로 아래 옥인아파트가 들어섰는데 너무 오래되어 허물고 다시 지으려고 공사를 하다가 국보로 지정된 정선의 그림 〈수성동〉 속에 있는 기린교를 발견했다. 고민 끝에 이곳 주민들을 세곡동 신축 아파트로 이주시키고 복원을 했다. 겸재의 그림이 역사적 증표가 되어 사라질 뻔한 수성동을 다시 살려낸 것이다. 아무리 역사서에 글로 남아 있어도 증표가 없으면 잊혀지기 쉬운데 겸재가 진경산수화를 그려놓으니까 그대로 복원할 수 있었다.

그러면 조선시대에는 여기에 어떤 사람들이 살았을까? 서촌은 세종대왕을 비롯해 추사 김정희, 송강 정철, 겸재 정선 등, 역사적인 인물들이 많이 살았다. 세종대왕 태어나신 곳은 큰 길가 지금의 독일안경원 앞이고 겸재 선생은 경복고 안에 청풍계라 불리는 양반들 밀집 지역에서 태어나서 돌아가실 때까지 이 근방에서 살았다.

이렇게 궁궐과 가깝다보니 궁궐을 유지하기 위해 일하는 사람들도 많이 살았다. 북촌에는 사대부가 살았다. 사(士)는 선비로 글을 읽고 공부하는 사람이고 대부(大夫)는 관직에 나가는 사람들이다. 서촌에는 주로 중인들이 살았다. 중인은 조선시대 양반과

길담서원, 작은 공간의 가능성

상민의 중간계층으로 주로 기술직에 종사한 역관, 의관, 율관이나 내관, 서얼, 중앙관청의 서리나 지방의 향리 등을 중인이라 불렀다. 역관은 외교관, 의관은 의사, 율관은 변호사, 내관은 비서에 해당하는 사람들로 그들은 한 분야의 전문가였지만 관직에는 나가지 못하고 주변부를 떠돌았을 것이다.

그래서 사대부가 살던 북촌은 번듯번듯한 미음자 모양의 한옥들이지만 중인들이 살던 서촌의 한옥은 작은 집이 많다. 특히 내관들이 혼자 살던 집은 10평도 안 되는 작은 집들이다. 집이 워낙작고 벽도 옆집과 하나로 되어 있는 경우도 있어서 집을 고칠 때도 무척 힘든 경우가 많다. 마치 등이 붙은 쌍둥이 형상과 비슷하다. 우리가 TV 드라마에서 보아온 내관은 목소리도 여성스럽고 왜소한 모습이지만 실제 내관들은 왕을 가장 가까이서 보좌해야했기에 호위무사처럼 풍채도 좋고 기품이 넘쳤다고 전해진다.

중인들은 요즘 말로, 문학 동호회라 할 수 있는 시사(詩社)를 결성하고 정기적으로 모여 시와 문장을 발표하였다. 인왕산 아래옥류천이 흐르는 곳에 주로 밀집해 살면서 '옥류천계곡'의 '옥계'라는 말을 따서 '옥계시사'라 했다. 바로 옥계시사의 동인이었던천수경이 그 근처에 집을 짓고 소나무와 바위가 있는 뜰, 송석원(松石園)이라 당호를 짓고 당시 중인들과도 교류가 잦았던 추사김정희의 글씨를 암각했다. 그 집이 풍취가 얼마나 아름다운지송석원에서 주로 모였다 하여, 송석원시사라고도 한다. 중인들은옥계의 아름다운 경치를 담은 시를 쓰고 그림을 그려『옥계사시첩玉溪社詩帖』을 발간했다. 양반 못지않은 문학적인 수준이 있음을 널리 과시하며 공동체 의식을 견고히 했다. 학문적인 즐거움과 동시에 양반사회에 던지는 일종의 선언과도 같은 것이 아니었을까 생각된다.

그러니까 그 당시에 직장에 다니는 백성들이 자발적으로 모여서 시를 짓고 그림을 그리고 문집도 발간하고 봄가을로 백일장도 하고 그랬다. 그 백일장을 백전(白戰)이라고 하는데 인왕산에서 봄과 가을에 열린 백전에는 수백 명이 몰려들었다. 왜 백전이냐면, 손에 무기를 들지 않고 종이 위에서 글로 벌이는 싸움이란 뜻에서 '백전'이라 했다. 당시 글줄이나 읽는 사람들은 백전에 참가하는 것 자체를 영광으로 여겨서 성안에 치안을 맡았던 순라꾼도 백전에 참가한다면 잡지 않았을 정도였다고 전한다.

중인들은 백전을 열어서 중인 스스로의 실력을 기르고 문집을 발간하면서 자기 시의 세계를 점검하고 능력을 키우며 세상에 알리는 발판으로 삼았다. 백전은 관직에 나가기 위한 시험이 아니라 일종의 아마추어들이 문예를 겨루는 백일장이었다. 참가자들은 시상(詩想)을 떠올리기 좋은 곳에 자리를 잡기 위해 경쟁도 치열했다. 당대 최고 문장가들이 심사를 해서 양반들도 관심을 가졌다. 우리가 학교에서 하는 백일장도 바로 여기서 유래한다. 중인을 다른 이름으로 '위항인'이라고도 불렀는데 위항인이란 낡고 꼬불하고 지저분한 골목을 다니는 사람이라는 의미다. 이것은 신분도 미천한 중인들이 문학을 합네 하면서 양반 흉내를 내고 다닌다는 양반들의 업신여김이 내포된 호칭 같다. 그들의 신분이 중인들이었다 하여 중인문학 또는 위항문학이라고 했다. 그런데 양반 사대부도 아닌 중인들이 어떻게 문학과 풍류를 즐길 수 있게 되었을까?

신분을 극복하고자 하는 의지

:

이들이 이렇게 학문을 즐길 수 있었던 것은 바로 경제력, 돈이 있었고 시간이 있었고 동병상련하는 친구들이 있었기에 가능했을 것이다. 그러나 돈과 시간, 친구만 있어서 되는 게 아니다. 중인들은 서러웠을 것이다. 그 서러움은 바로 우리도 양반처럼 저렇게 살아야 한다는 인권에 관한 문제의식이다. 이러한 감성적인 문제의식이 불평등을 넘어서서 신분을 극복하고자 하는 의지가 되었을 것이다. 그리고 나도 능력이 있는데 왜 나는 관직에도 못 나가고 예술을 즐기지 못하는가 하는 계급의식과 문화적인 내면의 욕구가 있어서 가능했다고 생각한다.

또 하나는 사회적 분위기가 중요한데, 대동법을 시행하면서 등장한 상인들이 돈을 모으고 경제력을 갖게 되는 반면에 가난한 양반들의 몰락이 생기자 견고했던 신분제가 헐거워지기 시작한다. 그 틈으로 신분을 극복하고 문화를 즐기고자 하는 돈 있고 시간 있는 사람들이 들어가게 된 것이다. 이들이 바로 중인계급이다. 따라서 이러한 사회적 분위기도 매우 중요하다. 줄탁동시의 시간이다. 사회의 분위기와 같은 객관적인 시간과 자신의 노력인 주관적인 시간이 맞아떨어졌을 때 가능해진다. 중인들이 문제의식을 가지고 있었고 신분제 사회가 헐거워지는 그 시기에 알을 깨고 새 생명이 나오는 것처럼, 중인들의 노력과 사회적 배경으로 중인문학은 탄생한 것이다.

조선시대 사람들이 신분제를 극복할 수 있는 방법은 관직에 나가는 것이었다. 그런데 중인 이하는 학문을 공부해도 관직에 나갈 수도 없고 드러내고 자랑할 수도 없었다. 그러니까 중인들, 상인들이 돈은 벌어서 경제적으로 여유로워졌지만 마음은 여전히 허전했을 것이다. 관직에도 못 나가고 문화적인 욕구도 충족되지 못한 그들은 시서화를 익히고 공유하면서 신분을 극복하고자 노력을 하고 혼자는 할 수 없으니까 옥계시사를 통해서 자기들만의 목소리를 내는 『옥계사시첩』을 출간하고 백전이라는 제도를 만들어 선언한 것이다. 양반들의 시중을 들던 사람들이 나의 생각과 감정을 표현하기 시작한 것이다. 왜, 양반들만 글을 읽고 시를 쓰고 그림을 그리고 자연의 아름다운 풍취를 즐겨야 하지? 우리도 즐기자. 그리고 우리 생각을 글로 표현하고 알리자. 이렇게 된 것이라고 볼 수 있다. 경제적인 여유가 생기자 자기다운 삶을 살 궁리를 한 것이다. 육체적이고 향략적인 삶이 아니라 인문적인 삶을 추구한 것이다.

겸재 정선의 〈인왕제색도〉

:

〈인왕제색도〉는 비 온 후, 맑게 갠 인왕산을 그린 그림이다. 인왕산은 바위산이다. 정선은 화강암으로 된 바위를 검게 칠해서 비가 갰으나 아직 물기가 다 마르지 않은 상태를 표현했다. 화강

암은 흰색을 띠기에 전통적으로 바위는 하얗게 그렸는데 정선은 실제 풍경을 있는 그대로 그리되 정선만의 내적인 상태나 생각을 개성 있게 담았다. 풍경이 가진 아름다운 영혼을 불러내어 진경을 그린 것이다.

〈인왕제색도〉에는 仁王霽色 辛未 閏月 下浣이라고 적혀 있다. 신미년 윤5월 하순에 그렸다는 뜻으로 1751년 5월 하순으로 겸제가 75세에 그린 그림인데 청운동 쪽에서 바라보고 그린 그림이다. 미술평론가 오주석은 간송미술관 학예실장인 최완수의 해석을 바탕으로 정확히 그림을 그린 날짜를 알기 위해 『승정원일기』를 찾아봤다고 한다. 거기서 5월 하순경에 일주일 동안 내리던 장맛비가 25일이 되어서야 멈췄다는 기록을 발견한다. 바로 정선은 진짜 장마가 멈춘 날에 〈인왕제색도〉를 그린 것이다.

여기서 하나 중요한 사실이 있다. 〈인왕제색도〉를 보면 집이 한 채 보이는데, 그 집은 정선의 친구였던 사천 이병연의 집이다. 사천은 글을 쓰고 정선은 그림을 그리는데 정선이 그림을 그려서 사천에게 보내면 사천은 그림을 보고 글을 쓰고 그랬던 둘도 없는 친구다. 〈시화환상간〉은 가장 자기다운 겸재와 가장 자기다운 사천이 주체적으로 만나서 피운 꽃이라고 할 수 있는 시그림집이다. "내 시와 자네의 그림을 서로 바꾸어보니 그 경중을 어찌 말로 논할 수 있겠는가." 그렇게 친한 친구가 무척 아프다는 것을 알고 있던 정선은 비가 개자 친구가 제일 먼저 떠올랐을 것이다. 그래서 날이 개듯이 내 친구의 몸도 이렇게 화창해지기를 바라면서 그림을 그린다. 그림을 들여다보면 농한 부분과 담한 부분의 대비가 오히려 기운차게 보이기도 하고 급한 마음으로 읽히기도 한다. 그러나 친구는 4일을 못 넘기고 저세상으로 떠난다. 정선이 이러한 진경을 그릴 수 있었던 건 자기가 그린 그림을 설명할 필요 없이 알아봐주고 시를 써주는 친구가 있어서 가능했을지도 모른다. 정선은 타자인 친구를 사랑하는 마음을 〈인왕제색도〉에 담아 우리나라의 진경을 완성했다. 겸재가 친구 사천을 아끼고 사랑하는 마음이 오롯이 들어 있는 그림이라고 할 수 있다.

이렇게 조선시대 말, 이곳 서촌은 천수경과 같은 중인들이 옥계시사라는 모임을 만들어 양반들을 흉내내면서 서서히 자기만의 세계를 창작하며 신분을 극복하고자 했고 겸재 정선도 사천 이병연과 함께 교류하면서 중국의 산천이 아닌 우리의 산천을 있는 그대로 그리되 정선이라는 사람의 생각과 감성을 담아서 진경산수화를 완성했다.

뿐만 아니라 일제강점기에는 윤동주 시인, 이상 시인 등이 살았고 친일파인 윤덕영, 이완용도 살았다. 이완용이 옥인동에 약 2천 평의 땅을 가지고 있었다는데 길담서원이 있는 옥인동 19-17번지도 포함된다고 한다. 그 이후에 박노수, 노천명, 천경자, 이중섭 등등 수많은 예술가들이 머물렀다.

지금은 참여연대, 환경운동연합, 녹색당, 철학아카데미, 아름다운재단, 푸르메재단, 푸른역사아카데미 등 시민단체와 평범한 직장인들이 공부를 하며 새로운 세상을 만들기 위해 씨앗을 심는 역사적인 현장이기도 하다.

"길담서원에서는 청소년들에게 풀, 나무, 꽃, 흙, 물, 바람 등과 이들의 관계, 이런 자연의 물성을 손에 익히고 인문학을 공부하면서 몸과 마음의 균형을 이루는 어른으로 성장하는 것을 돕고 있다. 인문학 공부만이 아니라 '매우 폭넓고 열렬하고 자유로운 감수성'을 회복한 사람으로! '일상에서 거의 지각할 수 없을 정도의 미세한 감촉에도 반응하고 거의 알려지지 않고 기록되지 않은 것들을 발견할 수 있는' 그런 어른으로 성장하게 하는 공부를 하고 싶다."

4장

몸으로 하는 공부

손의 복원과 철학하기

이사를 놀이처럼 할 수 있을까?

길담서원 이사 가는 날

2013년 12월 15일, 길담서원은 이사를 했다. 6년간 친구들과 함께 써내려간 통인동 시절을 접고 옥인동 시대의 첫 페이지를 여는 날이었다.

나는 이사를 힘들고 귀찮은 일이 아니라 놀이이고 축제이고 함께 이야기하고 땀 흘리며 친구와 더 가까이 다가갈 수 있는 기회로 만들고 싶었다. 길담서원 친구들이 보자기에 책을 싸서 허리춤에 매고 어깨에 지고 풍각쟁이들의 연주와 노래에 맞추어 출발하는 놀이를, 축제를 벌이고자 했다. 풍각쟁이들이 앞서서 지신밟듯이 길을 터주면 길담서원 벗들이 가져온 보자기에 책을 싸서 전달하는 방식으로 이사를 하고 싶었다. 차례차례 책꽂이에서 빠져나온 책에 따뜻한 손길이 닿고 닿아 옥인동 길담서원 책꽂이에 다시 꽂히는 놀이를 상상했다. 그러나 이사 가는 장소가 정해지는 과정과 현재 사는 공간을 내놓고 새로 들어오는 분이 정해지고 인테리어를 하면서 나는 너무 많은 에너지를 소진해버렸다.

계절도 겨울 한복판이라 날씨가 안 좋을 확률이 높고 책이 상할까 염려가 되었다. 또 친구들이 책을 나르는 데 얼마나 시간이 걸릴지, 추워서 얼거나 감기에 걸리지는 않을지 여러 가지 걱정이 생겼다. 그래서 풍각쟁이들과 함께하는 이사 놀이는 통인동 길담서원에서 피아노 연주를 하는 것으로 마음을 바꿨다. 그동안 고마웠다. 잘, 있어라!, 라는 인사로.

피아니스트 유현주 트라우미님께 이사하는 날 짐을 다 뺀, 텅 빈 길담서원에서 피아노 연주를 해달라고 했다. 좋다는 대답이 돌아왔다. 트라우미님이 2009년 2월 길담서원에서 처음 연주했던 바로 그 곡, 슈베르트 소나타 D891. 1악장을 연주할 예정이었다.

포장이사는 220만 원, 일반이사는 차량 넷에 80만 원이었다. 우린 선택의 여지가 없었다. 이삿짐센터에 일반이사로 맡겼다. 길담서원에서 함께 공부를 하는 친구들이 이사 준비부터 같이했다. 먼저, 책여세에서 함께 책을 읽었던 임형남·노은주 소장님이 운영하는 가온건축사무소에서 공간을 설계하는 데 도움을 주셨다. 어떤 친구는 우체국에서 작은 박스들을 20~30개씩 사와서 책을 싸놓고 갔다. 다른 친구는 퇴근 시간에 들렀고 또 다른 친구들은 일부러 시간을 내서 하루를 보내기도 했다. 이사는 2013년 12월 15일 일요일 아침 8시부터 시작되었다. 시간이 가까워지자 청소년들을 비롯한 친구들이 한 명 한 명 모여들었다. 이사 당일, 우리들의 움직임을 사진으로 기록해준 친구들이 있었고 20~30명의 친구들이 모여 아저씨들과 함께 책장을 꺼내고 화분을 싣고 그렇게 힘을 모아 이삿짐을 날랐다. 시간이 많이 흘러 청소년들이 울울창창한 젊은이가 되고 우리가 백발성성한 어른이 되었을 때 이사하던 이 순간을 함께 이야기할 친구들이 이만큼이나 되는구나 든든한 마음으로 통인동 길담서원을 떠나왔다.

이삿짐은 내려만 놓고 통인동 길담서원이었던 그곳으로 가서 하려던 연주를 포기했다. 피아노를 옮길 분들이 너무 빨리 오셔서 계속 기다리고 있었다. 나는 텅 빈 통인동 길담서원을 둘러보며 혼자 인사하고 나왔다. 할 수 없이 대충 피아노 자리를 잡고 옥인동 19-17번지에서 연주회를 열었다. 여기저기 흩어져서 정리를 하고 있던 우리들은 피아노 곁으로 모여 들기도 하고 일하던 자리에 앉아서 연주를 들었다. 창밖 하늘은 높고 파랗게 있었고 피아노 연주는 그 하늘에 닿을 듯이 힘있게 올라갔다가 따스하게 내려와 앉았다. 텅 빈 거기서 연주했으면 더 좋았겠지만 아직 풀지 않은 박스들이 쌓여 있고 어수선한 가운데의 연주도 좋았다. 우리와 달리 트라우미님은 피아노 건반이 얼어서 손이 몹시 시렸다고 했다.

이렇게 우리는 이상 백부집(이상의 집)과 등을 대고 살던 통인동 155번지를 떠나 새로운 공간, 옥인동 19-17번지에서 인왕산을 마주보며 다시 길담서원을 시작했다. 1917은 러시아 혁명이 일어나던 해다. 뭔가 찌릿했다.

이사라는 것은 번잡하고 힘든 노동이기도 하지만 새로운 기운을 불어넣는 일이고 뭔가 낯섦에서 오는 긴장이 새로운 발견을 가져오기도 한다. 나는 두 대의 차를 세울 수 있는 주차공간을 어떻게 하면 의미 있는 뜰로 만들어서 내가 길담서원에서 하고자 하는 옥인동 시대의 프로그램과 연결 지을 수 있을까를 궁리하고 있었다. 혁명은 대단한 것만이 아니라 일상적인 삶을 비일상의 삶으로 전환하는 것이다.

쉰다는 것과
일한다는 것

길담서원이 통인동에서 옥인동으로 이사를 할 수 있었던 것은 많은 분들의 도움이 컸다. 벗들을 비롯해서 얼굴도 모르는 많은 이들이 인테리어, 이사 비용을 감당해주었고 몸으로 와서 짐을 날라주고 청소를 해주었다. 소년님은 그렇게 마음과 일손으로 도와주신 분들의 이름을 붓글씨로 쓰고 우리는 그것을 예쁘게 오려 모자이크 하듯이 큰 한지에 붙여 액자를 만들어 걸었다.

이사 기념으로 한뼘미술관에서는 오방색을 써서 회반죽으로 부조 작품을 만드는 이인 작가의 《인왕산과 소년》이라는 전시를 열었고 녹색평론사의 김종철 선생님을 모시고 '좋은 삶이란 무엇인가?'라는 주제로 이사 기념 강연을 했다. 김종철 선생님은 빽빽이 들어선 사람들 사이를 비집고 함박웃음으로 들어와서 3시간 가까이 강연을 했다. 사람들이 얼마나 많이 몰려왔는지 앉지도 못하고 돌아간 사람들도 있었고 한뼘미술관에 대충 걸터앉거나 복도에 서서 선생님의 목소리만 듣기도 했다.

이사 기념 강연은 성황리에 끝났고 사람들은 소문을 듣고 찾아왔다. 끊이지 않고 찾아와서 궁금한 것을 물었고 자기의 이야기를 들어주길 원했다. 그러나 나는 너무 지쳐 있었다. 모든 것이 내가 가진 에너지의 최고치 이상을 끌어내야 하는 일이었다. 나에게 이사는 놀이가 아닌 아주 큰 일이 되어버린 지 오래였다. 같이 신명나게 놀 기운이 없었다. 길담서원은 이미 지치고 힘든 내게 감당해내야 할 버거운 짐이었다. 그해 봄부터 길담서원이 이전할 장소를 알아보러 다니고 이어서 인테리어를 하는 과정에서 몸과 마음이 축나 있었다. 내 몸은 열꽃이 폈다. 목과 얼굴에 빨간 반점들이 나타났고 간지러워서 긁으면 허옇게 일어났다. 약을 발라도 그때뿐이고 먹어도 효과가 없었다. 방학도 없이 그냥 달려온 것이다. 그러나 이사를 했으니 또, 쉴 수가 없었다.

불특정 다수를 전방에서 맞이하는 일은 호기심과 기대도 있었지만 잘 알지도 못하는 사람들의 말과 행동에 내 주파수를 조율하는 일은 힘겨웠고 스트레스로 쌓였다. 특히, 삶의 속내를 쏟아내고 가버리면 무척 당혹스러웠다. 초기만 해도 이러한 개인적인 이야기를 그런대로 들어줄 수 있었는데 내 몸이 아프니까 받아낼 수가 없었다. 진심으로 다감하고 아파했지만 나보다 나이도 많은 사람들이 반복해서 찾아올 때 나는 겁이 나기 시작했고 누군가가 자기 이야기를 꺼내기 시작하면 도망갈 궁리를 했다. 정신과 상담을 받아본 친구가 여러 사람 살렸다고 했지만 과몰입으로 내가 붕괴되었던 사실을 나중에 알았다.

길담서원, 작은 공간의 가능성

누군가가 말을 거는 것조차 귀찮았고 책을 옮겨 꽂는 것도 싫었다. 그래서 이사하는 날 동무들이 대충 꽂고 간 책을 그대로 두었다. 나는 겉모습도 추레해지고 얼굴엔 웃음이 사라지고 말수가 줄어들고 자꾸 사람들을 피했으며 조금이라도 귀찮게 굴면 말이 곱게 나가지 않았다. 그러고는 그런 내 모습이 싫어서 우울해졌다. 사람은 쉬어야 한다. 몸에도 마음에도 빈자리가 생겨야 다른 사람이 들어설 수 있다. 그렇게 온몸이 빡빡한데 누가 들어올 수 있겠는가? 환대는 그만한 품과 에너지가 있어야 가능한 것이다.

아무튼, 그때 쉬어야 했다. 쉼은 개인의 문제를 넘어선 사회적 문제다. 그 사회의 구성원들이 충분히 휴식을 취하고 심리적으로, 물리적으로 안정된 상태에서 살아갈 때 그 사회의 기운이 좋은 방향으로 흘러가는 것이다. 이렇게 부드럽고 평안한 사회가 되었을 때 우리는 삶에 만족감을 느끼고 행복해진다. 그러나 내가 다시 기운을 차려야 하는 일은 그 반대편에서 일어났다. 다시 기운을 낼 수밖에 없는 사건, 세월호 참사였다.

학교를 바꾸고
교육을 바꿔야 산다

세월호 참사를 보면서 울다가 분을 삭이지 못하고 힘들어하다가 무기력 속에서 겨우 길담서원에서 내가 할 수 있는 것이 무엇이 있을까를 고민했다. 할 수 있는 게, 그동안 해오던 교육프로그램밖에 없었다. 후쿠시마 사태 이후에 일본 사람들이 담론의 장을 마련하여 원인을 규명하고 제도의 변화를 요구하고 토론을 하고 출판을 하면서 대안을 찾은 것이 교육이라고 한다.

그 교육은 꼭 다음 세대만을 위한 교육은 아닐 것이다. 어쩌면 TV 앞에 버려진, 노인정 안에 그렇게 놓여질 수밖에 없는 어르신들에 대한 교육도 필요하고 점점 이상한 방식으로 보수화되어가는 청년들의 교육도 필요할 것이다. 그러나 우선 길담서원은 세월호 참사에 청소년이 가장 많이 희생된 만큼 다음 세대를 위한 교육에서 그 실마리를 찾고자 했다.

건축물은 기능이 있고 그 기능에 맞게 설계된다. 그런데 이상하게도 학교는 교도소, 군대, 병원처럼 수용소의 감시 구조를 하고 있다. 심지어 아파트라는 주거공간까지 그렇다. 현대인은 대부분이 이렇게 명령과 순종의 구조인 병원에서 태어나서 아파트에서 자라 학교에 다니면서 대기업에 취직하는 것을 목표로 살아간다. 이들은 늘 상명하달의 누군가의 지시를 받는 공간구조에서 자라고 그 구조에 익숙하다. 현대인의 몸이 그렇게 정형화되고 있다. 자유로운 사상을 키우는 몸이 아니라 국가나 기업에서 필요로 하는 몸을 만든다. 따라서 순종하는 데 익숙한 인간형들이 대부분이다. 우리는 유치원에서 초등학교, 대학교까지 색채나 디자인이 바뀌긴 했어도 학교가 생긴 이래 계속해서 비슷한 구조 안에서 살다가 심지어 비슷한 구조의 납골당으로 들어간다.

차츰차츰 학교의 구조가, 교육이 바뀌어야 사람답게 산다. 교육에 '스스로 서다' 즉 자립이 빠진 지 너무 오래되었다. 언제부터인지, 교육에서 '나'라는 주어가 빠져버렸다. 내가 하고 싶은 공부, 내가 읽고 싶은 책이 아니라 질문 없이, 의심 없이 주어진 과업을 해내야만 하는 존재가 되어버린 것이다. 대상화되어버린 교육에서 내가 주인이 되는 교육으로의 진입은 공간의 변화로부터 시작된다.

먼저, 학교의 구조를 학생들과 함께 바꾸었으면 좋겠다. 요즘은 주로 체육수업이 실내강당이나 체육관에서 이루어진다고 한다. 입학식이나 졸업식, 그 외의 행사들도 마찬가지다. 그럼, 현재의 운동장은 무엇인가? 그냥 교실로 들어오는 통로일 뿐이다. 절이라든지, 왕궁이라든지, 서원의 진입로를 보면 물이 흐르고 다리가 놓여 있다. 그곳을 건너오면서 세속의 몸과 마음을 정리한다. 무심히 놓여 있는 다리는 몸을 기원하는 몸으로, 공부하는 몸으로, 경건한 몸으로 바꾸어서 들어오는 과정을 담아내고 있다. 그래서 세심교(洗心橋)라 불리기도 한다. 나는 학교의 운동장을 교실로 들어오는 접점의 공간으로, 놀이의 공간으로 만들었으면 좋겠다.

그러면 학교는 어떠해야 할까? 내가 그려보는 학교는 우선 편안히 몸을 숨길 곳이 있어야 하고 쉴 곳이 있어야 하며 자유롭게 사고할 수 있는 곳이 있어야 한다. 도서관이라든지 교실은 아름답고 좋은 공기가 흘러야 한다. 바람결을, 풀의 냄새를, 사계절의 변화를 아주 민감하게 느낄 수 있는 곳이 학교여야 하고 우리도 자연의 일부임을 배워서 아는 게 아니라 몸으로 알아야 한다. 그러한 몸의 기억이 있는 어른으로 자랄 수 있었으면 한다.

운동장은 수풀 우거진 공원이자 놀이터이고 텃밭이 되었으면 하고. 나무와 나무 사이에 해먹이 걸리고 벤치가 있으면 학생들은 거기서 『빨강머리 앤』을 읽고 『사서삼경』과 『곰브리치 세계사』를 읽고. 하늘을 올려다보며 흘러가는 구름을 보다가 잠들 수 있어야 한다. 나무를 타고 오르고 그 아래서 토론할 수 있어야 하고 도시락도 먹고 해먹에서 책도 읽고 연애도 하고 졸업식도 입학식도 하면 좋겠다. 왜 졸업식, 입학식은 추운 겨울에 일렬횡대로 서서 해야만 하는가? 자유롭게 앉고 서서 하면 안 되는가? 새싹이 돋고 꽃이 피는 신비를 느끼면서 자라야 한다. 그렇게 자란 청소년 한 명 한 명은 진정한 우정을 나누는 친구가 될 수 있을 것이다.

마음 같아서는 지금 청소년들을 운동장에 불러내고 손에 삽을 들려주고 땅을 뒤집어엎으며 땀을 흘리고 거기에 흙을 몇 트럭 부은 후, 자기가 심고 싶은 나무와 꽃을 심고 먹을거리를 가꾸고 키우고 열매를 먹고 같이 자라며 대화할 수 있도록 하고 싶다.

우리의 전통교육에 대한 한재훈의 글을 보면, 제일 먼저 서당에서 『사자소학四字小學』을 배운다고 한다. 그것은 내가 어디로부터 왔는가를 알고 부모님께 효도해야 하는 이유와 방법을 배우는 것이다. 또 형제의 우애와 스승에 대한 도리, 친구를 사귈 때 유념해야 할 것 등을 배운다. 무조건 '…해야 한다'라고 암기시키는 것이 아니라 앎의 기반과 몸의 습관을 관계윤리라는 일관된 방향에서 형성시켜가기 위한 교육을 위함이다. 즉 올바른 방향을 먼저 정립하고 그다음에 글공부를 시작함으로써 글공부에서 배운 내용을 '옳음'으로 수용하여 몸에 새기게 되는 것이다.

이어 『추구抽句』를 배운다. 『추구』에서는 풍경이나 주변 사물들의 이름과 상태를 묘사하는 글이 많다. 이를 소리 내어 읽고 쓰고 암송함으로써 체득하는 것이다. 그러니까 인간과 인간의 관계를 배우고 나아가 자연과 나의 관계를 배운다. 현대의 청소년들은 바로 이러한 삶을 발견하고 살아야만 한다. 나라는 몸이 어디로부터 왔고 무엇을 원하고 있는가를 알고 공부해야 할 것이다. 당시의 청소년들은 놓여 있는 환경이 자연과 밀착되어 있었지만 현대인은 그 자연을 찾고 만들고 가꾸지 않으면 안 된다.

나는 운동장을 바로 그런 곳으로 만들고 싶다. 수풀 우거진 공원이자 놀이터에 선배가 심은 나무를 이어서 가꾸고 사계의 변화를 보면서 과일을 따고 그 공간에서 책을 읽고 토론을 하고 암송을 하고 거닐다가 기타를 연주하거나 작은 음악회를 여는 모습을 상상한다. 어떤 날은 전문연주가가 와서 피아노 3중주를 연주하고 또 어떤 때는 학생들과 협연을 하는 그런 상상을 한다. 상상만으로도 행복해진다.

이렇게 즐겁고 신나고 몸에 땀이 나도록 짜릿한 일이 있는데 게임에 중독되고 스마트폰에 중독되겠는가? 『나의 라임 오렌지 나무』의 제제가 나무가 잘려나갈 때의 슬픔이 어떠했는지 청소년이 그 슬픔의 결을 느낄 수 있는 존재로 자랐으면 좋겠다. 그러한 몸의 기억이 있어야 좋은 어른으로 자랄 수 있고 사회에 좋은 에너지를 줄 수 있지 않겠는가?!

그런 기운이 흐르는 공간을 전문가가 만들어주면 좋지만 더 좋은 것은 전문가들이 학생들과 함께 그런 공간으로 지금의 학교를 바꿔나가는 것이다. 현재의 공간을 차츰차츰 내 손으로 바꿔나가는 변신을 보는 즐거움은 가장 좋은 인성·감성·인문학 교육이며 윤리 교육이기도 하다.

우선 학교의 교실 하나만이라도, 도서관만이라도 가고 싶은 곳으로, 머물고 싶은 곳으로 만들었으면 한다. 학생들이 모여 책꽂이와 테이블의 위치를 정하고 어울리는 식물들을 골라다 놓고 직접디자인을 해서 목공으로 필요한 것들을 만들고 바느질을 해서 방석도 만들고 포근하게 숨어서 만화책이든, 동화책이든, 철학책이든, 자기가 원하는 책을 골라서 읽는 공간을 만들면 어떨까? 그리고 그 도서관에서 내려다보는 운동장은 자신의 손으로 직접 가꾼 숲이 있고 뛰어노는 친구들이 보이는 그런 공간 말이다.

설령, 공간을 이렇게 바꾸더라도 교육의 내용이 달라지지 않으면 안 된다. 이 사회는 왜 이렇게 되었는가? 이는 스스로 의식주를 해결할 수 있는 힘을 자본에게 빼앗겨버렸기 때문이다. 돈이 없으면 아무것도 할 수 없는 삶, 죽을 수밖에 없으니 돈을 좇을 수밖에 없다. 따라서 우리는 초등학교에서 고등학교까지의 학교수업에 영어, 수학과 같은 과목의 비율을 줄이고 의식주에 대한 수업을 시작해야 한다. 초등학교 때부터 농사짓고 바느질하고 길쌈하고 집을 짓는 법을 가르쳐야 한다. 한문학을 가르쳐야 한다. 사람과 자연의 관계를 일상생활과 밀접하게 만드는 교육을 해야 한다. 스스로의 삶을 스스로 책임지고 살 수 있는 방법을 아는 사람은 교실에선 주체적인 학생이 되고 사회에선 건강한 어른이 될 것이다.

상상하라. 그리고 설계도를 그린 후 밖으로 나가 운동장을 파고 나무를 심고 씨앗을 뿌리고 생긴 대로 자라도록 키워라. 지금 청소년에게 심리치료보다 더 중요한 것은 스스로 말하고 스스로 놀고 스스로 누군가에게 소중한 존재라는 것을 느끼는 경험이다. 그것이 사람이든, 반려동물이든, 식물이든지 간에 소통하고 만지고 오감을 다 동원해서 나도 대상도 살아 있음을 깨닫는 것이다.

하여, 길담서원에서는 학교 밖에 이미 나와 있는 청소년들과 인왕산과 북악산을 놀이터 삼아 영어원서로 『빨강머리 앤』이나

『곰브리치 세계사』를 읽고 바느질을 하고 음식을 만들며, 인문학 공부를 하고 드로잉을 하며, 『사자소학』을 읽고 피아노나 기타를 치며 노는 교실을 상상하고, 그런 교실을 실험해보고자 한다.

『빨강머리 앤』에는 장작불을 때고 초콜릿 케이크를 굽는 이야기, 닭장에서 알을 꺼내오는 이야기, 빨강머리라고 놀림을 당하는 부당함에 대한 분노, 브라우닝의 시가 등장하고 꽃과 노을의 아름다움을 읽어내는 심미안이 들어 있다. 연애를 하는 성장기, 뜨거운 우정, 편지를 쓰고 그 편지 속에는 자연의 변화가 줄줄이 끌려나온다. 그리고 성장시절 이후에는 부조리한 사회를 어떻게 하면 변화시킬 수 있는가에 대한 고민이 들어 있다. 이러한 자연 속에서 하는 독서는 사람의 감정의 섬세한 결을 읽을 줄 아는 어른으로 자라게 할 것이다.

나는 중학교 2학년 때 친구들과 '로제멋대'라는 독서모임을 만들어서 학교 운동장 플라타너스 아래서 『빨강머리 앤』을 읽었다. 살곳이다리로 향하여 지는 노을을 보면서 책을 덮고 30여 분 거리의 집으로 걸어오면 사과나무가 없는데도 꽃향기가 느껴지는 그런 느낌을 받았다. 청소년들과 함께 이 책을 『곰브리치 세계사』에 앞서 읽고 싶다.

『사자소학』이나 『추구』에서처럼 섬세하게 감정을 읽어내는 관계의 자리에 그동안 자본을 위한 계산이 들어와 있었다. 나를 알고 우주의 섭리와 함께 호흡하는 삶이 아니라 자본의 도구로 쓰임 받는 공부가 차지했다는 것을 이제 확인했다.

그래서 심리적으로 불안해하거나 힘들어하는 청소년들에게

심리치료사를 만나게 하는 것보다 이렇게 교실을 바꾸고 도서관을 바꾸고 땅을 일구고 책을 읽고 환경을 바꾸면서 나를 흔들어서 다시 조립하는 것이 더 필요하다고 생각한다. 우주의 질서를 하나하나 스스로 새롭게 찾아서 조립해가듯이 청소년들이 다시 나를 스스로의 힘으로 세우는 과정이 필요하다.

굿 문화가 살아 있을 당시에는 마을 굿을 통해서 정신과 몸 사이에 놓인 이 감정을 풀어냈다. 어느 순간 서양의 누구누구 박사의 어떤 이론에 의해 나를 분류하고 어떤 치료를 받아야 할 환자로 규정하는 것은 반인륜적이라는 느낌마저 든다.

세월호 참사는 바로 이러한 사회체계와 학교구조 그리고 교육의 맥락에 놓여 있다. 길담서원은 청소년들과 놀고 만들고 읽고 쓰고 암송하며 나를 기르는 공부를 꿈꾼다. 좀 더 현대적인 서원이 되는 씨앗이 될 것이다.

팔학년서당 친구들에게

서당의 주인공은 여러분이라는 걸 의식하는 게 중요해요

　오늘은 2014년 8월 7일 나무요일 입추입니다. 입추는 한자로 '정해지다'라는 立 자와 '가을' 秋 자를 써서 가을이 되었다는 것을 의미합니다. 옛사람들은 오늘부터 입동(立冬) 전까지를 가을이라 했습니다. 이때는 곡식이 여무는 시기로 나라에서는 5일 이상 비가 계속되면 비를 멈추게 해달라고 하늘에 기원하는 기청제(祈晴祭)를 지낼 정도로 중요한 시기였습니다. 또 농촌에서는 김장준비를 위해 배추와 무를 심었습니다. 그래서인지 오늘은 쨍하게 햇볕은 따사로운데 바람이 선선하게 부는 활동하기 좋은 날입니다.

　옛날 서당에서 공부를 시작할 때, 이렇게 10~15명의 친구들이 나이와 실력 차이를 상관하지 않고 한 분의 훈장 선생님을 모시고 그분의 가르침에 따라 부모, 스승, 친구, 이웃과의 관계에 대해서 배우는 『사자소학四字小學』을 공부하고 다음으로는 자연과 우주와 나와의 관계를 『추구독본抽句讀本』을 통해 공부했어요. 사람이 살아가는 데 가장 중요한 것이 내가 어디로부터 왔고 어떠한 관계 속에 놓여 있는가? 하는 자기 자리를 아는 게 중요하다고 생각했던 것 같아요. 그래서 제일 먼저 『사자소학』과 『추구독본』을 읽고, 그다음에 『천자문千字文』이라든지, 『고문진보古文眞寶』라든지, 『사서삼경四書三經』 등을 훈장 선생님의 성향에 따라 선택해서 읽으며 좋은 문장도 익히면서 자기 사상을 갖는 공부를 했던 것이지요.

우리는 지금 21세기의 현대적 서당식 공부를 하려고 해요. 옛날 사람들은 마을 공동체사회이고 자연으로부터 가까이 있었기 때문에 따로 공부하지 않아도 저절로 몸으로 익히는 부분이 많이 있었는데 요즘은 개별화된 사회에서 살고 자연도 일부러 찾아 나서지 않으면 친해질 수가 없어요. 그래서 우리는 친구도 사귀고 자연을 가까이하는 공부도 하며 의식적으로 몸에 익혀야 해요. 그러고 보니 앤도 팔학년서당의 캐나다 버전인 One Room School에 다녔네요.

우리는 옛사람들이나 앤처럼 늘 자연을 가까이할 수 없으니, 일주일에 한 번만이라도 길담서원 뜰에서 풀, 꽃, 나무 등을 살펴보고 이름도 알아보고 그림으로 표현해보는 시간을 가지려고 해요. 길담서원 뜰에서도 개구리 울음소리도 들을 수 있고 딱새도 잠자리도 나비도 벌도 볼 수 있어요.

읽어봐서 알겠지만 『빨강머리 앤』에는 금낭화, 매발톱꽃, 패랭이꽃, 수레동자꽃 등 갖가지 꽃들과 나무들에 대한 이야기, 먹을거리에 대한 이야기, 들판과 냇물에 대한 이야기가 정말 많아요.

4장. 몸으로 하는 공부

물론 마릴라 아줌마, 매튜 아저씨, 길버트, 다이애나 등, 이웃 사람들과의 관계에서 생기는 갈등의 요소와 사랑, 우정, 공부, 경쟁 등도 나와 있지요. 이처럼 『빨강머리 앤』은 옛사람들이 『사자소학』이나 『추구독본』에서 배웠던 그러한 이야기들을 소설 속에 아주 잘 녹여냈다는 게 제 생각이에요. 이 책을 영어원서로 읽으면서 여러분 스스로를 대입해보면 좋겠어요.

　그림은 잘 그릴 필요 없어요. 지우개를 써서 사실적 묘사를 하듯이 그리는 친구들도 있었는데 그냥 직관으로, 느낌대로 휙휙, 막 지르듯이 그려도 돼요. 그러다보면 "어, 이거 생각보다 괜찮은데~" 하는 느낌이 올 때가 있을 거예요. 그러면 그때부턴 그림 그리기가 즐거워지면서 정신적 쾌감을 느끼는 경험을 하게 되지요.

　TV나 영상, 스마트폰 속에 있는 재미가 자잘하고 자극적인 재미라면, 이렇게 그림을 그리면서 마음과 사물이 만나는 재미는 시원한 물 한 바가지를 마시는 느낌 같아요. 입안만을 적시는 게 아니라 식도를 지나 창자를 지나 배꼽 아래까지 쭈욱 내려가는 아주 깊은 표현하기 어려운 시원함이에요.

　영어로 『빨강머리 앤』을 읽는 것도 만화영화를 보는 그런 재미가 아니라, 조금은 고생스럽게 반복해서 단어를 찾고 여러 가지의 다양한 어휘와 표현의 뜻을 이렇게 저렇게 궁리해보고, 그래도 안 되면 선생님께 묻고 하는 과정에서 다른 기쁨을 맛볼 수 있어요. 그러니까 이러한 기쁨을 누리려면 조금은 참고 견디는 시간이 필요해요. 혼자 가는 게 아니니 걱정 말구요. 여름나무 선생님, 소년 선생님, 그리고 뽀스띠노가 함께하고 열네 명의 우리 팔학년서당 친구들이 있잖아요. 『빨강머리 앤』이라는 작품을 통해 영어라는 언어의 세계가 열리는 즐거움, 자연의 생명들을 그리면서 만나는 기쁨을 기억하는 시간이었으면 좋겠어요.

'나는 그림 잘 못 그리는데……' 이렇게 생각하지 말고 정밀묘사를 하지 않아도 돼요. 이미 사물과 똑같이 그리는 것은 의미 없는 시대를 살고 있잖아요. 그러니까 여러분의 느낌을 담아서 나만이 그릴 수 있는 그림을 그리면 돼요. 어느 날은 가볍게 전체를 그려보고 어느 날은 좀 더 섬세하게 나뭇잎만, 꽃잎만, 혹은 뿌리만 그려보는 거예요. 어떤 날은 색을 넣어보기도 하고 목탄이나 파스텔 같은 재료도 써보고요. 그러면 폭풍우가 치는 어느 밤에 내가 그림으로 그리던 금낭화가, 하늘매발톱꽃이, 사과나무가 잘 있는지 안부가 궁금해져요. 그럼, 사랑은 시작된 거예요. 사랑하게 되면 그다음부턴 쉬워요. 사랑이라는 에너지는 아무도 막지 못하는 이상한 힘으로 나를 그림의 세계 속으로 끌어당겨줄 터이니까요. 이게 무슨 말인지는 바스콘셀로스의 『나의 라임오렌지나무』를 읽어본 친구는 알 거예요.

길담서원 뜰에 있는 풀이나 꽃은 적당히 뽑아도 되고 잘라도 되고 꺾어도 돼요. 그러나 너무 많이 꺾으면 풀꽃도 아파하지 않을까? 생각해보세요. 또, 그 풀꽃을 아끼는 사람이 있다는 것도 알아주세요. 어떤 때는 풀을 묶어서 먹물을 찍어 그림을 그려도 보고 짓이겨서 즙을 내어 물감처럼 써도 돼요. 꼭 스케치북에 그릴 필요도 없어요. 나무 조각에, 종이상자에, 헝겊에 아무 데나 그릴 수 있어요. 이렇게 저렇게 다양하게 해보는 거예요. 누가 시키는 대로 하는 게 아니라 내가 생각해서 해보는 게 중요해요.

다양한 식물의 세계를 체험하고 나아가 먹을 수 있는 풀을 알아보고 내년 봄에는 여러분들이 잘 아는 상추, 고추, 토마토보다는 겨울 동안 공부해서 알게 된 새로운 먹을거리를 키워보면 좋겠어요. 토종 종자를 구하거나 산나물에 대한 공부를 해보고 싶다는 그런 생각도 해요. 아무튼 내가 혼자 제안하고 혼자 진행하고 그러면 재미없으니까 여러분과 함께하기로 해요. 처음에는 선생님의 비중이 크지만 점점 그 비중이 여러분에게로 옮겨가는 방식으로요.

오늘, 이 자리에 학교 밖에 있는 친구들이 더 많이 올 거라고 생각했어요. 이미 학교 다니면서 할 거 많아서 힘든데 길담서원까지 학생들을 힘들게 하고 싶지는 않아서요. 그런데 2명 빼고는 모두 학교 다니는 친구들이어서 놀랐어요. 시간이 좀 넉넉한 친구들과 바쁘지 않게 좀 더 가까이 친밀하게 놀면서 공부하고 싶었거든요.

아무튼, 이렇게 왔으니 여러분에게 공부가 재밌을 수 있다는 것을 느끼게 하고 싶어요. 놀이가 되는 공부! 함께 놀면서 공부하고 그림 그리고 낭독하고 글 쓰고 듣고, 그렇게 우리 공부 놀이를 몸으로 익혀 보아요.

우리는 TV, 스마트폰, 컴퓨터 등, 이미지가 넘쳐나는 시대의 소비자로 살고 있어요. 그러니까 오히려 앤과 같은 상상력을 잃어버렸어요. 상상력은 모든 분야에 혁명의 바람을 일으키는 창조의 에너지이거든요. 공부하다가 좀 지루해지면 밖으로 나가 작은 뜰을 거닐고 비가 오면 나뭇잎을 두드리는 빗소리를 듣고 누군가에게 편지를 써보기도 하고 그것을 영상에 담기도 하면서 규격화되지 않은 그런 일정으로, 그날의 상황에 따라서 어떤 때는 인내의 한계까지 우리 몸을 밀어붙여도 보고 우리 몸의 자연스러운 리듬에 맡겨도 보면서 진행해보기로 해요.

열네 명의 친구 중에 몇 명이 졸고 있는데 그냥 내버려두고 나머지 친구들만 데리고 하는 그런 수업은 없을 거예요. 지루하고 해결하기 힘든 문장을 만났을 땐 모둠끼리 협력하여 사전을 찾고 문법을 검색하고 번역본을 참조하면서 의미의 맥락을 함께 해결하고 갈 거예요. 그리고 신나게 진도가 잘 나가는 날엔 좀 더 공부에 비중을 싣고 진행할 수도 있어요. 아, 그런 날이 얼마나 있을까요? 아무튼, 이 서당의 주인공은 여러분이라는 걸 의식하는 게 중요해요.

옛날 서당에서도 그랬는지 확인한 바는 없지만 아마도 훈장 선생님 맘대로 아니었을까 싶어요. 그러나 우리는 소년 선생님과 여름나무 선생님과 팔학년서당 친구들이 함께 의논해서 결정할 거예요. 물론 어떤 때는 선생님들의 비중이 좀 더 클 때도 있겠지만 교실 안에서 우리는 서로 동등해요. 선생님이 일방적으로 가르친다기보다는 친구가 이야기하고 암송하는 것을 듣고 배우고 알려주고 그러면서 서로 함께 크는 거예요. 더 잘 아는 친구가 좀 모자라는 친구를 도와주고 우정으로 챙겨주는 서당, 경쟁이 아니라 공부의 즐거움을 함께 누리는 서당이 되도록 말이에요. 여러분도 마음의 자세를 그렇게 갖기를 바라요.

한 가지 부탁이 있어요. 첫날 거의 모든 친구들이 부모님과 함께 온 것을 보고 놀랐어요. 낯선 공간에 혼자 처음으로 찾아가는 경험은 아주 소중하고 중요한 거예요. 길담서원에 부모님과 함께 온 친구들은 그런 소중한 경험을 놓친 것이지요.

공부하러 가기 전날, 가는 길을 찾아놓고 잠들고 아침에 다시 확인하고 낯선 길로 찾아와서 그 공간의 문을 여는 순간은 마치 새 책의 첫 장을 여는 것과 같거든요. 그런 설레기도 하고 약간은 두렵기도 하고 긴장도 되는 특별한 경험을 했어야 했는데. 혼자 어딘가를 찾아가는 것도 연습이 필요하거든요. 그것은 부모로부터 독립하는, 스스로 서는 연습이기도 해요. 만약에 기회가 된다면 엄마에게 말씀드려보세요. "엄마, 내가 혼자 갈게요. 저 이젠 14살이잖아요. 엄마는 나중에 오세요." 이렇게요.

『빨강머리 앤』 숙제랑 잘 만나고 있는지 모르겠네요. 너무 어렵고 못 하겠으면 할 수 있는 데까지 해가지고 오세요. 같이 하면 되니까요. 그럼, 우리 14일에 다시 만나요.

나는 어떻게
놀아야 하는지를 몰라 —

나는 가끔 편집실에서 조용히 작업을 하다가 책방으로 뛰어나오며 외친다. 내 칼을 받아랏!

어떤 때는 손님이 계신 줄 모르고 소리쳤다가 부끄러워 숨기도 한다. 지난 여름 무더운 오후에도 그랬다. 봉봉트리님이 책방에 있는 줄도 모르고 아니, 누군가가 책방에 있을지도 모른다는 그런 염려 같은 것은 머리에 없었다. 거의 무아지경에 놓여 있던 나는 뛰어나오며 소리쳤다. 내 카~를 받아랏!!! 그 짓을 했다가 대여섯살 꼬마가 있는 줄 알았다며 봉봉트리님이 웃음을 터트렸다. 얼마나 웃어대던지, 눈가에 눈물이 맺힐 정도였다.

며칠 전 다시, 그 병이 도져서 나는 또, 내 카~를 받아랏 하고 외치며 책방으로 뛰어나갔다. 가만히 책을 보던 소년님이 나를 쳐다보더니 고개를 외로 떨구면서 켁~ 하는 게 아닌가? 너무 웃겨서 마~악 웃었다. 소년님도 웃었다.

나는 웃음 끝을 맺지 못하고 칼을 받지도 않고 죽는 게 어딨어

4장. 몸으로 하는 공부

요. 내 칼을 받아랏! 그러면 칼을 쫙 빼서 착착착착 싸움을 하다가 찔러야지요. 찔러 죽여야지요. 그렇게 금방 죽어버리면 재미없어요. 죽는 거는 놀기 싫을 때 하는 거예요. 쉬지 않고 말을 쏘아댔다.

그러자 소년님의 얼굴에서 미소가 사라졌다. 그리고 이렇게 말했다. 뽀스띠노야! 나는 어느 날 갑자기 부모를 잃고 어떻게 살아야 할지 몰랐어. 공부밖에는 모르고 살았어. 그래서 아이들이 어떻게 노는지를 몰라.

나는 아무 말도 못 하고 그저 서 있었다.

소년님이 살던 시대는 어린이들도 노동을 하지 않으면 먹고살기 힘들 만큼 가난한 가정도 많았다. 그 시대에는 친구들은 모두 고무신에 변변치 못한 옷을 입었는데 코트에 털장갑까지 낀 부자집 아이가 혼자만 따뜻한 게 미안해서 새 옷보다는 헌옷을 입고 놀이터로 나서는 그런 정서가 있었다.

그러나 요즘 대부분의 아이들은 집에 있는 자동차로 가족끼리 혹은 아는 사람들끼리 떠나서 펜션이나 호텔에서 묵으며 관광을 하고 캠핑을 하고 돌아온다. 나와 내 가족 그리고 이미 아는 사람 이외의 다른 사람들과 부딪칠 공간의 여유가, 시간이 없다. 측은지심이 들어설 여유도 없고, 그런 일은 겪을 일도 없다. 서열화된 학교에서 비슷한 아이들끼리 모여 그렇게 경쟁하는 쪼잔한 어른으로 자라는 것이다.

노는 것도 연습이 필요하다. 어려서부터 친구들과 어울려 놀아버릇 하지 못한 친구들은 사회생활도 힘들다. 놀이는 컴퓨터와

하고 대화는 스마트폰으로 하면서 어른이 되면 상대방의 몸의 언어를 읽을 줄 모른다. 몸의 언어는 눈치와는 다른 것이다. 친구와 놀 때는 어떻게 행동해야 하는지, 어떤 말이 상대의 기분을 상하게 하는지 분위기를 파악하는 능력을 몸으로 익히는 수단이 바로 놀이다. 이렇게 일상을 살아온 힘이 쌓여 다른 일에 부닥쳤을 때 그 습득된 몸의 언어로 상대방의 행동을 읽는 것이다. 그러면 엉뚱한 오해를 하지 않고 휘둘리지 않으며 눈치 보지 않고 사회생활을 할 수 있다.

우리는 놀았던 힘으로, 살아가면서 수없이 발에 걸리고 넘어지는 것들을 읽어낼 수 있고 자연스럽게 받아낼 수 있다. 놀이터에서 공기를 하고 고무줄하고 칼싸움하는 것만이 좋은 놀이라는 게 아니다. 또래들이 몸으로 부딪치는 놀이를 통해서 사람과 사람의 관계를 배우는 기회를 주어야 한다는 것이다.

놀이는 약속이다

친구들을 기다리며 길담서원에 굴러다니는 보자기를 가지고 놀이를 시작했다. 놀이의 약속은 보자기를 몸에 지니지 않은 사람을 잡는 것이다. 잡히면 엉덩이로 이름 쓰기, 마로니에 나무에 올라가기, 이런 벌칙은 정하지 않았다. 그냥, 보자기를 펄럭이며 어슬렁대고 놀다가 보자기가 없는 사람을 잡으면 된다.

소년님과 친해지라고 아이들에게 편집실에 계신 선생님을 잡아보라고 했다. 구리구리와 온새미로 그리고 고양이우체부가 사무실까지는 들어가는데 감히 보자기를 씌우지 못한다. 게다가 고양이우체부는 웃음이 많아서 아무 때나 웃음보가 빵빵 터져버린다. 그런데 팔에 깁스를 푼 드레곤이 소년님을 잡았다. 놀 줄 모르는 소년님은 과장된 몸짓으로 잡혀 나온다.

가장 늦게 새싹냥이가 나타났다. 시험이 끝나서 노래방에 갔다 오느라고 늦었단다. 모두들 새싹냥이를 잡겠다고 달려들었으나, 여전히 학년이 높고 여학생인 새싹냥이에게 쉽게 보자기를 씌우진 못한다. 아이들이 이 정도의 거리를 유지하고 있구나 싶다. 그래도 계속 웃음이 터진다.

놀이는 약속이다. 놀이를 계속하려면 약속이 있어야 하고 그 약속을 지켜야 유지된다. 이렇게 약속을 지키고 놀다가 누군가가 약속을 깨버리면 그 놀이는 끝난다. 그 약속을 깨버리는 사람은 대부분 힘이 센 사람이다. 약한 사람은 계속 술래만 하니까 재미 없어서, 혹은 억울해서 울면서 안 한다고 물러나는데 힘이 센 사람은 억지를 부려서 분위기를 깨서 놀이를 끝나게 한다.

경쟁은 누군가가 상처를 받아도, 넘어져서 일어나지 못해도 남아 있는 사람들끼리 계속되지만 놀이는 경쟁이 아니기 때문에 누군가가 울거나 억지를 부리는 사람이 있으면 그것으로 끝이다. 이렇게 놀이가 끝나고 나면, 흩어지기도 하고 다시 다른 놀이를 만들어낸다. 그러면 규칙도 달라진다. 이렇게 놀이는 만들어지고 사라지고 다시 만들어지는 것이다. 수도 없이 반복되면서 인원수와 환경에 따라서 변화하는 것이 놀이다. 그렇게 아이들은 자연스럽게 놀이를 창작한다.

우리 놀이의 규칙은 몸에 보자기를 지니지 않은 사람을 잡는 것으로 정했다. 그러나 아직은 쉽게 잡을 수가 없다. 이제, 처음으로 몸과 몸의 부딪침으로 놀아보는 거라서. 무리 없이 천천히 차근차근 놀아보기로 한다.

Wonder가 Full한 것

　팔학년서당은 12세부터 19세까지 청소년들이 모여서 영어원
서를 읽고 암송하고 풀, 꽃, 나무를 드로잉하고 짧은 글을 쓰는 서
당식 교육이다. 나이가 많은 청소년이 어린 친구보다 공부를 못
하거나 그림을 못 그리면 주눅이 들 수도 있지만 팔학년서당의
정신은 우열과 경쟁이 아니라 상호존중과 협동의 정신으로 서로
배려하고 격려하면서 돕고 가르치고 배우는 교실이다.

　언니와 동생이 같은 교실에서 원서를 함께 소리 내서 읽고 돌
아가면서 맡은 부분을 해석해보고 암송도 하고 놀면서 공부하
는 경험은 옛날 우리나라의 서당이 그러하였고 서양에서도 One
Room School로 지금까지 그 전통이 살아 있다. 이러한 교실에서
일어나는 수업풍경과 관계는 일반 학교에서는 맛볼 수 없고 얻을
수 없는 긍정적 요소를 풍부히 가질 것이라고 생각했다.

"It is a kind of pretty place."

"Pretty? Oh, *pretty* doesn't seem the right word to use. Nor beautiful, either. They don't go far enough. Oh, it is wonderful–wonderful. It's the first thing I ever saw that couldn't be improved upon by imagination. It just satisfied me here."–she put one hand on her breast–"It made a queer funny ache and yet it was a pleasant ache. Did you ever have an ache like that, Mr. Cuthbert?"

"Well now, I just can't recollect that I ever had."

"I have it lots of times–whenever I see anything royally beautiful. But they shouldn't call that lovely place the Avenue. There is no meaning in a name like that. They should call it–let me see–the White Way of Delight. Isn't that a nice imaginative name? When I don't like the name of a place or a person I always imagine a new one and always think of them so."

"예쁜 길이지."

"예쁘다고요? 예쁘다는 말로는 부족한 것 같아요. 아름답다는 말도 그렇고요. 그런 말들로는 충분하지 않아요. 아, 경이로웠어요. 그래요, 경이로웠어요. 상상력을 동원해도 더 멋지게 만들 수 없는 곳을 본 건 이번이 처음이었어요. 여기가 꽉 찬 것 같았어요." 아이는 한 손을 가슴에 얹으며 덧붙여 말했다.

"가슴이 좀 이상하게 아팠어요. 하지만 기분 좋게 아팠어요. 아저씨도 그렇게 아파본 적이 있나요?"

"글쎄다, 나는 그렇게 아파본 기억이 없는데."

4장. 몸으로 하는 공부

"저는 그런 적이 아주 많아요. 눈부시게 아름다운 것을 볼 때마다 그래요. 하지만 그렇게 아름다운 길을 그냥 가로수길이라고 부르다니. 그런 이름에는 아무런 뜻도 없잖아요. 그런 길이라면, 뭐라 할까, '하얀 환희의 길'이라 불러야 해요. 상상력이 깃든 멋진 이름이지 않나요? 저는 어떤 장소나 사람의 이름이 마음에 들지 않으면 새로 이름을 지어주고는 항상 그 이름으로 생각해요."

책을 함께 읽고 선생님으로부터 단어가 갖는 느낌에 대한 설명을 들으니 모호했던 문장이, 그러려니 했던 문장이 환하게 존재를 드러낸다. 집에서 혼자 읽고 서당에서 발표하고 또 같이 읽으면 보는 눈이 한 단계 올라가는 경험을 하게 된다. 이런 것이 함께 읽는 힘 중의 하나일 것이다.

아이들에게 잠시 책에서 눈을 떼고 장면을 상상해보자고 말했다. 그리고 묘사가 잘된 부분을 드로잉북에 그려보자고 했다. 고양이우체부와 온새미로는 칠판에다 그려보고 다른 친구들은 드로잉북에다 그려보았다.

청소년들은 그림을 그리고 선생님은 말했다.

"wonderful은 훌륭한, 경이로운, 멋진으로 담아내기엔 부족한 감정 같은데 어떤 느낌으로 읽는 게 좋을까? 생각해봅시다. 여기서 wonderful은 wonder가 full한 거예요. 그냥 wonderful이 아니라……"

나도 말을 보탰다.

"판화가 이철수 선생님이 중학교 때 사생대회를 창덕궁으로 갔는데 벚꽃이 활짝 핀 모습을 분홍 크레파스로 그린 후에 그 위에 흰색으로 문지르듯이 번지게 칠해서 상을 받았대요. 벚꽃을 사실적으로 그리기보다는 그리움이라든지, 아련함이라든지 하는 감정을 담아서 표현한 것이지요. 그림은 똑같이 그리는 것도 중요하지만 자기만의 감정을 담아내는 게 더 중요해요. 앤처럼요. 그러니까 wonder가 full하다는 것은 벚꽃만 생긴 대로 똑같이 그려서는 안 되는 것이지요. 사실 그 너머의 감정이 들어가는 거예요. 앤이 말하잖아요. 여기가 꽉 찬 것 같다고, 가슴이 좀 이상하게 아팠다고. 여러분도 한 사람, 한 사람만의 감정을 담아서 그려보세요."

그리고 물었다. 이러한 감정을 느껴본 적이 있는지. 은수는 여행 중에 본 성당의 스테인드글라스에서, 고양이우체부는 저녁노을을 볼 때 그런 느낌이 들었다고 말했다. 그러자 두서너 명의 청소년들이 산에 올라 도시를 내려다봤을 때의 느낌을, 해가 솟는 모습을 봤을 때의 느낌을 이야기했다. 나는 지난 시간에 혼자만 본 앞뜰 햇살의 일렁임이 그랬다고 했다. 사실 우리 주변에는 경이로움으로 가득하다. 늘, wonder가 full한 것이다. 단지 우리가 너무 바쁘고 여유가 없다 보니 감각의 촉수가 무뎌져서 발견하지 못할 뿐이다.

예전에 친구가 그랬다. 너무 아름다운 것, 너무 좋은 것은 말하지 못한다고. 말이 되어지는 순간 봉인이 풀려 그 아름다움은 더 이상 아름다움이 아니게 된다고 했다. 그렇지만 한 사람 한 사람이 하는 이야기를 듣고 있으면 나의 경험이 환기되어 더 큰 에너지로 빛나기도 한다.

이어서 번역서에서 이상하게, 기분 좋은 아픔으로 해석한 queer funny ache를 보고 선생님이 말했다. 여기서 ache는 그냥 아픔이라기보다는 아름다움에서 오는 이상야릇한 통증으로 보면 좋겠다고. 그렇다. 아픔은 몸이 다치거나 해서 자극을 받아 괴로운 물리적인 것이 있는 반면, 아릿하고 쑤시는 통증과 같은 것도 있다. 선생님이 하나하나 단어가 갖는 뉘앙스를 설명해줄 때마다 우리는 더 친밀하게 앤 속으로 들어간다. 선생님은 단어와 문장의 의미를 명확하게 읽고 섬세하게 짚어냈다.

"That's Barry's pond", said Matthew.

"Oh, I don't like that name, either. I shall call it–Let me see–the Lake of Shining Waters. Yes, that is the right name for it. I know because of the thrill. When I hit on a name that suits exactly it gives me a thrill. Do things ever give you a thrill?"

Matthew ruminated.

"Well now, yes. It always kind of gives me a thrill to see them ugly white grubs that spade up in the cucumber beds. I hate the look of them."

"저건 배리 연못이야."

"아이, 그 이름도 맘에 들지 않아요. 저는 저 연못을, 그러니까 '반짝이는 호수'라고 부를 거예요. 그래요, 저 연못에 딱 맞는 이름이에요. 제 가슴이 두근대는 걸 보면 안다고요. 꼭 맞는 이름을 찾아내면 언제나 가슴이 두근대요. 아저씨도 그런 적이 있나요?"

매튜는 잠시 생각에 잠겼다.

"음, 그래. 오이 밭에서 삽질을 하다가 징그러운 하얀 땅벌레를 보면 가슴이 두근대긴 하더구나. 나는 그렇게 생긴 벌레를 싫어하거든."

앤은 아름다움을 보면 가슴이 뛰는 강렬한 행복감에 들뜬다. 멋대가리 없는 매튜 아저씨는 이렇게 덤덤한 반면에 앤은 오감이 팔팔하게 살아 있어서 주변에 일어나는 작은 것의 기미까지 읽어낼 줄 안다.

『빨강머리 앤』 읽기+되어보기는 그냥 원서를 읽고 영어 단어를 찾아서 알고 스토리를 이해하고 기억하는 그런 읽기가 아니라 최대한 앤이 되어보는 것이다. 앤이 되어본다는 것은 텍스트 안에 깊게 빠져서 완전 공감의 상태에 이르는 그러한 읽기를 말한다. 함께 책을 읽으면 여러 명이 동시에 공감하면서 공명하는 힘이 생기는데 그게 커져서 감동은 깊게 각인된다. 그 경험은 혼자 읽을 때는 하기 힘든 경험이다. 친구들의 몸에 그런 기억이 묻어나기를 바란다.

독서에 교육이 있다면, 나이나 사는 곳과 상관없이 친구들이 모여서 책을 읽고 스승이 있어서 그것을 지켜봐주고 그냥 지나치는 것을 발견하게 하고 더 섬세하게 느낄 수 있도록 도와주는 것일 터이다. 입시 위주라는 지식전달 교육에 집중하다 보면 태어날 때부터 가지고 있던 감수성과 직관이 무뎌지는데 앤의 행동과 말에는 자연스럽게 사색하고 다시 발견하는 여백이 있다. 그런 의미에서 『빨강머리 앤』은 촉촉한 감수성을 키우는 데 좋은 책이다. 청소년기에 이 책을 꼼꼼하게 읽는다는 것은 타인과의 관계를 어떻게 형성하고 자연과는 어떻게 교감하고 감정은 어떻게 조절하고 느끼는지를 한 줄의 설명도 없이 보여준다.

어느 독서교육 토론회에 갔었다. 어떤 교사가 만화책도 안 읽는 아이들에게 고전을 읽힐 수가 없다고, 그것은 오히려 책과 더 멀어지는 일이라고 어려움을 이야기했다. 독서운동을 하는 시민단체 분들도 그렇다고 했다. 나는 우리도 그런 고민이 있어서 함께 읽기를 한다고 했다. 그러면서 『빨강머리 앤』을 서당식으로 읽는다고 소개했다. 정도의 차이는 있지만 편식하는 아이를 키울 때 엄마는 양파나 시금치를 갈아서 먹이기도 하고 아이가 좋아하는 것과 섞어서 먹을 수 있도록 애를 쓴다. 그러면 아이는 그게 무엇인지 모르고 먹지만 몸에 좋게 작용한다.

그것처럼, 가르치는 사람이 아이들이 고전을 읽을 수 있는 방법을 연구하고 찾아내야 한다. 후딱 읽어치워야 하는 책이 있는가 하면 한 문장 한 문장을 곱씹으면서 읽어야 하는 책도 있다. 그런 큰 무게와 깊이를 지닌 책을 청소년들에게 혼자 읽고 토론을 하거나 독후감을 쓰라고 하는 것은 무리다. 요즘같이 스마트폰을 손에 쥐고 사는 시대에는 어른도 힘들다. 고전 한 권을 가지고 선생님이 안내해주면서 곱씹으면서 함께 읽으면 읽을 수 있다. 반절밖에 못 읽더라도 읽은 만큼에서 오는 기쁨을 청소년들이 알게 된다면 독서는 교육에서 스스로 즐기는 문화로 넘어가게 될 것이다.

버나드 맬러머드의 소설 『수선공』에서 주인공 야코프가 스피노자의 『에티카』를 읽고 자기가 마법의 빗자루를 탄 느낌을 받았다고 표현하듯이 청소년들도 그런 느낌을 받으려면 우선 고전을 손에 들고 책장을 넘겨야 한다. 줄거리라든지, 주인공 이름 이런 것은 기억하지 못해도 상관없다. 아련하게 그 책을 읽었을 때 받았던 부분 부분에 대한 특별한 그 느낌이 있으면 된다. 아마도 그 느낌을 수선공은 마법의 빗자루를 탄 느낌이라고 했을 것이다. 가벼운 독서와 고전독서를 병행하면서 마법의 빗자루 탄 느낌을 맛본 청소년은 독서를 즐기는 사람이 될 것이다.

나는 팔학년서당에서 공부하는 친구들이 일주일에 한 번 2시간씩 만나서 함께 읽고 이야기하는 시간이 느릴지언정, 정신의 우물을 깊고 맑게 한다고 생각한다. 그 느림을, 즐기고 견디면서 몸의 기억으로 간직한다면, 풍요로운 정서적 토대를 이룰 수 있을 것이다. 아마 어른들이 어릴 적에 읽었던 『빨강머리 앤』을 못 잊는 것도 친구들과 함께 읽고 이야기를 나누고 공감했던 추억이 있는 덕분일 것이다.

참나리가 발라당 뒤집힌
2015년 7월 4일
—

7월 4일, 기다리고 있던 참나리가 터지자마자 발라당 뒤집혔다. 깊은 초록이 옅은 연두로 다시 푸르스름한 노랑으로 노리끼리한 주황으로 물들더니 입이 터지자 발라당 까졌다. 저렇게 뒤집히는 순간을 보고 싶었는데 백합이 입을 여는 찰나도 참나리가 터지는 순간도 못 보고 말았다.

저, 순간이 참나리에게는 메타모포시스(metamorphosis)의 순간일 것이다. 해마다 식물들의 이러한 변이를 보면서 변화 없는 나를 비추어볼 때, 그 변이의 아름다움만큼 비참한 적도 있었다. 그날 발라당 까진 저 당당한 참나리를 보면서 나는 다시 참담했다.

참나리가 발라당 뒤집힌 그날, 길담서원에서 7년이라는 시간을 보내던 중이었다. 길담서원이라는 한 공간을 함께 만들고 프로그램을 기획하고 전시를 하고 청소년들과 수업을 진행하고 책을 만들고 공부를 하면서 이제 간신히 길담서원 운영의 방향을, 내 공부의 방향을 잡은 듯하지만 아직도 길은 깜깜해 보였다. '통인동 시절' 6년 동안은 암중모색의 시간이었고 '옥인동 시대'에는 조금 밝아졌다지만 여전히 실험의 과정이긴 마찬가지다. 한 가지 일을 10년 이상은 해야 뭔가 좀 보이고 할 수 있는 사람이 된다는 선배들의 말이 무슨 말인지 알 것 같기도 했다.

이렇게 깜깜한 길을 계속 걸어올 수 있었던 것은 길담서원을 믿고 따뜻한 눈길로 바라봐주고 한 사람의 주체로 주인공으로 참여하는 동무들의 힘이 크다. 이들이 길담서원이 일을 벌일 수 있게 하는 원천이다. 또 내가 어떤 일을 벌이든 응원해주는 소년님이 계셔서 가능하다. 가끔 어깃장을 놓아 난감할 때도 있지만 그 어깃장도 소금과 같은 것이었다. 오늘도 교사와 공부를 하고자 하는 젊은이를 만나서 긴 시간 이야기를 나눴다. 내 이야기의 대부분은 '손의 복원'을 통한 '철학하기' 그를 통해 '소박하고 당당하게 살기'였다.

나는 나의 삶의 변화 그리고 길담서원의 변화를 '손의 복원'을 통해 창작해보자는 계획을 그리고 있었다. 통인동 시절에는 화분을 가꾸며 야생뜰의 분위기를 내려고 애썼다. 그때의 실험이 자급의 삶이었다면, 옥인동 시대로 접어들어서는 '손의 복원'으로 연결되었다. 길담서원이 들어서기 전에는 주차장으로 쓰던 공간을 앞뜰로 만들면서 그 실험은 구체화되었다.

인문학 공부를 하면서 대지에 단단하게 발을 디디고 서 있지 못하다는, 삶과는 거리가 있다는 신호가 내 몸으로부터 와서 텃밭인문학이라는 카테고리를 만들어놓았지만 미생물과 세포에 관한 강의만 하고 더 이상 실행하지 못했다. 그 후 옥인동으로 이사

와서 뜰을 만들 때 눈으로 보는 뜰이 아니라 삶과 밀착되면서도 놀이를 할 수 있는 뜰을 만들고자 했다.

뜰을 디자인하면서 진입로를 곡선으로 잡은 것은 미적인 아름다움에 대한 추구도 있었지만 직선에 길들여진 발걸음을 주춤 멈추게 하는 심리적인 요소였고 물리적인 거리를 늘리기 위한 수단이었다. 그래서 섬돌을 곡선으로 놓고 올라서는 계단도 곡선으로 틀었다. 나는 이 진입로를 일상에서 비일상으로 전환시키는 공간으로 만들고 싶었다. 풀, 꽃, 나무를 보고 향기를 맡으면서 이완되었던 몸은 낯선 사람을 만날 때의 긴장을 완화시켜줄 것이다. 고용되어 일하는 몸, 주어진 임무를 수행해야 하는 몸에서 나의 의지로 내가 주체가 되어 내가 하고자 하는 것을 행하는 몸으로의 전환이 몇 개의 섬돌을 밟고 들어오면서 부지불식간에 이루어지고 그렇게 새로운 몸으로 책과 동무와 만나길 바랐다. 백합이나 산국의 향기가, 익어가는 사과나 산딸나무의 열매가 사람들의 발길을 붙잡는 것을 보았고 그것을 즐기는 분들을 보았고 얼크러지고 흐드러진 풀꽃들을 보면서 뜰을 사랑하는 사람들의 이야기가 들려오기 시작했다.

아직도 잡풀을 뽑으라는 타박도 듣고 심지어 풀을 뽑아놓고 가거나 나뭇가지를 꺾어놓고 가는 분들도 있다. 그러나 그러한 풀들을 화분에 키우고 식물도감을 찾고 관찰하고 그림으로 그리고 염색도 하고 전시를 하고 나물로 무쳐 먹는 팔학년서당의 청소년 친구들을 보면서 그렇게 말씀하는 분은 차츰 줄어들었고 풀꽃의 이름을 물어보거나 분양받아 가는 분들도 생겼다.

길담서원, 작은 공간의 가능성

옛날에 평범한 사람들은 산과 들, 이러한 뜰에서 자급자족을 통해 모든 걸 창조해내는 존재였다. 근대화되면서 우리는 노동력을 파는 한 명의 노동자로 소비자로 전락했지만 과거에는 손으로 필요한 모든 것을 만들어 쓰던 멋진 기능을 가진 장인이었고 예술가였다. 지금 그 손은 키보드를 두드리고 엘리베이터 버튼을 누르고 단순한 것을 잡고 건네는 손으로 쓰고 있지만 말이다. 손을 복원함으로써 인문정신을 복원할 수 있다는 생각이 든다.

인문학이라는 것은 간단히 말해 인류가 지나온 생각의 역사이다. 그 생각의 변화는 사회의 변화, 물질의 변화, 과학기술의 변화, 보는 관점의 변화라는 토대 위에 쌓여왔다. 이러한 '사람의 무늬'인 인문학을 반복해서 읽고 쓰고 토론하고 연구 발제하면서 누군가는 책으로 엮고 그림으로 그리고 작곡을 하고 춤을 추고 운동을 한다. 이 과정이 나의 삶을 변화시키는 메타모포시스의 과정이 되기도 할 것이고 나의 철학을 발명하는 순간이 되기도 할 것이다.

길담서원에서는 청소년들에게 풀, 나무, 꽃, 흙, 물, 바람 등과 이들의 관계, 이런 자연의 물성을 손에 익히고 인문학을 공부하면서 몸과 마음의 균형을 이루는 어른으로 성장하는 것을 돕고 있다. 인문학 공부만이 아니라 '매우 폭넓고 열렬하고 자유로운 감수성'을 회복한 사람으로! 버지니아 울프가 『자기만의 방』에서 언급하고 있는 메리 카마이클처럼! '일상에서 거의 지각할 수 없을 정도의 미세한 감촉에도 반응하고 자기에게 와 닿는 모든 풍경과 소리를 마음껏 즐기고 호기심에 가득 차 거의 알려지지 않고 기록되지 않고 사장되었던 것들을 발견할 수 있는, 그리고 왜 그것이 사장되어야만 했는지 의아하게 여기는' 그런 어른으로 성장하게 하는 공부를 하고 싶다. '산더미처럼 높아지는 파도를 볼 수 없고 다음 모퉁이를 돌아 나오는 위기를 볼 수 없는' 낯선 작품을 썼던 메리 카마이클 같은!

옛사람들 중에 양반은 인문정신에, 중인은 장인정신에 그리고 평민은 필요에 무게가 실렸다면, 우리는 인문정신과 장인정신 그리고 필요를 한 사람이 동시에 키울 수 있는 전인교육, 일상 속에서 소비하는 삶이 아니라 생산하는 삶으로의 변화, 예술적인 삶으로의 감각을, 감수성을 창작하고 회복해내고자 한다.

인문학 공부를 통해서 자기 자신의 주체를 확립하고 놀이를 통해서 손의 재능을 복원하고 사물의 물성을 통해서 감수성을 회복하고 의미의 중심을 찾아 '철학하기'를 통해서 자급으로 소박하고 당당하게 더불어 사는 삶에 대한 지향을 공부모임에 담고자 한다.

땜질의 아름다움

데크가 고장났다. 근 6년을 쓰다 보니 방향을 틀어 반원형으로 만든 곳이 떨어져나갔다. 한쪽으로 발의 무게가 실리면서 나무가 들려 받침나무에 구멍이 나고 못이 뽑혔다. 나는 구멍난 부분만 때우고 낡아서 헤진 곳만 땜질을 부탁했다. 땜질은 시간의 흔적이고 새것에는 없는 것이다. 땜질은 거창하게 말하면, 나무 하나의 죽음을 살리는 길이며 쓰레기를 줄이는 일이고 동시에 새로운 아름다움을 만들어내는 일이다.

길담서원 옆에는 상촌재라는 한옥체험관이 있는데 원래 있던 60년 된 근대한옥을 헐어내고 새로 지은 한옥이다. 우리는 창문 너머로 폐허가 된 한옥의 아름다움에 빠져 늘 바라보고는 했다. 현판은 없지만 주련이 있고 고운 간유리문에 봉당은 파랗고 하얀 작은 네모 타일로 되어 있으며 철대문으로 지어진 집이었다. 전통기와지붕에서 서양식 주택으로 넘어가던 시기의 살림집으로 미음자 형태 한옥이지만 1950년대 후반에 지어져서 1980년대의 부재로 리모델링을 한 경우였다.

오랜 시간 비어 있었는지 마당에는 명아주가 사람 키보다 더 크게 자라 숲을 이루고 있었고 작은 뽕나무와 은행나무도 여기저기 퍼져서 자라고 있었는데 그 틈으로 보이는 한옥은 아름다웠다. 그래서 길담서원 안에 한뼘미술관을 설계할 때 창을 내어 차경을 들이고 나이든 한옥을 완상했다. 어느 날 그 한옥은 부셔졌고 그 자리는 모두 널찍한 명아주 밭이 되었다. 나는 청소년들과 그 명아주 속으로 기어들어가 길을 만들고 앤과 다이애나의 아지트 '한가로운 황야'처럼, 거기에 우리들의 아지트를 짓고 있었다. 우리들 키의 두 배나 되는 명아주를 자르고 길을 내면서 생기는 명아주를 쌓고 엮어 담장을 만들어가고 있었다. 그런데 어느 날 우리가 짓던 집은 허물어졌고 명아주는 베어져서 바닥에 쌓여 있었다. 그래도 우리의 놀이는 계속되었다. 실망은 바로 다른 놀이로 전이되었다. 명아주 가지를 다듬어서 서원 안에 집을 짓고 놀다가 다시 부숴서 칼싸움을 하기도 했다.

종로구청은 60년의 전통을 일순간에 허물고 다시 짓는 방식을 선택했지만, 우리는 그 한옥을 있는 그대로 청소한 후, 세월의 흐름을 간직한 한옥으로 시민들이 즐길 수 있기를 바랐다. 이미 조선시대 양식으로 복원된 한옥은 많기도 하고 시대적인 그라데이션이 있는 건축물이 귀하게 여겨지기도 했다. 지금, 여기 있는 현대의 건축물들도 시간이 지나면 역사유적인데 우리나라는 역사

길담서원, 작은 공간의 가능성

유적이 자꾸 조선시대로만 회귀하는 게 안타깝기도 했다.

그래서인지 지금 새로 짓는 조선시대의 양식을 따르는 건물들은 그냥 껍데기 같다. 당대 사람들의 생각을 반영한다지만 그 시대 사람의 손으로 지은 것도 아니고 그때 보편적으로 쓰인 부재를 사용해서 지은 것도 아니다. 문화유산이란 그 시대 사람들의 생각으로 그 시대의 부재를 이용해서 그 시대 사람들의 손으로 만들었기 때문에 의미가 있는 것이다.

조선시대에는 목수의 손으로 모든 게 이루어졌다. 목욕재계하고 소원을 빌면서 끌과 망치와 정과 톱으로 나무를 자르고 기와를 굽고 돌을 쪼아 만든 목수의 땀과 한 집안의 번성을 염원하는 정성, 그 온기가 담겨 있는 것이 집이다. 목욕재계라는 말은 우리가 상투적으로 사용해서 그 말의 의미가 무뎌졌지만, 신성한 것을 다루는 데 있어서의 마음가짐이다. 실제로 우리 정신은 몸의 영향을 받아서, 몸을 깨끗이 하는 것은 정신을 바로 세우는 과정이다. 어떤 일의 시작은 이미 목욕을 하면서 시작된다. 그 옛날 몸을 닦으려면 먼저 나무를 하고 가마솥에 물을 길어다 붓고 불을 지피는 일이 선행되어야 했다. 여기서부터 작업은 시작된다. 이런 준비를 하면서 작업을 어떻게 할 것인가? 하는 마음이 작동되는 덕이다. 몸이 그렇게 다 풀렸기에 부재들이 놓여진 현장에서는 바로 작업에 들어갈 수 있다. 몸을 정갈하게 한다는 것은 정신을 가다듬고 그 일을 할 준비가 되었다는 마음을 내포하고 있다. 그래서 우리가 큰일을 앞두고는 집안청소를 하고 몸을 씻는 것이다.

기술이 발달한 시대에 꼭 그렇게 할 필요는 없지만 기계가 하는 일과 손이 하는 일은 엄연히 다르다. 기계가 하는 일에는 경제적 가치의 계산이 담겨 있다면, 손이 하는 일에는 장인의 고유한 감각과 간절한 소망이 담겨 있다. 그 시대 사람들과 지금을 사는 사람들의 문법이 달라서 이 시대에 조선시대 모양을 한 집을 짓는다는 것은 그저 대상화된 건축물을 하나 더 짓는 것이다. 차라리 이탈리아의 복원 방식처럼 이미 사라진 부분만 이 시대의 부재를 써서 지난 시대를 상상해보는 것이 더 보존에 가깝다고 느낀다. 그런 도시는 마치 커다란 조각보처럼 작고 아담하게 직조된 천과 같이 치밀하고 섬세하게 자기다움을 담고 있다.

아무튼, 우리가 일상에서 사용하는 기물들이 상했다고 그 전체를 들어내는 것이 아니라 상한 부분만 덧대고 잇고 고쳐서 사용해야 한다. 일상에서 우리가 이렇게 기우고 때우는 삶을 산다면, 문화재를 복원하는 방식에도 그런 생각이 그대로 적용될 것이다. 일상적인 삶을 사는 방식이 사회에서 큰일을 할 때도 일머리에 그대로 적용되기 때문이다.

길담서원 뜰은 왜
'아기 호랑이'를 키우게 되었나?

길담서원 뜰을 보고 어떤 스님은 평화와 자유가 공존하는 공간이라 하고 어떤 선생님은 풀과 꽃이 조화를 이루는 풀밭이라고 한다. 그러나 대부분은 이렇게 말한다. "낫 한 자루 있으면 잠깐이면 쳐줄 수 있는데." "20~30분이면 풀들을 뽑아줄 수 있어요. 시골에서 자라서 풀과 꽃은 구분해요."라고 한다. 이도 아니면 뽑아놓고 가거나 꺾어놓고 간다. 앞뜰에 작은 호랑이 한 마리는 살겠다는 소리도 들었고 폐가 같다는 말도 들었다. 약 20일간의 여름방학을 마치고 서원 문을 여니 풀꽃들이 자라서 입구까지 야생성을 뻗치며 점령하고 있었다. 그때 길담서원 망했느냐는 전화를 받았다. 무슨 일 있느냐는 소리는 들어봤지만, 망했냐는 소리는 처음이었다.

사람들은 "왜 이렇게 두었을까?" 묻지 않는다. "왜, 앞뜰을 이렇게 해요?"라고 묻는 사람은 한 명도 없었다. "풀 좀 뽑아야겠어요." 한마디 건네거나 뽑아놓고 가는 사람들이 많았다. 내가 툇돌

틈에서 올라온 방아를 밟히지 않게 하기 위해 얼마나 애를 쓰는
지 안다면, 그런 말 못 할 텐데.

우리 건축에서는 길이 곧게 뻗어 바로 집이 들여다보이는 것을
흉하게 여겼고 굽어서 바로 보이지 않는 은일한 것을 길하게 생
각했다. 미학적인 아름다움이 길한 것이고 심리적인 안정감이 길
하다는 이야기다. 그런데 옥인동 길담서원은 현관에 서면 뒷문까
지 하나로 훤히 들여다보였다. 이럴 경우 우리 조상들은 앞에 누
각을 지어 시선을 끊어줬다. 우리는 대문을 중앙이 아닌 오른쪽
으로 치우치게 달고 적당히 계단을 틀어서 시각적인 폐쇄성을 확
보했다. 전통건축에서 샛길로 들어와서 살짝 돌아앉아 집을 앉히
듯이 대문을 만들었다. 사생활 보호도 있지만 그러한 공간이 주
는 심리적인 안락함과 물리적인 공간을 한 걸음이라도 더 확보하
고 싶은 마음과 여유를 중요시했다.

앞에 정자를 세울 수 없으니 말채나무의 키를 키워 유리창을
가리고 뜰에는 풀들을 무릎 위로 자라게 두고 야생화를 얼크러지
고 흐드러지게 심었다. 뜰을 가운데 두고 일상의 세계와 비일상
의 세계를 구별하고 싶었다. 일상의 기운을 털어내고 이곳에서는
다른 세계의 느낌을 길어 올릴 수 있기를 기대하는 마음에서였
다. 저 엉망으로 냅두는, 제멋대로 자라는 풀들이 내뿜는 기운을
통해서, 각기 다른 풀꽃들의 강한 향을 통해서 이곳을 찾는 분들
의 마음이 놓여나고 아름다운 시절이 환기되고 그래서 흐뭇해졌
으면 하는 바람을 담아서.

길담서원 앞 작은 뜰에 인동을 심고 산국을 심고 산딸나무, 라

일락, 백합을 심고서 그러한 꽃의 향기가 사람들의 마음을 이완시켜서 세속적인 욕망이라든지 이기심 같은 것을 내려놓기를 바랐다. 주객이 전도된 세상과의 관계를 나를 중심으로 다시 설정할 수 있기를 바랐다. 산국이 징검다리에까지 늘어지는데도 잘라내지 않은 것은 도심에서 풀꽃을 몸에 스치면서 걸을 수 있는 길이 어디 있을까, 풀꽃이 비 오는 날 내 옷을 적셔주는 공간이 어디 있을까 하는 생각에서였다. 이 자연스러움 안에서 주어진 일을 해야만 하는 일상적인 몸에서 내가 하고 싶은 것을 선택해서 하는 비일상으로의 전환이 일어나기를 기대했다.

누군가에게 한 권의 책을 만나는 일은 무척 성스러운 일이며, 한 사람을 만나는 일은 한 우주를 만나는 일이기도 하다. 만남은 이러해야 한다. 〈일 포스티노〉의 우편배달부가 네루다를 만난 이후로 완전히 다른 사람이 되어 다른 삶을 살게 되는 것처럼, 이완된 몸에 살짝 긴장된 상태에서 만나는 책과 사람은 다를 것이다.

그래서 길담서원 뜰에는 표정이 다양한 풀, 꽃, 나무들을 심었다. 복수초, 상사화, 수선화, 산수국, 백합, 참나리, 하늘매발톱, 벌개미취, 가는쑥부쟁이, 명아주, 산딸나무, 조팝나무, 좀작살나무, 앵두나무, 매화나무, 사과나무, 인동초, 진달래, 라일락, 금잔화, 보리뺑이, 달개비, 애기똥풀, 망초, 부추, 작약, 노루귀, 금낭화, 닭의장풀, 머위 등등 옆집 덕보님이 조사한 바로는 143종의 서로 다른 풀, 꽃, 나무들이 계절별로 자기의 모습을 드러내기도 하고 수그러들기도 하며 계절이 오고 감을 보여준다. 그렇게 계절의 변화가 작은 뜰 안에서 속수무책으로 일어난다.

나는 학교에 소나무, 향나무 같은 상록수보다는 싹이 올라오고 꽃이 피고 낙엽이 물들고 떨어지는 계절의 자연스러운 변화를 느낄 수 있는 풀, 꽃, 나무를 심으면 좋겠다. 그 안에서 청소년들이 우리의 삶을 읽어낼 수 있고 감정들을 읽어낼 수 있으니까.

그런데 자연스러움에는 약육강식의 면도 있어서 화원에서 사다가 심어놓은 식물들이 거친 야생화들 사이에서 맥을 추지 못한다. 동자꽃이라든지 오공국화, 패랭이, 백합, 채송화도 그냥 사라졌다. 때문에 우리 뜰은 변화가 무쌍하다. 첫해는 조성한 식물들이 주를 이뤘다면 어떤 해는 산국이 어떤 해는 방아가 올해는 달맞이꽃이 주류가 되고 있다. 길담서원의 정신이라고 할 수 있는 자율과 공률 그리고 우연성이 뜰에서도 일어나고 있다.

문자 이전의 감각,
잃어버린 가슴을 찾아야
—

2015년 봄부터 박성준 선생님은 한 달에 한 번 첫째주 토요일에 주제를 가지고 이야기 마당을 열었다. 소년의 삶을 비롯하여 공부, 레비나스의 철학, 그리고 학교의 발명에 대한 주제로 이야기 마당을 열어갔다. 나는 소년님의 말씀을 듣고 니체의 말을 빌려 이렇게 화답했다.

Das ist mir aber das Geringste, seit ich unter Menschen bin, dass ich sehe: »Diesem fehlt ein Auge und Jenem ein Ohr und einem Dritten das Bein, und Andere gibt es, die verloren die Zunge oder die Nase oder den Kopf **oder die Brust**.«
_*Von der Erlösung*

그리고 내가 인간들 사이에 있게 된 이후로 다음과 같은 일을 무수히 보았다. 즉, 이 사람은 눈이 하나 없고, 저 사람은 귀가 하나 없고, 세 번째 사람은 다리가 하나 없다. 또 혀나 코나 머리나 **가슴을 잃어버린 사람도 있다.** _〈구제에 대하여〉 중에서

어딘가 좀 이상하지 않나? 니체의 본문에 없던 말이 들어갔다. 맨 마지막에 'oder die Brust'를 추가했다.

지난 2015년 10월 24일 토요일 '서원지기소년의 이야기 마당'에서 소년님은, 학교의 발명과 메시아적 읽기에 대해 6시간 가까운 강연을 하셨다. 그때 니체의 『차라투스트라는 이렇게 말했다』 중에서 위 구절을 인용하면서 "1백 년도 더 전에 니체가 이야기한 저, 사람들이 지금 이 세상에 너무 많다."라고 했다. 소년님은 이어서 니체 왈츠반에서 함께 읽었던, 그다음 단락을 읽어주셨다.

다시 말해 한 가지만을 너무 많이 가지고 있을 뿐 다른 모든 것은 결핍된 자들, 예컨대 하나의 커다란 눈 혹은 하나의 커다란 입 혹은 하나의 커다란 배 혹은 커다란 다른 어떤 것 하나밖에는 아무것도 가지지 않은 자들, 이런 자들을 나는 전도(顚倒)된 불구자라고 부른다.

소년님은 니체의 혜안(慧眼)에 대한 놀라움과 이런 일을 실제 목도하고 있는 오늘 우리 사회의 현실에 대한 통한(痛恨)의 말씀을 이어나갔다.

내가 니체의 저 문장의 끄트머리에 감히 'oder die Brust'라고 추가해 넣을 수 있었던 것은 선생님의 말씀에 크게 공감했기 때문

이다. 처음에는 'oder das Herz'라고 썼다가 'oder die Brust'로 고쳐 썼다. 니체가 마음이나 정신이 아니라 몸, 신체를 예로 들어 이야 기하고 그것을 중요하게 생각하고 있기 때문이다.

그런데 전도된 불구자는 과연 저 사람들뿐일까? 나는, 우리는 어떠한가? 하는 생각이 엄습해왔다. 우리는 가슴을 잃어버리지 않았는가? 우리들 삶이 왜 이리도 팍팍한가? 건드리면 바스러져 내릴 것 같은가? 이는 가슴을 잃어버렸기 때문이 아닐까? 잃어버 린 가슴 'Brust'를 찾아야만 한다.

우리는 머리로만 아파하고 머리로만 분노하고 머리로만 생각 한다. 마치 머리가 너무 커서 머리 아래 몸이 대롱대롱 매달린 것 과 같은 형상이다. 우리는 잃어버린 가슴을 찾아야 한다.

버지니아 울프가 『자기만의 방』을 가지라고 자기가 먹고살 수 있는 최소한의 돈을 가지라고 그렇게 외치는 이유는 무엇인가? 그것은 바로 가슴을 지키기 위해서라는 생각이 든다. 백열등과 같은 정신의 상태를 갖기 위해서는 모든 감각이 생생하게 살아 있는 가슴이 있어야 한다. E. F. 슈마허가 『작은 것이 아름답다』 에서 말하고자 하는 것도 적정기술을 사용하면 가슴, 마음을 지 킬 수 있다는 이야기로 읽힌다. 다윈도 그의 자서전에서 어린 시 절 밖에서 놀고 문학작품을 읽었을 때는 행복했으나 반복되는 실 험과 자연과학 독서만 하면서 자신의 삶이 얼마나 건조해졌는지, 심지어는 도덕적으로 둔감해졌는지를 이야기한다.

Up to the age of thirty, or beyond it, poetry of many kinds (⋯) gave me great pleasure, and even as a schoolboy I took intense delight in Shakespeare, especially in the historical plays. I have also said that formerly pictures gave me considerable, and music very great, delight. But now for many years I cannot endure to read a line of poetry: I have tried lately to read Shakespeare, and found it so intolerably dull that it nauseated me. I have also almost lost my taste for pictures or music. (⋯) My mind seems to have become a kind of machine for grinding general laws out of large collections of fact, but why this should have caused the atrophy of that part of the brain alone, on which the higher tastes depend, I cannot conceive. (⋯) The loss of these tastes is a loss of happiness, and may possibly be injurious to the intellect, and more probably to the moral character, by enfeebling the emotional part of our nature.

나는 서른 살이나 그 이후까지 많은 시들에서 커다란 기쁨을 얻었으며 학창시절에도 셰익스피어, 특히 그의 시극에서 커다란 즐거움을 얻었다. 또한 이전에는 그림에서 상당한 기쁨을 얻었으며 음악에서도 굉장히 큰 기쁨을 얻었다. 그러나 꽤 오래전부터 단 한 줄의 시도 읽을 수 없었다. 최근에 셰익스피어의 책을 읽으려고 시도했지만, 견딜 수 없을 만큼 지루해서 구역질이 날 정도였다. 그림이나 음악에 대한 취미도 거의 잃어버렸다. (⋯) 내 정신은 엄청나게 끌어모은 사실들을 갈아서 일반 법칙을 만들어내는 일종의 기계가 되어버린 듯하다. 그러나 이것이 어째서 전체 뇌 중에서 고상한 취미가 의존하는 부분만을 퇴화시킬 수밖에 없었는지, 나는 알 수가 없었다. (…) 이러한 취미의 상실은 행복의 상실이며, 아마도 지성에도 해를 끼쳤을 것이다. 아울러 본성 중에서 정서적인 부분을 약화시킴으로써 도덕적인 특성에게는 좀 더 많은 해를 끼쳤을 것이다.

세상은 이렇게 아픈데 왜 아무도 나서지 않을까? 지식인도 청년도 예술가도 침묵하는 것일까? 왜, 세상은 자괴감과 패배감과 조롱으로 가득할까? 우치다 타츠루는 이시카와 야스히로에게 보낸 편지에서 요즘 일본의 젊은이들이 왜소해지고 행동하지 않는 것은, 마르크스를 몰라서 그렇다고 마르크스를 읽어야 한다고 말했다.

우리 사회를 봐도 그렇다. 젊은이는 댓글로, 지식인은 사적인 자리에서나 사회현상에 대하여 머리로 분노하고 관전평만 하고 있다. 누구 하나 적극적으로 나서는 사람이 없다. 왜, 그럴까? 마르크스를 읽지 않아서 무지에서 오는 것도 있겠지만, 그보다는 모든 것을 자본이 장악한 이 사회에서 기성세대는 자기의 자리를 잃을까봐, 젊은이는 경제력이 없어서 그럴지도 모른다. 그러나 보다 더 근원적인 문제는 감수성과 감각의 상실 같다. 마르크스를 읽고 사회구조가 문제라는 현실을 아는 것과 행동하는 것은 별개의 문제라는 생각도 든다. 요즘 인문학 공부들은 그렇게 많이들 하는데 세상은 따뜻하지가 않으니까 말이다.

행동은 뜨거운 가슴을 통한 살아 있는 감각을 필요로 한다. 냉철한 이성에 의한 정밀한 계산보다 이러면 안 되는 것인데 하는 오감과 직관을 필요로 한다. 따라서 행동은 심장을 건드려야 한다. 마르크스 이전에 살아 있는 가슴을 가지고 있어야 한다. 놀지도 못하고 친구도 없는 아이가 줄 달린 인형처럼 고등학교까지 다니고 대학에서도, 졸업하고 나서도 부모의 조종을 받는 젊은이들이 어떻게 자기 가슴을, 뜨거운 가슴을 가질 수 있겠는가!

니체나 버지니아 울프 그리고 슈마허나 다윈이 어린 시절에 가지고 있던 감수성과 감각, 이것은 예술정신이고 저항정신이고 인문정신이다. 뜨거운 가슴 없는 지식은 지식으로만 남지만 뜨거운 가슴이 품은 지식은 나를 바꾸고 세상을 바꾼다. 가장 가슴이 뜨거운 사람, 가장 감각이 살아 있는 사람 그래서 움직일 수밖에 없는 사람들이 젊은이들이고 예술가들이며 지식인이다.

젊은이와 예술가는 그런 무당 같은 존재이다. 거부할 수 없는 힘으로 시대를 기록하고 전해야 한다. 그래서 기성세대들이 눈감고 안주하려 할 때 부끄럽게 해야 하고 뛰어난 감각으로 사람들의 가슴을 울려야 한다. 문자 이전의 감각, 그것은 또 다른 힘이다.

시작과 완성을 헤아리며
수의(壽衣) 소품 짓기

바느질인문학

우리는 태어남, 생성에는 관심이 깊지만 사라짐에 대해서는 무심하다. 소멸은 끝이 아니라 완성이고 시작이다. 따라서 그 끝을 아름답게, 완성해야 할 의무는 나에게 있다. 혹은 남아 있는 우리들의 몫이다.

우리가 태어날 때, 문득 세상에 그렇게 던져지듯이 피투성이의 존재로 온 것처럼 마음속으로 셀 수 없이 다짐하고 다짐해도 문득 오는 그것, 죽음. 우리는 그 죽음을 어떻게 맞이하고 어떻게 준비해야 할까?

마음의 준비와 물질의 준비가 동시에 필요하다. 태어날 아이를 위해 배냇저고리를 짓고 포대기를 마련하듯이, 나의 혹은 나와 관계 맺은 누군가의 삶을 아름답게 완성해줄 수의(염의)를 짓는 시간을 가졌다.

몽골 사람들은 죽을 당시 입은 그대로 풍장을 한다지만 우리나라 사람들은 예부터 매장을 해왔다. 한 사람이 명을 달리하면 시신을 향탕수로 씻기고 염을 한 후, 겉옷을 맨 아래 깔고 습하여 혼은 혼대로 우주 속으로 날아가고 백은 백대로 땅으로 스미는 절차를 밟았다. 이는 떠나가는 사람과 남아 있는 사람이 삶과 죽음이라는 경계의 시간에 마지막으로 만나는 시간이고 애도하는 시간이기도 하다.

우리 조상들은 수의를 새로 만들어서 입기도 했지만 주로 여성이나 서민은 결혼할 때 입었던 원삼, 단령 등을, 사대부는 가장 높은 관직에 올랐을 때 입었던 관복을 입었다. 삶의 가장 화려했던 순간, 절정에서 입었던 아름다운 옷을 입고 이 세상의 삶을 마무리했던 것이다. 그리고 시신을 관에 입관한 다음 빈 공간에는 보공(補空)이라 하여 여벌옷으로 채우기도 했다. 죽음을 끝으로 여기지 않고 새로운 출발로 여겨 죽은 다음에 입을 의복을 챙겨 넣은 것이다.

어느 한학자의 어머니는 96세에 집에서 돌아가셨는데 돌아가신 어머니의 시신을 병원으로 옮기지 않고 영안실을 빌려서 빈소만 차렸다. 시신을 병원으로 옮길 경우, 바로 냉동고로 들어가기 때문에 경락이 사라지고 체온이 떨어지면서 피가 쭈르르 흐르는 시간, 즉 혼과 백이 나눠져서 거두고 스미는 시간을 빼앗기게 된다고. 지인들과 인사하고 수세를 거두고 염하고 입관하는 과정에서 삶과 죽음이라는 코스모스의 순간에 혼과 백이 자연스럽게 거처로 흘러가는 시간이 단절되어버린다는 얘기다. 영안실에 있는 냉동고는 그러한 순리를 거스른다. 그래서 자신의 삶의 터전인 집에서 염을 한다고 했다.

그의 어머니 수의는 80년 전에 결혼할 때 입었던 연두저고리에 다홍치마를 사용했고 시신을 싸는 염의는 어머니께서 직접 윤달에 만들어두신 것을 썼다고 한다. 윤달은 3년마다 돌아오는데 수의를 만들 때는 죽는 사람의 평안을 축복하는 뜻에서 길일을 택하고 팔자 좋고 장수한 노인들을 모셔다가 바느질을 하였다. 이렇게 자기 삶의 흔적이 묻은 옷을 입고 혼을 거두어 하늘로 가면, 우리는 백을 거두어 무덤을 쓰든, 화장을 하든 예를 갖춰 인사를 드리는 것이다.

수의로 삼베를 입기 시작한 것은 일제강점기 이후부터다. 일제의 수탈로 재료수급에 어려움을 겪던 때여서 여건상 전통 복식을 제대로 갖추기 어려워 손쉽게 구할 수 있는 삼베가 등장한 것으로 보인다. 또 일제의 문화말살정책 때문이기도 했을 것이다.

현대를 사는 우리도 자기 옷 중에서 가장 의미 있다 여기는 옷을, 삶에서 특별했던 순간, 아름다웠던 순간에 입었던 옷을, 그것도 아니라면 평소에 입던 옷을 깨끗하게 빨아 수의로 입어도 괜찮겠다고 생각하며 수의 소품을 만들어보기로 했다. 이 시간은 죽음에 대해 생각하고 내 삶의 마무리를 준비하는 시간이며 기존의 장례문화에 균열을 내는 일이기도 했다.

참가자들이 4명밖에 되지 않았다. 그런데도 오랜 시간 한복을 복원하며 수의를 연구해온 고영한복문화연구소 고영 대표가 광주에서 일주일에 한 번씩 5차례 올라와서 하루 4시간씩 수의 소품을 안내해주었다. 어머니를 위해서, 자기 자신을 위해서 진지하게 바늘땀을 떴다.

수의 소품은 명주를 가지고 바느질을 했다. 대부분 한복 한 벌은 가지고 있으니 한복을 수의로 입는다고 상정하고 본을 대고 그리고 겉감과 안감을 시침핀으로 고정한 후, 가위로 자르고 시침질을 했다. 촛농 먹인 무명실로 손·발싸개, 손톱·발톱·머리카락을 넣는 오낭주머니와 버선과 습신, 배와 턱을 싸는 과두, 머리 싸는 모자, 이불과 요를 손바느질해서 창구멍으로 뒤집고 다림질을 해서 완성하는 과정이었다.

바느질을 하면서 자기가 입을 특별한 옷이 무명옷이라면 그와 어울리는 천을 끊어서 수의 소품을 바느질해두면 되겠다는 생각이 들었다. 여기서 좋은 옷이란, 황순원의 「소나기」에서 소녀가 죽을 때 "자기가 입던 옷을 그대로 입혀서 묻어 달라."는 그 '잔망스런' 유언 속에 사랑이 담긴 옷이기도 하고, "로테, 나는 이 옷들을 입은 채 묻혀 있고 싶습니다. 이 옷들에는 당신의 손길이 닿았기 때문이고 이 옷들은 당신을 통해 신성하게 되었기 때문입니다. 당신 아버님한테도 이 부탁을 드렸습니다. 내 혼령이 관 위를 떠돌게 될 것입니다. 내가 입은 옷의 호주머니를 뒤지지 못하게 해줘요. 동생들과 함께 있는 당신을 내가 처음 보았을 때 당신이 가슴에 달고 있었던 이 분홍색 리본을 꺼내지 못하게 해줘요!"라고 죽기 직전의 베르터가 유언으로 남긴 그 옷이며 화가 마리 로랑생이 죽을 때 시인 기욤 아폴리네르의 편지를 품에 안고 가겠다는 유언 속의 마음과 다를 바 없는 것이다. 꼭 연인과의 관계가 아니어도 좋다. 내가 가장 영광스러운 순간에 입었던 옷도 좋다.

지금 이 시대를 사는 우리들은 문득 닥친 죽음 앞에서 마음을 돈으로 계산하여 장례를 치른다. 한 생명이 마무리되고 완성되는 순간이 한없이 서글퍼진다. 그래서 바늘과 실로 땀에 땀을 보태 수의를 짓는다는 것은 거룩한 예술이고 나의 삶을 어떻게 마무리할 것인가에 대한 해답을 찾는 과정이기도 하며 장례문화에 균열을 내는 일이기도 하다.

4장. 몸으로 하는 공부

어떤 삶을 살고 싶은가?

—

전각교실

옛사람들은 호를 짓고 자기가 사는 집의 이름을 지어 서각을 해 달고 그에 따른 자세로 살고자 했다. 다산 정약용은 여유당, 회재 이언적은 독락당 등등의 호와 당호를 짓고 살았다. 오늘을 사는 우리는 '나'라는 주체보다는 타인들을 바라보며 타인들이 사는 방식을 따라 사는 경우가 많다.

우리는 '어떤 삶을 살고 싶은가?'라는 물음을 갖고 길담서원에 모여 자기 호를 짓고 당호를 지어 단단한 돌멩이에 한 획 한 획 그리고 새기는 전각교실을 열었다.

일반적으로 당호는 건축물의 의미나 유래, 성격이나 기능을 말해주는 것으로 글씨를 판에 새겨 성이나 궁궐의 문, 그 밖의 집의 문이나 대청 위 또는 처마 밑에 걸어놓는 것을 말하는데 현판(懸板)이라고도 한다. 우리나라의 현판은 삼국시대부터 등장하는데 최고의 현판은 영주 부석사의 무량수전과 경북 안동군 청사에 공민왕의 글씨로 걸려 있는 안동웅부(安東雄府)를 꼽는다고.

따라서 당호는 개별성을 드러내는 작업이다. 자신이 몸담은 공간에 이름을 지어 거기에 걸맞은 삶을 살고자 스스로를 다스리는 것이다. 개인의 집일 경우는 선조가 지어놓은 당호를 그대로 쓰기도 하고 자신의 호를 따서 당호로 삼거나 스승이나 벗으로부터 받는 경우도 있다. 그 외에 개인의 기호에 따라 옛 시나 좋은 글귀에서 따온 경우도 있고 삶의 방식이라든지 지향점, 풍광, 희망을 담아서 당호를 짓고 글씨를 써서 각을 한 후, 잘 보이는 곳에 붙여서 늘 오가면서 마음에 새기도록 했다. 그리고 기둥에는 주련을 달았는데 안채에는 생기복덕(生氣福德)을 소원하는 내용이나 덕담(德談), 아이들의 인격함양을 위한 좌우명, 수신제가하는 데 참고가 되는 좋은 시를 써서 걸었다. 사랑채의 기둥에는 오언이나 칠언의 유명한 시나 자기가 지은 작품을 써서 걸기도 했다. 호를 짓고 그 호를 인장에 새겨 자기 그림이나 글에 찍었던 것처럼 당호를 나무에 새겨 현판으로 달아 일상에서 그러한 삶을 즐겼으며 그렇게 살고자 했다.

지금은 모두 남들처럼 아파트에 살아야 하고 자동차는 중형차 정도 되어야 하고 남과 재산의 척도를 비교하며 살지만 그 당시 사람들은 거처하는 집에 꽃이나 나무를 다른 것으로 심거나 당호를 지어서 현판을 달아 자기다움을 드러내며 살았다. 불과 몇십 년 전만 해도 이러한 문화는 남아 있었다. 소설가 이태준은 문인화가 근원 김용준에게 늙은 감나무가 있는 집이라는 뜻에서 노시산방(老枾山房)이라는 당호를 지어주었다. 그리고 김용준은 수화 김환기가 김향안과 결혼을 하자 자기 집을 넘겨주고 수화의 수,

김향안의 향을 따서 수향산방(樹鄕山房)이라 이름을 지어준다. 그리고 김용준은 의정부로 이사를 하고 반쯤은 벌판에 나 앉은 집이라는 뜻으로 반야초당(半野草堂)이라는 당호를 짓고 산다.

시간이 흐르면서 현판은 간판이 되기도 하고 주련은 급훈이 되기도 하고 가훈이 되기도 한다. 그런데 큰 차이가 있다. 현판은 자기가 스스로 글귀로 선택해서 걸었다면 근대화되면서 나타나는 간판은 상업과 결탁하면서 크고 시끄럽고 개성이 드러나지 않으며 급훈이나 가훈은 성실하게 살아라, 협동해라 등등 공동체의 이념을 개인에게 주입하는 방식으로 나타난다.

요즘은 급훈이나 가훈 같은 것이 없어졌다는데 자기 스스로 호를 짓고 당호를 지어 글씨를 써서 붙여보면 어떨까. 별명은 이런 아름다운 전통에서 연유한 것도 있고 개별성을 드러내는 방식이기도 하며 친구 혹은 스승과의 관계를 인문적이고 수평적으로 맺는 방법이기도 하다.

그래서 우리는 별명으로 호칭하며 옛사람들처럼, 호를 짓고 자기가 사는 집의 이름을 지어 서각을 해 달고 그에 따른 자세로 살고자 전각교실을 열었다. 우리에게 전각에 대해 안내해주신 분은 길담서원 건너편에서 한글전각갤러리를 운영하는 김내혜 전각작가인데 전통에 깊게 뿌리를 내리고 새로운 해석으로 검박한 작품을 하는 탄탄한 작가이다.

얼마 전에 1기부터 전각을 배우고 있는 철수님이 길담서원 책읽기모임에서 만난 임형남 · 노은주 건축가의 설계로 원주에 집을 지었다. 지금 여기서 행복을 가꾸자는 의미로 어사재(於斯齋)라 당호를 정하고 김내혜 작가에게 현판을 부탁했다. 작가는 엄나무에 끌과 정으로 수작업을 해서 건넸다.

우리는 집을 사면, 인테리어와 가구로 남들과 비슷하게 장식을 하는 데 집중한다. 내가 원하는 삶이 아니라 남들이 좋다고 하는 삶을 살아가는 것이다. 바로 자본주의라는 경제 구조가 만든 상품의 숨겨진 속성에 따라 사는 것이다. 그러다보니 그 공간에 살아가는 사람들이 어떤 삶을 살고자 하는지, 어떤 것을 귀하게 여기는지는 잘 담아내지 못한다. 내가 사는 곳이 주택인지 아파트인지 작은 원룸인지보다는 그 공간에 어떠한 정신과 기운이 깃들기를 원하는지 그 의미와 의지를 담은 작은 현판 하나 달고 살았으면 한다.

청년에게,
제도 밖을 상상하라

　대부분의 청소년은 왜 공부를 해야 하는지, 왜 대학에 가야 하는지에 대한 아무런 질문 없이 이 사회가 요구하는 대로 공부해 왔다. 물론, 잠깐씩 한눈도 팔고 조금씩 반항도 하고 눈치껏 놀기도 해보았지만 이는 내가 공부하는 이유를 알기 위해서가 아니라 힘겨움을 버텨내는 순간적인 일탈 그 이상은 아니었던 것 같다.

　우리는 이제 대학에 간다고 아둥바둥하며 기를 쓰고 공부해도 우리에게 특별한 게 주어지는 것이 없다는 것을 안다. 그저 경쟁의 연속이다. 원래 청소년기는 내가 좋아하는 것이 뭔지를 찾고 어떻게 살지를 고민하며 나를 찾아나서는 시기다.

　그런데 『꽃들에게 희망을』이라는 책에서 보듯이 거기에 가면 뭐가 있는지도 모른 채 그저 올라가기만 했다. 그렇게 올라간 애벌레는 자기가 기를 쓰고 올라간 기둥에서 내려다보고 놀란다. 내가 올라간 기둥과 같은 기둥이 수없이 많은 기둥 중 하나에 불과하고 그 기둥 위엔 아무것도 없다는 사실! 다시 내려온 애벌레가 간 길은 어둠의 시간으로 들어가는 길이었다. 바로, 고치의 시간. 나뭇가지에 매달려 자기 몸에서 실을 뽑아 스스로를 유폐시켰다가 나비로 태어나는 변신, 메타모포시스의 순간을 기다린 것이다. 진인사 대천명은 바로 그런 뜻이다. 스스로 최선을 다해서 죽은 후, 날개를 다는 순간을 기다리는 것. 그 애벌레가 목표로 삼아야 할 것은 자기 자신과의 싸움이지 타인과의 경쟁이 아니라는 것을 보여준다.

청소년기에는 애벌레들처럼 무조건 무리 속으로 들어가 경쟁하는 것이 아니라 내가 하고자 하는 어떤 목표가 생겼을 때 나를 던져 어둠의 시간인 고치 속으로 들어가서 자기를 갈고 닦는 것이다. 거기서 실패하고 더 낫게 실패하면서 단단하게 성장해가는 것이다. 이렇게 스스로 단단해지려면 스마트폰과 멀어지는 시간이, 쉼이 필요하다. 스마트폰은 너무 스마트해서 완벽한 쉼을 방해한다.

여가는 새로운 생각을 일깨워주는 시간

:

〈독서여가〉(1740)는 겸재 정선이 책을 읽고 남은 시간의 한가한 자신의 모습을 그린 그림이다. 선비는 책 읽고 글 쓰는 게 일이어서 독서 후에 쉬면서 생각을 정리했다. 이때가 사유의 시간이다.

일을 해서 돈을 벌어야 하는 현대인은 주말이 여가 시간이다. 그런데 여가 시간에 일하러 나가느라 못한 집안일을 해야 해서 여전히 피곤하고 바쁘다. 바쁘다는 것은 단순히 생각할 여유가 없는 것만이 아니다. 바쁘면 친구를 만나도 신경이 예민해져서 말이 예쁘게 나가지 않으니까 관계도 편하지 않다. 여러 가지 이유가 있겠지만 충분한 쉼, 여유가 있으면 우리는 이렇게 거칠게 살지 않아도 된다.

그림을 보면 정선은 인왕산 골짜기에 있는 인곡정사에서 오뉴월에 사방관을 쓰고 부채를 들고 툇마루에서 몸을 비스듬히 하고 앉아 마당에 난과 목단을 구경한다. 보이는 것은 그렇지만 소나무에서 새가 울었을 것이고 인왕산 골짜기에서 바람이 불었을 것이다. 그러다가 어느 순간 정선은 우리 산천이 참 아름답구나! 이렇게 피부로 와 닿는 자연, 내가 사는 이 땅을 그려보자! 하는 생각이 들었을지도 모른다. 자화상도 그리고 인왕산도 그리고 우리 산천의 체형과 표정을 자기의 해석을 담아 진경산수를 그렸다. 한강 주변은 물론 내금강이라든지 만폭동, 삼부연폭포 등을 여행하면서 담았다. 여가는 새로운 생각을 일깨워주는 시간이다.

버트런드 러셀은 『게으름에 대한 찬양』이라는 책에서 과거에는 추수가 끝나면 춤도 추고 놀면서 여가를 즐겼는데 도시의 노동자인 현대인들은 여가가 생겨도 대부분을 보는 것으로 시간을 쓴다고 말한다. 축구를 보고 영화를 보고 연극을 본다고. 자기가 연극을 하고 야구를 하고 영화를 찍기에는 여가가, 에너지가 부족하기 때문이라고. 여기에 더 얹어 조지 오웰은 자본가는 절대로 직원에게 충분한 쉼을 제공하지 않는다고 했다. 노동자에게 여유가 생기면 생각하게 되고 생각하는 노동자는 일을 시키기 힘들기 때문이라고.

그런데 우리는 유치원에서부터 대학까지 대기업의 노동자로 사는 교육을 받는다. 주류에 편입하기 위한 수업을 너무 오래 받아서 이 궤도 밖의 세계를 생각할 수 없는데 사실 그 궤도를 살짝만 벗어나면 여유를 가지고 즐겁게 살 수 있다.

여기서 궤도 밖으로 나가 나다운 삶을 살려면, 같은 문제의식을 가진 친구가 필요하다.

왜, 친구가 중요할까요?

:

소설가 김영하는 그의 산문집에서 "살아보니 친구는 중요치 않다. 어릴 때 친구들은 배려도 없고 불안정하고 인격이 완전히 형성되기 이전에 만났기 때문에 가깝다고 생각해서 막 대하는 면이 있다. 가깝기 때문에 좀 더 강압적이고 폭력적일 수 있다."라고 썼다. 그는 대중적인 인지도가 높아 젊은이뿐 아니라 어른들에게도 많은 영향을 미치는 작가이다. 그렇지만 사람마다 처한 위치가 다르기에 타인의 말을 맹목적으로 수신하는 것이 아니라 질문을 가지고 수신해야 한다. 내가 하는 말도 마찬가지다. 김영하의 말은 부분적으로 맞다. 하지만 어린 시절 친구와 지금 만나지 않는다 해도 그때 친구를 사귀는 것은 중요하다. 친구들과 어울려 놀고 싸우고 공부하면서 겪은 사귐의 시간은 그냥 낭비하는 시간이 아니다. 사귐은 어떠해야 하는지, 사람들의 생각이 나와 똑같을 수 없다든지, 화가 나더라도 어떤 말은 하면 안 되는지 이런 것들을 몸으로 겪어가면서 자비심, 자기 조절, 지혜로움 등을 훈련하게 된다. 인격은 그렇게 형성된다. 지금 당장 그 친구들이 필요 없다 해서 어린 시절 친구가 필요 없다는 것은 결과 중심의 말이다. 우리의 삶은 과정을 어떻게 건너오느냐가 중요하다.

그래서 나는 공부도 중요하지만 친구들을 많이 사귀고 더불어 책을 읽으면서 토론도 많이 하라고 권하고 싶다. 관계의 기본은 바로 친구 사귀기로 이루어지니까. 원래 관계의 기본은 가족 관계에서 배워야 하는데 요즘은 집에서 자식을 상전 모시듯 하는 경우가 많아서 교육이 되지 못한다. 부모 앞에서나 자기 맘대로 화내고 성질부리지 친구나 선배에게, 회사 가서는 그렇게 못한다. 청소년기에 몸으로 노는 것과 친구 사귀기가 공부만큼이나 중요하다. 공부는 자기가 하고 싶은 마음이 들 때 그때 해도 늦지 않다. 어른들이 모든 일은 때가 있다, 라고 할 때 그때는 반드시 나이만을 말하는 게 아니다. 그 일을 감당해낼 수 있는 적절한 시기, 타이밍을 말하기도 한다.

소설가 김영하는 TV에 출연해서는 이런 이야기도 들려주었다. 내가 단편소설을 쓰고 제일 먼저 친구에게 전화를 걸어 읽어준 적이 있다며, 예술가에게 좋은 친구는 반드시 필요하다고. 그가 말하듯, 예술가에게뿐만 아니라 모든 사람에겐 좋은 친구는 반드시 필요하다. 좋은 친구 한 사람이 있으면 외롭지도 않고 든든해서 삶이 풍요로워진다. 자살을 생각하다가도 친구가 있으면 버틸 수 있다. 그런데 그 친구는 그냥 생기는 것이 아니라 노력해야 한다. 좋은 친구들이 모이는 좋은 장소에 가야 하고 사람은 누구나 장점과 단점을 동시에 가지고 있다는 것을 잊어서도 안 된다. 친구의 모습에 나를 비추어보면 친구를 이해하는 데 도움이 될 것이다. 친구가 되는 길은 쉽지 않다. 내면의 힘을 기르는 것이 가장 중요하다. 독서가 도움이 될 것이고 마음속 문제의식은 실천하는 힘이 될 것이다.

그런데 사람들은 친구도 효용적인 측면에서 생각한다. 인맥이라고 부르고 내가 필요할 때 도움을 줄지도 모른다는 생각에 관계를 맺는다. 불안하니까 그래왔다. 좀 잘 나간다고 해도 속을 들여다보면 그 사람이 나를 회사에 넣어줄 수 없고 그 사람도 언제 짤릴지 모르는 불안한 외줄타기를 하고 있는 건 마찬가지다. 사정은 다 비슷하다. 그러니까 인맥으로 관리하는 친구는 실질적으로 나에게 도움은 안 되면서 시간만 뺏어가고 돈만 뺏어가는 존재이다. 그러다보니 정작 내가 어려울 때 도움이 못 된다. 그러니까 친구 다 필요 없다는 말에 귀가 솔깃해지는 것이다. 친구는 또 다른 나다. 만남 그 자체로 즐거워야 한다. 수치화되고 계산되는 쓸모로 만나는 게 아니라 존재 그 자체가 기쁨인 것이 친구다. 화폐와 가족에서 벗어난 우정, 친구는 스승이기도 하다.

'유명한 대학을 나온 사람은 폐품수집상을 하면 안 될까?' 라는 물음이 대답을 결정한다

:

우리나라는 여전히 학벌이 중요한 사회지만 앞으로 학벌은 점점 의미가 없어질 것이다. 좋은 대학 나오고 유학을 다녀왔다고 해서 좋은 직장에 취업하는 것도 아니고 취업했다고 행복하지도 않다.

『나를 지키며 일하는 법』을 쓴 강상중 선생은 초등학교만 졸업한 아버지와 글을 읽을 줄 모르는 어머니 사이에서 재일교포로 태어났다. 부모님은 폐품수집상을 했고 아들은 와세다대학 정치학과를 졸업하고 소니에 지원했는데 불합격했다. 소니 본사에서 강의할 일이 있어 그 이야기를 했더니, 어느 분이 "선생님은 참 행운아십니다. 소니에 들어왔다면 지금 정말 고생하실 텐데."라고 말했단다. 이 말은 저녁도 없는 삶을 살다가 경영 악화로 인원이 감축되어 짤렸거나 건강을 잃어 행복하지 못한 삶을 살았을 것이라는 해석이 가능하다.

강상중 선생은 왜, 좋은 대학을 나온 사람은 부모의 일을 계승하면 안 되는지 의문이 들었다. 내가 부모님의 직업을 하찮게 여기지 않았나 하는 생각이 든 것이다. 나 스스로 그 일을 당당하게 생각하면 하찮지 않다.

독일 사회는 육체노동자와 정신노동자의 월급이 크게 차이가 나지 않는다고 한다. 그런데 여기서 월급만 비슷한 게 아니다. 독서하고 토론하는 수준도 크게 차이가 나지 않는다는 것이다. 단지 하는 일이 다를 뿐이다. 어떻게 가능할까? 우선 노동조합에서 '25호봉 임금표'를 만들었다. 일반적인 규정(대학졸업, 직업훈련자격증[대학졸업과 동등] 등)만 갖추면 대기업에 취업을 하든, 하청업체인 중소기업에 취업하든 '25호봉 임금표에 따른 협약임금'을

동일하게 받는다. 벤츠와 같은 좋은 개별사업장은 성과급을 받을
수 있는데 15퍼센트를 넘지 못한다. 독일의 모델을 따른 덴마크,
스웨덴, 노르웨이도 비슷하다. 노동하면서 발생하는 미세먼지, 소
음, 의자의 높낮이(등을 기댈 수 있는 여부) 등 작업장의 환경이 직
무분석표에 명시되어 있고 그에 따라 임금이 책정된다. 그리고
노동자가 불합리하다고 느끼면 언제든지 이의를 제기할 수 있다.
또 이를 어길 시에는 국가에서 법률을 만들어 벌금을 물리기 때
문이다. 독일이나 북유럽 노동자들이 살기 좋은 것은 그들이 인
격적으로 훌륭해서가 아니라 법이 그렇게 규정하고 어기면 처벌
을 받기 때문이다.

그런데 우리나라는 어떠한가? 우리는 점점 더 살기 어려워지
고 각박한 사회가 되고 있다. 강상중 선생은 그 이유를 너무 무리
해서 일만 해왔기 때문이고 다른 하나는 서울에 인구가 너무 많
기 때문이란다. 인구밀도가 높으니 경쟁이 치열하고 다툼이 잦고
늘 긴장해야 한다. 집값이 비싸니 자연히 청년들의 삶의 질도 낮
다. 그래서 청년들은 고시촌에서 살고 지하에서 살다가 비극적으
로 삶을 마감하기도 한다. 이건 개인이 열심히 일한다고 극복할
수 있는 게 아니다. 법률을 바꾸고 국가시스템을 바꾸지 않으면
불가능하다.

핀란드에서는 2017년부터 2년간 기본소득 실험을 한 적이 있
다. 핀란드 정부는 무작위로 선택된 실업자 2천 명에게 다른 소득
이나 구직활동 여부와 관계없이 매월 560유로의 기본소득을 지

급했다. 스위스에서는 기본소득 도입을 두고 국민투표에 부쳤다. 매달 성인에게는 우리 돈으로 3백만 원의 기본소득을, 청소년·어린이에게는 78만 원의 기본소득을 주겠다는 방안이었다. 국민투표는 부결되었지만 기본소득의 의미를 사회적으로 논의하는 장이 되었다. 기본소득은 이 세상에 태어나면서부터 인격적으로 살 수 있는 최소한의 토대를 재산, 노동의 유무와 관계없이 모든 국민에게 지급하는 소득이다. 예를 들어 우리나라에서 한 가구에 1인당 50만 원씩 국가가 지급한다면 3식구면 150만 원이다. 이것이 기본이 되면 사람들은 필요노동만 하면서 당당하게 살 수 있다. 그러면 사회는 물기가 흐르고 관계도 부드러워질 것이고 부정이나 부패에 눈을 감는 일도 줄어들 것이다. 그렇다고 기본소득이 정답이라거나 유일한 해결책이라는 말이 아니다. 기본소득과 같이 우리 삶을 근원적으로 안정시킬 수 있는 하나의 시스템이 필요하다는 것이다.

국가시스템은 그렇게 쉽게 바뀌지 않는다. 알게 모르게 지배자들의 가치가 우리에게 내재화되어 있는데 시민들의 이런 의식이 바뀌어야 가능하다. 선거를 할 때, 공약을 살펴보고 기본소득에 찬성하는 후보를 뽑아서 의회에서 법안을 만들도록 해야 하며, 쉬지 않고 공론화해야 한다. 우리의 힘이 뭉치면 해낼 수 있다는 가능성을 촛불을 통해서 보았다.

젊은이여, 농촌으로 가라

:

짐 로저스라는 미국의 투자전문가가 2014년 서울대학교에서 강연을 했다. 주제는 "젊은이여, 농대(農大)로 가라"였다. "교실을 나가 드넓은 농장으로 가라"였다. "앞으로 20~30년 후, 농업은 가장 유망한 산업이 될 것이다. 농경지 부족이 심해져 농업이 수익을 가장 많이 낼 수 있는 산업이 될 것"이라고. 모든 사람이 농업을 등지고 도시로 몰려나올 때 농부가 되는 발상의 전환이 필요하다. 농사를 짓는 일은 당당하게 자기 자신을 스스로 책임질 수 있는 일이다. 최고 유망 업종은 농업이므로 농업이 수익성이 가장 크다.

짐 로저스는 투자전문가다 보니, 농사가 아니고 농업이라 했는데 나는 농사를 배우라고 하고 싶다. 한 사람 한 사람이 자기 먹을 것은 스스로 경작해서 먹고사는 방식. 산업은 고용되어 일하는 구조이니까 우리 삶을 여전히 바쁘게 만든다. 크게 자연의 변화에 따라 살면서 내가 일하고 싶을 때 일하고 일의 양도 조절하고 내가 어딘가에 의해서 움직이는 것이 아니라 스스로 움직이는 한 개인이자 우주로 살아가는 삶. 소유보다는 존재를 위해서 농사 짓는다는 생각이 중요하다. 소유하고 돈으로 환산하기 시작하면서 먹을거리에 항생제를 투여하고 방부제를 넣고 잘 굳지 않게 하는 유연제를 넣으면서 식품은 상품이 되었다.

궤도 밖을 상상하라

:

시골에는 사람이 없다, 시골은 끝났다, 이런 마을에 누가 오겠나 하지만, 수도권 중심사고에서 벗어나 촌스러움의 가치를 발견하면 무궁무진한 놀이터이자 예술의 근원이 농촌, 어촌, 산촌이다.

농촌, 어촌, 산촌에 근거를 둔 친구들은 이런 면에서 이점이 있다. 바로 삶의 터전인 집이 있고 땅이 있다. 이제 뜻을 같이 도모할 친구만 있으면 된다. 그 친구는 학교에 있고 이웃에 있다. 친구는 꼭 동년배만을 의미하는 게 아니다. 선배, 후배, 여성, 남성, 이웃사람…… 누구든지 뜻을 같이하면 친구가 될 수 있다.

모두 다 기업에 고용되어 일을 해서 돈을 벌어서 먹고살려고 할 때, 지방에서 사는 청소년 청년들은 지금부터 마음 맞는 친구들과 함께 동아리를 만들어서 논농사, 밭농사, 풀, 꽃, 나무에 대해서 공부하고 약초와 독초도 공부하면 좋을 것이다. 농부학교나 건축학교, 농대에 가는 것도 좋다. 우리 풀, 꽃, 나무에 대해 잘 알면, 병원 갈 일도 적고 유전자가 조작되지 않은 나물들을 먹고 살수 있으니 건강에도 좋다.

드로잉으로 약초의 모양도 그려보고 먹을 수 있는 풀과 없는 풀을 구분해서 도감도 만들고 친구들과 산에 올라 연주회도 하고 그렇게 흙을 바탕으로 인문적이고 예술적인 삶을 기획해서 실천하는 것이다. 뿐만 아니라 새로운 직업을 만들 수 있다. 지금 차츰 그런 일이 일어나고 있다. 우리는 과학기술의 발달에 힘입어 문명의 혜택을 누린 사람으로서 농촌으로 가는 것이다. 몸에 익힌

문명을 바탕으로 삶을 재설계하는 것이기 때문에 지난 시대의 농촌과 다른 농촌을 만들 수 있다. 생산수단을 갖게 되면 마음에 자신감이 생기고 그렇게 되면 당당하게 행동할 수 있다. 돈의 지배에서 벗어날 수 있다.

우리는 원시시대부터 불과 1960~1970년대까지 대부분의 사람들이 자연에서 먹을 것을 취해서 먹고살았다. 조선시대에 집을 배산임수로 두었던 것도 먹을거리와 관련이 깊다. 깊은 뒷산에서 노루나 멧돼지를 잡아먹고 가까운 산에서는 산나물을 채취하고 들에서는 농사를 짓고 개울에서는 물고기도 취할 수 있기 때문이었다.

여러분들이 사는 마을에 식생이 어떠한지, 역사적인 맥락에서 놀이는 어떤 것이 있었는지 그것을 발굴하고 재해석하고 프로그램을 만들어 정부에 신청을 하면 심사를 거쳐 국가에서 지원금을 주는 제도도 있다. 그런데 지원금을 받으려면 글을 잘 써야 하고 PT도 잘해야 한다. 같이 일하는 친구 중에 글을 잘 쓰는 친구가 있으면 좋다. 10명만 같이 모이면 한 가지씩 잘하는 것이 있다. 누구는 어른들과 대화를 잘하고 누구는 밥을 잘하고 누구는 사회를 잘 보고 누구는 공간을 잘 만들고 누구는 그림을 잘 그리고 연주를 잘하고 등등……. 많은 친구를 사귀어라. 인맥으로서 친구가 아니라 공동체를 이루고 같이 살 친구를, 문제의식이 비슷한 친구를, 존재 그 자체로 기쁨인 친구를!

지금 농촌에는 노동만 있고 문화가 없다. 여러분들이 농촌의 문화를 새로 창작해야 한다. 거기에 잠재한 문화는 엄청난데 불모지처럼 보일 뿐이다. 문화를 창작하는 것은 혼자서도 힘들고 독서하지 않고서도 힘들다. 독서는 책을 쓴 사람과 책을 읽는 사람이 만나 새로운 생각이 탄생하는 계기가 되고 타자의 생각을 내 관점에서 주도적으로 재해석하고 친구들과 토론하면서 창조하는 행위이다.

그 옛날 서촌에 살던 중인들이 벗들과 문학의 꿈을 펼치면서 신분을 극복하고자 노력했듯이 여러분들이 각자의 공간에서 나를 발견하고 앞으로의 삶을 함께할 친구들과 독서하면서 삶을 풍요롭게 살아갈 준비를 할 수 있길 바란다.

무엇보다도 삶의 질이 가장 빠르게 달라지는 길은 국가시스템을 고치는 일이라는 것도 잊지 마시라. 기본소득과 같은 새로운 분배·성장 시스템이 만들어진다면, 우리가 소비를 줄이고 필요한 것을 스스로 만들어 쓰거나 집에 있는 것을 활용하면서 친구들과 독서하고 그림과 음악을 즐기며 안빈낙도하는 삶을 살 수 있을 것이다.

우리는 유명한 대학을 나와서 브랜드 자가용을 타고 값나가는 아파트에 사는 것이 어떤 가치가 있는지 다시 생각해봐야 한다. 서울에 있는 대학에 가기 위해 재수 삼수해서 졸업하고 취업 못해 알바를 하며 홀로 힘들게 지낼 수 있다. 요즘 고독사가 사회문제인데 고독이라는 단어는 매우 철학적인 단어다. 그냥, 외롭게 혼자 살다가 죽는 것이다. 우리 삶에 어떤 의미를 부여하는지가 중요하다. 삶의 밖, 궤도 바깥을 상상하라.

"과연 이 작은 공간에서 전시가 가
능할까? 동네 작은 책방에서 할 수
있는 전시가 뭐가 있을까? 평범한
사람들이 자기의 관심사를 소박하
게 전시하면서 그 전시를 통해서
실력을 쌓아가고 한 분야의 전문가
로 성장할 수 있는 공간이 길담서
원 안에 있는 것도 좋겠다 싶었다.
21세기의 서원은 평범한 시민들이
이렇게 문사철뿐만 아니라 예술도
단지 관람이 아닌 스스로 행하면서
즐기는 과정을 통해 의미를 찾을
수 있을 것이다."

5장

길담서원 한뼘미술관

작은 공간의 가능성

길담서원 한뼘미술관은
어떻게 만들어졌나?

2008년 가을 《책 궁뎅이 어루만지기》라는 길담서원의 첫 번째 전시가 있었다. 카페 회원 700명이 넘었다는 구실을 만들어 회원들이 가장 아끼는 물건과 책을, 짧은 글과 함께 전시했다.

길담서원 창가 테이블과 어린이 서가 위에 펼쳐놓은 전시물들이 어느 것이 파는 책이고 어느 것이 전시하는 책인지 언뜻 보면 구분이 안 갔다. 일주일간 회원들의 특별한 물건과 책을 전시했고 전시 마지막 날엔 그 책과 물건에 얽힌 이야기를 나누면서 얼굴만 아는 사이에서 무엇을 좋아하고 어떤 생각을 하며 어떻게 살아왔는지 구체적으로 알아가는 시간이 되었다.

갤러리를 만들다

:

이것이 계기가 되어 길담서원의 1평 남짓한 어린이 서가를 아담한 갤러리로 만들었다. 손과 발 사진을 주로 찍어오던 나는, 나처럼 평범한 사람들이 자기의 관심사를 소박하게 전시하면서 그 전시를 통해서 실력을 쌓아가고 한 분야의 전문가로 성장할 수 있는 공간이 길담서원 안에 있는 것도 좋겠다 싶었다. 그리고 인문학을 공부하는 사람들이 의외로 현재 우리나라에서 활발하게 활동하는 작가를 모른다는 사실을 알게 되었다. 클림트나 고흐, 잭슨 폴락은 알아도 윤석남이나 이윤엽, 홍순명, 정정엽은 몰랐다. 작가들은 대중과 만나는 접점이 없었다. 갤러리에서 전시를 해도 주로 동료작가를 비롯한 지인들이 전시장을 찾거나 관계자들이 보러 오는 게 다반사였다.

그래서 될 수 있으면 우리나라를 대표할 만한 작가들을 찾아서 전시하기 시작했다. 먼저 이미 알려진 대표작을 중심으로 전시를 시작했다. 좋은 작품으로 평가도 마쳤고 액자도 되어 있어 바로 가져다 걸 수 있다는 장점이 있었다. 또 전시 중에 2시간 정도 작가와의 만남을 했다. 갤러리에서 하는 일반적인 아티스트 토크가 아니라 작가의 삶과 작품이 탄생하기까지의 배경과 철학, 구현방법을 들어보는 시간이었다. 2시간을 자기 작업에 대해서 말할 수 있는 작가는 많지 않다. 그러다보니 중견 이상의 작가들의 전시를 주로 진행했다.

또 길담서원 드로잉교실 참가자들의 전시와 청소년 영어원서 강독*드로잉 참가자들의 풀, 꽃, 나무 그림 전시를 하기도 했다. 2017년부터는 신진작가 전시도 일 년에 두세 번 했는데 오프닝이나 워크숍 형태로 작가와의 만남을 대신했다.

회원사진전_ 골목, 마음과 마음을 잇다

:

과연 이 작은 공간에서 전시가 가능할까? 동네 작은 책방에서 할 수 있는 전시가 뭐가 있을까? 고민해보니 일상생활에서 쉽게 작업해서 참여할 수 있는 것은 사진이었다. 사진전을 열기로 하고 주제를 '길'로 잡았다. 길은 열려 있음이고 소통이고 관계 맺음이며 무엇인가 새로운 기대가 꿈틀거리는 공간이다. 산업화되면서 길은 빠른 속도를 감당할 수 있는 직선으로 바뀌어가고 있지만 우리들의 기억 속의 골목길은 추억이 몽글몽글 피어나는 곡선의 공간이다. 속도에는 없는 여백과 쉼을 함축하고 있는 공간.

점점 골목 골목이 사라지면서 사람과 사람 사이도 멀어지고 공동체도 붕괴되어가고 있었다. 그래서 내 집 앞 골목 혹은 내가 기억하는 골목길 사진을 찍어서 회원전을 하기로 했다. 일주일에 한 번씩 모여서 그동안 찍은 사진을 가지고 이야기를 나눈 후, 여러 사진 중에 한 사람당 5점 정도를 전시하기로 했다. 전시 제목을 회의와 댓글을 통하여 모아본 가운데《골목, 마음과 마음을 잇다》로 하고 프로필 사진으로 각자의 발 사진을 찍어서 포스터를 만들었다. 프로필 사진을 꼭 얼굴 사진으로 해야 할 필요는 없다. 나를, 우리를 가장 잘 표현할 수 있는 방식을 찾아내면 되는 것이다. 그래서 우리는 골목을 누비는 발 사진으로 정했다.

전시를 하고 모두 모여서 빔 프로젝트에 자기 사진을 쏘면서 사진에 얽힌 이야기를 나눴다. 소년님이 연고지인 삼천포에 친구분과 함께 가서 찍은 영상은 마음을 뜨겁게 했다. 아주 어렸을 때 살던 집을 찾아가는 과정을 골목 입구부터 잡았는데 여기 마루에 올라가서 바다를 봤었다고 마루가 그대로 있다고 하는 장면을 담은 영상이었다. 소년님은 앞서 걷는데 카메라를 다루는 게 어설퍼서 머리만 찍으면서 따라가는 친구분의 혼잣말이 그대로 담긴 영상이었다. 발표가 끝나고 작품을 낸 회원들과 친구들이 모여 맛있는 음식과 와인을 나누며 시간을 보냈다.

한뼘미술관이 되다

:

아는 화가에게 말씀드려서 전시할 수도 있지만 새로운 공간을 만들고 성격에 맞는 전시를 기획해가려면 이 분야의 전문가의 도움이 필요했다.

시간을 갖고 이런저런 고민을 하고 있는데 혜화동에서 이음아트라는 작은 책방을 운영하는 한상준 대표가 찾아왔다. 운영상의 어려움을 말씀하기에 헌책을 덜어내고 거기에 전시공간을 마련하라고 우리는 저기 어린이책 코너에 갤러리를 만들 계획이라고 했다. 이음아트는 공간이 제법 되니까 여기보다 번듯할 것이라고 하면서 우리 아이디어를 먼저 건넸다. 그리고 차를 팔 수 있는 공간을 만들라고 했더니 물을 쓰는 게 불편하다고 했다. 그래도 도움이 될 것이니 불편하더라도 그렇게 하자고 우리도 돕겠다고 이야기를 나누고 헤어졌다. 얼마 지나 연락이 왔는데 친구와 함께 며칠 야근하면서 갤러리를 만들었고 전시가 잡혔다고 했다. 한쪽으로 기쁘고 한쪽으로는 나도 빨리 서둘러야겠다는 생각이 들었다.

캡틴후님이 대형전시 기획을 하는 전승보 독립 큐레이터를 소개해줘서 일은 빨리 진행되었다. 개관전은 1주년이 되는 2009년 2월 25일에 하기로 했고 인문학 책방이니만큼 미술 특강, 작가와의 만남을 깊이 있게 진행하자고 제안했다. 이태호 명지대 교수는 겸재가 태어나서 평생 살았던 서촌에서 겸재와 세잔을 강의했고 전승보 큐레이터는 여름에 있을 컨템포러리 아트기행을 준비하는 차원에서 현대미술에 대한 강의를 했다.

고민 끝에 갤러리 이름을 한뼘미술관으로 지었다. 한뼘갤러리라고 하는 게 적절하지만 한뼘이라는 우리말과 어울리기에는 미술관이 낫겠다 싶어서 한뼘미술관 갤러리로 정했다. 그리고 전승보 큐레이터는 며칠 만에 한국현대작가 50여 명 작품, 1~3점씩을 모아와서 《백인백색전》이라는 제목으로 오픈을 하고 한뼘미술관 친구들 모임을 만들었다. 함께 현대미술에 대해 공부하고 전시도 보러 다니며 한뼘미술관 전시를 돕는 모임이다. 이어 이윤엽, 이진경, 이미경, 정영주, 이시우, 박형진, 류연복, 전병현, 임옥상, 이일훈, 곽재환, 홍순명, 손한샘, EAST4, 김화영, 이호백 등의 전시를 했다. 좋은 작가분들이 왜소하고 누추한 공간에 작품을 걸어주었다. 한뼘미술관을 만들어놓고 고민할 때 힘이 되어준 캡틴후님과 전시를 기획해준 전승보 광주시립미술관 관장님 그리고 함께해준 작가분들께 감사드린다.

다시, 한뼘미술관을 디자인하다
:

옥인동으로 이사를 오면서 공간을 다시 만들 수 있게 되었다. 갤러리가 보통 흰색 큐브형태인 것에서 벗어나고 싶어서, 창밖으로 보이는 스러져가는 한옥을 끌어들이고 싶어서, 한옥을 지을 때 문을 통해서 차경을 들여오듯 커다랗게 창을 내고 거울 위치 정도에 작은 창을 하나 더 만들어 사계절을 담는 액자를 크고 작게 디자인했다.

창을 두 개를 내고 보니 전시공간이 부족했다. 그래서 회랑의 분위기도 내고 전시공간도 늘리려고 벽체를 세우고 다시 작은 두 개의 창을 만들었다. 하나는 눈높이에 정사각형으로 다른 하나는 발 높이에 직사각형으로. 중첩된 창으로 갑갑함을 털어내면서 호기심을 유발하게 전개했다. 한동안 지금은 전시중이라고 써 붙이고 공간이 비어 있음을 전시한다고 장난을 쳤다. 아무것도 없는 정갈함이 참으로 맘에 들었다.

이 디자인은 2009년에 길담서원에서 '컨템포러리 아트기행'으로 유럽의 현대미술관을 찾아갔을 때 보았던 파리의 오랑주리 미술관의 모습에서 영감을 받았다. 오랑주리 미술관의 어떤 부분은 긴 복도를 따라 내려가면서 전시를 보게 되어 있는데 가끔씩 액자 크기의 구멍을 통해 건너편의 그림을 보게 한 구조가 인상적이었다. 또 보일 듯 숨겨지고 다시 나타나는 중국이나 우리나라 궁의 회랑 느낌과도 비슷했다.

때로는 그림을 보다가 숨을 수도 있고 스치듯 지나치며 훔쳐볼

길담서원, 작은 공간의 가능성

수 있는 공간, 아무 생각 없이 그림을 보다가 문득 들어오는 한옥의 처마, 창을 통해 한 번, 두 번씩 여과되어 시야에 들어오는 그림은 훨씬 부드럽고 낭만적으로 보일 것이었다.

한뼘미술관 진행
:

한뼘미술관의 전시 계획은 이미 전년도에 올해 상반기 계획이 마무리된다. 전시는 큰 틀에서 전시구성이 고정되어 있는데 3월 ~6월, 9월~11월까지는 초대전 그리고 7월, 8월, 12월, 1월, 2월은 신인작가 데뷔전이나 기획전을 연다.

보통 기획전은 소년님의 붓글씨, 소장품, 길담서원 드로잉교실 참가자들의 작품이나 청소년 참가 프로그램인 내맘대로 앤e 작품을 전시했다. 인문학을 공부하는 사람들과 좋은 작품을 공유하고 작가와 대중이 좀 더 가까이서 만날 수 있도록 구성하였다. 또 드로잉교실 참가자 중에서 작품이 좋은 분들이나 신인작가들을 초대하여 전시를 계기로 새로운 가능성을 발견하고 예술가로서의 삶을 응원하는 마음을 담았다.

이사를 한 후, 길담서원 한뼘미술관에서 전시를 했던 김내혜, 정정엽, 류준화, 이경희, 하인선, 허윤희, 나무수, 강석문, 이인, 윤후명, 이진경, 이종국, 강병인, 지영미, 윤희수, 이철수, 신동여, 윤석남, 황승미, 노은주·임형남, 류장복, 최윤정, 류해윤, 이현혜 등 작가분들에게 고마운 마음이다.

길담서원에게 책읽기와 글쓰기, 토론하기가 인문적 영역이었다면, 음악회와 전시회, 드로잉교실, 미술학교 등은 예술의 영역을 담당해왔다. 21세기의 서원은 평범한 시민들이 이렇게 문사철뿐만 아니라 예술도 단지 관람이 아닌 스스로 행하면서 즐기는 과정을 통해 의미를 찾을 수 있을 것이다.

골목, 마음과 마음을 잇다

동네사진 찍어 전시_ 길담서원, 카페회원 700명 맞이 잔치

저녁밥을 먹고 동네 배꼽마당에 나와 '애들아 노올자~~~' 하던 친구들은 어디서 무엇을 하고 사는지 궁금한 가을초입이다. 하루를 사는 하루살이나 한철을 사는 메뚜기나 백 살을 가까이 사는 사람들이나 모두들 자기가 깃들어 정든 곳이 있는데 경제적인 이유, 정치적인 논리로 유년의 공간을 상실하면서 촉촉한 마음의 물기도 잃어버린 것만 같다. 숲속마을, 양지마을, ○○빌리지⋯⋯. 마을 이름은 이렇게 많이 생겼는데 공동체는 사라지고 아파트 단지만 빌딩 숲을 이룬 지 오래다. 그러면서 골목길과 그 골목길의 이야기도 모두 사라졌다.

내가 통인동 길담서원에 오면서 주목했던 것은 골목이다. 이 골목에 들어서면 동네가 아직 살아 있다는 느낌이 들었다. 강아지 한 마리를 벗 삼고 '아이고 다리 아파'를 늘 입에 달고 사는 할머니의 허물어져가는 한옥, 블록 담에 밤색 페인트를 칠한 오리본가, 빨래를 해서 속옷까지 골목길에 내다 너는 철없는 새댁이

사는 철대문집, 넥타이 매고 향수냄새 폴폴 나는 사람들이 주로 드나드는 음식점 삼다도, 사주를 봐주는 명신당, 귀퉁이 전봇대 위에 달린 가로등, 시멘트 담벼락을 배경으로 흔들리는 풀떼기들……. 이 풍경들이 유년의 동네를 환기시켰다.

시간은 흘러 우리는 걸어서 10분 정도 거리에 있는 옥인동으로 이사를 했다. 이곳으로 가끔씩 청년들이 찾아온다. 길담서원 청소년인문학교실에 참여했던 친구들이다. 대학생이 되어 군대 갔다가 혹은 취업을 했다고 찾아온다. 훌쩍 성장해서 인사를 하는데 알아보지 못할 때도 있다. 이렇게 청소년, 청년들이 다녀갈 때마다 나는 이 아이들이 손자 손녀를 데리고 올 때까지 이 공간을 유지하고 싶다는 바람을 품곤 했다.

요즘도 정겨운 골목 풍경을 밀어버리는 재개발은 진행 중이다. 이제 아이들에겐 아파트가 익숙한 공간이고 아파트가 고향이다. 사는 게 팍팍했지만 사람들이 모여서 두런두런 이야기꽃을 피우고 서로 정을 나누며 지냈던 그 마을 사람들은 부끄러움이 있었고 염치가 있었다. 내가 잘살게 되더라도, 나로 인해 아픈 사람이 생기는데 그 자리를 내가 차지하는 것에 대해 불편한 마음을 가졌다. 그러나 동네가 사라지면서 안면이 사라지고 골목길이 사라지면서 그 안에 녹아 있는 다양한 이야기도 사라졌다. 곡선이 직선으로 펴지면서 말도 거칠어지고 함께 나누고 흐르던 일상도 사라졌다.

집은 사람들의 다양한 개성을 담고 있다. 낡은 집도 있고 좀 번듯한 집도 있고 지저분한 집도 있고 말끔한 집도 있고 밖에서만 봐도 그 집에 사는 사람들의 분위기를 경제적 가치가 아닌 인간적 체취로 느낄 수 있는 그런 훈훈함이 집을 통해서 보인다. 그런데 작은 구멍가게가 문을 닫은 자리에 부동산중개사무소와 프랜차이즈 빵집이 들어서고 있다. 사람과 사람 사이에 흐르는 유대감이 옅어지고 그 동네만이 갖는 문화도 사라지고 있다. 그런 공간은 인간에게 결코 좋은 주거공간이 될 수 없다.

골목은 사람과 사람을 연결해주는 통로이고 사회적 관계망이다. 따라서 역사적인 유적지를 보존하는 것 못지않게 중요하고 가치가 있다. 어른이 되어 과거의 공간을 찾았을 때, 그곳에 그대로 그 공간이 있으면 자기의 삶의 현장이 확장되고 연결되어 있다는 느낌을 받는다. 추억은 달의 표면과 같아서 웬만한 상처가 있는 아픈 기억도 아름답게 기억하는 힘이 있다. 반면에 그런 흔적들이 사라진 것을 알게 되면 정신적으로 공허해지고 쓸쓸하고 외로워진다. 보통 과거로의 여행은 회귀본능 같은 것이 작동할 때 하게 되어 아주 복합적인 감정을 수반한다. 그럴 때 골목길이 살아 있고 예전에 자신이 드나들던 공간이 그대로 있고 거기에 나를 기억해주는 이웃까지 있다면 얼마나 흐뭇할까? 그런 의미에서 골목길은 지금 여기를 드나드는 사람들의 과거이며 현재이고 미래이다.

현대인이 과거의 사람들보다 외로움을 더 느끼는 것은 공동체가 붕괴되고 서울에 아는 사람이 없고 차가 많아서일 뿐만 아니라 공기가 안 좋고 나무가 없고 기억의 증명체들이 너무 빨리 사라지기 때문이다. 역사유적들은 문화재라는 이름으로 접근할 수 없고 대상화되어 온몸으로 감각할 수 없다. 부모님이나 조부모와 손을 잡고 갔던 영화관이나 책방, 음식점들은 문을 닫았고 구획된 도시가 새로운 얼굴을 하고 있다.

나는 길담서원이 우리들의 손자 손녀에게 과거가 아닌 현재이기를 희망한다. 우리들이 할머니 할아버지가 되는 날에도 과거형이 아니라 이야기 속의 공간을 진짜 방문할 수 있는 현재형이기를 바란다. 하지만 우리도 자본의 힘을 이겨낼 재간이 없다.

그래서 길담서원에서는 점점 사라져가는 마을 이야기, 골목 이야기를 사진에 담아봤다. 우리가 속해 있는 혹은 속해 있던 직접 체험의 기억들. 부모님이나 조부모님, 친구, 연인과 손을 잡고 걷던 골목길, 시장, 영화관, 책방, 음식점들, 혹은 지나다니면서 만나게 되는 모퉁이. 이런 모퉁이를 돌 때면 김소진의 소설에서처럼, 냄비 던지고 싸우는 부부의 목소리가 들릴 것만 같고 엄마가 밥 먹어라 부를 것 같기도 하다. 담벼락의 낙서와 같이 사소하지만 마주치면 가슴 찡해지는 기억들, 그것을 찾아서 사진을 찍어 전시를 하고 영상으로 보면서 이야기를 나누는 시간을 가졌다. 사진 속의 우리 동네, 사진 속의 내 고향 이야기를 나누면서 말이다.

길담서원 회원 사진전
골목, 마음과 마음을 잇다
길담서원 한뼘미술관 2009. 12. 23.~ 2010. 1. 20.
작가와의 만남 2009. 12. 23. 저녁 7시

모두 다 씨앗

이진경＊한뼘미술관＊생태환경 월간지《작은 것이 아름답다》후원전

예술, 낯설게 하기와 손의 복원

:

어느 날 보니 양말에 구멍이 나서 짝이 맞는 게 별로 없었다. 게으르기도 하거니와 짝짝이로 신는 것에 대한 거부감이 없어 양말을 짝짝이로 신기 시작했다. 신다 보니, 내 눈에 예뻐 보였다. 종종 일부러 짝짝이로 골라 신었다. 신발을 벗어 양말을 남에게 보여줄 일도 없지만, 이것은 나만 아는 나의 양말 신기 작업이다.

'작은 것이 아름답다'는 규모만의 문제가 아니라 행동, 실천의 문제이기도 하다. 일상생활에서 쓰레기 분리수거를 철저하게 하는 것, 일회용품을 사용하지 않는 것, 버려지는 것을 새롭게 디자인하여 다시 사용할 수 있게 하는 것, 이 모든 것이 작은 것이자 큰 것이다. 일상에서 버리면 쓰레기가 되는 것을 하나의 창작품으로 만드는 것은 작은 행동, 섬세함으로 가능하다. 그런 것을 실천하지 않으면서 북극의 곰을 걱정하고 핵 발전을 반대한다고 말

만 하는 것은 지구환경에 영향을 미치지 못한다. 같이 일하는 여름나무님은 어떤 물건의 가격이 정해지는 데 원자재나 인건비, 물류비 등만이 아니라 지구에서 사라지는 시간도 계산하여 정해져야 한다고 말한다. 단순히 생산단가만 계량해서 값을 매긴 결과가 이런 환경의 파괴를 낳았다. 이젠, 소비의 결과가 공동체에 미치는 영향을 계산해서 단가를 맞춰야 할 것이다. 그렇게 되면 비닐 봉다리, 종이컵, 일회용 기저귀 등, 일회용품을 함부로 생산하지도 사용하지도 못할 것이다. 냉난방기도 지나치게 사용하지 못할 것이다. 현대 소비사회는 물건에 대한 추억도, 애틋한 감정들도 일회용품 쓰고 버리듯이 내다 버린다. 이때, 그 사물 속에 얽힌 이야기도 함께 버려진다.

우리 삶도 가벼워지고 우리 몸도 1백 년을 산다고 하지만 기쁨이나 행복의 기록이라기보다는 버티고 견딘 기록들이다. 소확행이라는 말이 유행하고 있다. 이게 뭔 소린가? 했다. 작고 소소하지만 확실한 행복이란다. 나는, 절망했다. 얼마나 힘들면 소소한 물건을 사는 것으로 자기를 위로할까. 한 권의 책을 읽고 소통하고 감동받는 그런 정신적 교감이라든지, 산책 후 나무나 물, 돌과 만나는 우주적 감수성이라든지 그런 게 아니었다. 어차피 백화점 상품들이 행복의 대상이었다면, 어쩔 수 없는 일이다.

평범한 아낙이 한복을 만들고 남은 천이 아깝고도 예뻐서 자투리 천을 가지고 조각보를 만들어 썼던 부족함에서 창작된 아름다움. 이런 것이 작지만 확실한 행복이 아니었을까? 부족함에서 탄생한 아름다움은 조각보 그것 자체만을 위해 천을 잘라 조각보를 만들기도 했을 것이다. 이렇듯 예술에서 일종의 결핍은 창작의 여백처럼 느껴진다. 우리는 소비하는 삶에 익숙해져 있어서 결핍을 바로 소비로 결론짓지만, 불과 40~50년 전만 해도 우리 모두가 자연을 닮은 장인이자 예술가였다.

근대화 과정에서 농촌, 어촌, 산촌에 살며 자연을 본떠서 무엇이든 만들어 쓰던 그 많은 사람들이 도시로 오면서 산업노동자가 되어 돈을 버는 도구가 되어버렸다. 따라서 손은 무엇인가를 생산하고 창작하는 손에서 단순한 기계의 버튼을 누르고 컴퓨터 자판을 두드리고 마우스나 클릭하는 노동자의 손이 된 것이다. 거칠지만 섬세하고 정교했던 손이 부드럽고 예쁜 손이 되면서 무능하고 무딘 손이 된 것이다. 그래서 필요한 물건이 생기면 만들 생각도 못 하고 일상생활에서 활용할 생각도 못 하고 인터넷을 검색하며 몇 푼 싸게 살 곳을 찾는다. 우리는 그렇게 생산자에서 소비자로 전락했다. 이런 생각이 《작은 것이 아름답다》라는 생태환경 월간지를 후원하는 이번 전시에 동참하게 했다.

이 맥락에서 작가 이진경은 다르게 보인다. 그는 팔꿈치가 구멍 난 스웨터를 아무렇지 않게 입고, 유행 지난 그릇과 컵을 모아 자신의 글과 그림으로 새롭게 창작하며, 버려진 나무를 주워 거기에 글씨를 쓰고 불에 탄 책장을 뜯어 합판에 붙이고 캔버스 삼아 그림을 그린다. 꼭 돈을 주고 캔버스를 사서 그림을 그리지 않는다. 무엇이든지 그에겐 그림을 그릴 수 있는 화판이 된다. 라면 봉지를 모아 꽃을 접고 그것으로 작품을 만든다. 못 쓰는 천을 잘라 공을 만들어 설치를 한다. 그렇다고 작품에 재활용이네 뭐네 하는 말을 덧붙이지도 않는다. 그 이유는 그게 이진경의 삶 그 자체의 가치이자 미덕이기 때문이다. 이진경은 이렇게 아무렇지도 않게 버려진 것들을 모아 아무렇지도 않게 작업을 하고 아무렇지도 않게 생각이 비슷한 사람들에게 '당신이 좋아요'라고 말 걸면서 당당하게 그림 그리고 밥을 먹고 산다.

우리 모두가 이진경처럼, 직업 작가일 필요는 없다. 그러나 우리 모두는 예술을 즐길 수 있어야 한다. 예술을 즐긴다는 것은 자유로운 영혼의 회복이고 산업화되면서 잃어버린 손의 기능을 되살리는 길이다. 이 손의 복원은 우리 스스로가 소비자가 아니고 생산자, 창작자였다는 자기존재의 회복인 것이다. 양말짝을 맞추지 않고 신는 것. 그것이 예술의 근원인 '낯설게 하기'라고 한다면 우리가 일상에서 버려지는 것을 새로 태어나게 하는 것, 익숙한 것을 새롭게 바라보는 것도 창작이다.

이진경＊한뼘미술관＊생태환경 월간지 《작은 것이 아름답다》 후원전

모두 다 씨앗

길담서원 한뼘미술관 2015. 4. 1.~4. 30.
작가와의 만남 2015. 4. 1. 저녁 7시 30분

씨앗강연

박흥섭 ｜ 공동체주택 함께 짓기, 함께 살기 2015. 4. 9. 낮 12시
김성원 ｜ 삶을 바꾸는 적정기술 : 적정기술로 산다는 것 2015. 4. 25. 오후 3시
황대권 ｜ 지금, 녹색을 묻는다 2015. 4. 29. 저녁 7시 30분

씨 뿌리고 종이 뜨고 그림 그리고

—

한지를 복원하는 작가, 이종국

충청북도 청원군 문의면 벌랏마을에는 별난 사람이 산다. 자기와 같이 사는 게 별난 것이 아니란 듯이. 사계절 속에 온몸을 푹 담근 채 산다. 그는 사회적인 기준이나 남의 눈이 아니라 '오감으로 판단한 경험으로 내 기준과 내 가치관과 내 아름다움을 만들어가는 사람'이다.

작가는 전국의 오지를 찾아다니던 중에 택시기사에게 이 지역에서 가장 오지로 데려다 달라고 청했다. 그곳이 바로 벌랏마을이다. 대청호를 등지고 아담하게 들어앉은 마을. 땅이 기름지고 물이 맑고 바람 청명한 그곳이 맘에 들었을 것이다.

"제가 청원군 문의면 벌랏마을에 들어왔을 때, 지장(紙匠, 한지 뜨는 사람) 어른 두 분이 계셨어요. 어르신 한 분이 장롱 깊숙한 곳에서 당신 돌아가실 때 쓰실 한지 한 묶음을 꺼내시는데 색이 하나도 변하지 않았더라구요. 그걸 보는 순간, 이거다 싶었어요."

'이거다' 싶은 그 순간을 어떤 형용사도 미사여구도 덧붙이지 않고 말한다. 그의 작품이 그렇듯이 그의 말하는 방식도 이렇게 담백하다. 순하게 흘러가는 그의 말에는 중간중간 여울이 있어서 잠시 머물며 들여다보고 생각해야 한다. 그는 색감과 질감의 깊이로부터 오는 뜨거운 감정을 '이거다 싶었어요.'라고 담백하게 말해버린다. 어쩌면, 그 아름다움을 설명할 말이 모자랐을지도 모른다. 그렇지 않고서야 40년간 맥이 끊겼던 벌랏마을의 한지 복원을 결심했겠는가!

바람이 잘 통하고 햇빛도 잘 투과되며 습도조절까지 잘되어 천년을 견딘다는 한지. 누구를 위해서가 아니라 아름답고 경탄스러운 이것을 '보아버린 이상' 눈앞에서 사라져가는 것을 그냥 놓쳐버릴 수가 없었던 것은 아닐까?

그는 먼저 자작나무 씨를 뿌리고 나무를 기르면서 마을 사람들을 모아 한지 작업장을 만들고 지장 어르신께 한지 뜨는 기술을 배우기 시작했다. 한지 제조과정은 늦은 가을에서 초겨울 사이에 씨를 뿌리고 이듬해 11월에서 2월 사이에 1년생 닥나무를 베어 삶고 다듬고 씻고 골라서 뜨는 작업으로 이어진다. 이렇게 모든 과정이 추운 겨울에 이루어진다. 그래서 작가는 색이 희어서 백지(白紙)가 아니고 백번 손이 가서 백지(百紙)이며 한국의 종이라 해서 한지(韓紙)가 아니고 추운 겨울에 힘들여 만든다 하여 한지(寒紙)라고 말한다. 그만큼 한지를 만드는 작업이 고되다는 말일 것이다.

그렇게 한지 곁에 머물기를 30여 년. 그는 직접 씨부터 뿌려서 만든 한지에 글씨를 쓰고 그림을 그리고 공예품을 만들고 소소한 작품들을 만든다. 그중에는 우리가 '나무 악기'라 부르는 것도 있다. 벚나무의 단면에서 옹이가 있는 부분은 밀도가 달라서 건조하면 옴폭해지는데 거기에 팥알을 넣고 조개모양으로 마주 붙이거나 혹은 굵은 닥나무 속을 파내고 그 안에 팥을 넣고 치자물을 들인 한지를 양쪽 끝에 붙여 만든 작품이다. 그 모양은 마치 어린 아이들이 가지고 노는 딸랑이의 천연버전 같다. 중심을 흐트러뜨리지 않는 중봉(中鋒)으로 모든 욕심을 놓아버린 선이 만들어내는 이미지들은 그가 어떠한 삶을 살고 있는지 고스란히 담아내고 있다. 새나 꽃, 나비, 물고기, 구름과 같은 회화 작품은 물론 풀빛으로 물들인 한지 작품들 모두 그의 말처럼 깊고 담백하다.

처음엔 그의 손에 들어가면 뭐든지 작품이 뚝딱뚝딱 만들어지는 줄 알았다. 그러나 짧게는 1년 길게는 3~4년을 가까이에 두고 계속 지켜보고 만져보면서 교감한 후, 그 사물의 물성을 깨닫고 충분히 익힌 후에 작업을 한다. 그의 작품을 보고 있으면 '끔찍한 깊이가 없는 아름다운 표면은 존재하지 않는다. Es gibt keine schöne Fläche ohne eine schreckliche Tiefe.'(니체전집 4권『유고』중에 7[91])라는 니체의 말이 무슨 말인지 알 것 같다.

내가 이종국 작가의 작품에 주목한 것은 그가 추운 겨울날 한지로 목도리를 두르고 와서 종이 목도리가 얼마나 따뜻한지를 시작으로 한지 작업에 대한 이야기를 들려줄 때였다. 고단함 속에 행복함과 기대감 그리고 세상 사람들이 이 좋은 것을 알아보지 못하는 것에서 오는 안타까움, 이런 감정들이 복합적으로 얽혀 있었다.

그날 길담서원 한뼘미술관에서 우리는 한지를 전시하자고 약속했다. 그리고 여름날 한지들을 펼쳐놓고 전시회를 열었다. 작가는 바람을 담아 부치는 부채를 설명했다. 대나무를 휘어 선(扇)을 만들고 팽팽하게 한지를 붙인 후, 2~3년 바짝 마른 은행나무로 손잡이를 만든 후에, 물을 들이기도 하고 그림을 그리기도 하는데 이 부채에는 이름도, 낙관도 찍을 수 없었다고. 마치 우리가 달항아리를 볼 때 그 담백하면서도 유려한 선을 완상(玩賞)하듯이 이 선의 기울기와 곡선이, 옴폭한 면이 그가 바라는 대로 완벽에 가깝게 나왔다는 이야기였다. 그러니 거기에 낙관이든, 그림이든 손을 댈 수 없었을 것이다.

우리는 전시를 준비하면서 '한지학교'를 열어보자고 했다. 그런 꿈을 꾸었지만 현실적인 대안을 찾지 못해 시도를 못하고 있단다. 경제적인 문제도 있지만 그것보다는 함께할 동무가 없었다는 이야기로 들렸다. 한지 마을에서 다시 한지의 복원을 시작하는 이종국 작가의 작품은 그 지역의 원시성과 그만의 고유성을 무한히 찾아내며 담아내고자 하는 연장선에 있었다.

한지의 생산과 작품에 이르는 과정을 바탕으로 임업, 과학, 미술사, 문학, 외국어, 철학 등등의 프로그램으로 우선 1년 과정 학교라도 열어보고 싶다. 어떻게 할 것인가? 방법을 찾고 있다. 장기적인 계획으론 한지학교를, 당장은 좋은 안내자를 만난다면, 이 한지로 수의(壽衣)를 만드는 프로그램도 하고 싶다. 산다는 것,

죽는다는 것에 대한 인문학 강의와 복식사를 겸한, 프로그램으로 말이다.

전시가 끝나고 우리는 전시작품을 싣고 충청북도 청원군 문의면 마불갤러리로 찾아가서 주변 산책을 하고 부채를 만들었다. 모여서 대나무를 구부리고 사포질을 해서 부채의 꼴을 만들고 한지를 붙인 후 분꽃, 자리공 등 풀꽃을 뜯어 그림을 그렸다. 그러고 나서 벌랏마을로 들어갔다. 굽이굽이 마치 한지를 접어놓은 것 같은 깊은 주름 속에 담긴 산골이었다. 풍로로 아궁이에 불을 붙이고 모깃불을 놓고 벌랏마을에서 난 산나물 반찬으로 저녁식사를 하고 때마침 보름이라 달맞이하러 대청호로 갔다. 커다란 달이 오솔길을 따라 우리를 좇아왔다.

아침에 일어나 안개 자욱한 한옥의 마당에서 누군가 준비해온 커피 한 잔, 그리고 햇살이 비추기 시작할 무렵의 아침산책은 우리도 잠시 벌랏마을에 스며드는 시간이었다.

이종국 초대전
씨 뿌리고 종이 뜨고 그림 그리고

길담서원 한뼘미술관 2015. 7. 1.~7. 18.
2015. 8. 3.~8. 31.
작가와의 만남 1차 2015. 8. 8. 저녁 7시
2차 2015. 8. 29. 오전 11시 마불갤러리

팥, 본성대로 온전히
있어야만 하는 것

—

길을 찾는 그림, 길들여지지 않는 삶, 정정엽

　나는 정정엽의 그림 〈red bean〉을 집 안 한 구석에 세워두고 오며가며 본다. 그렇게 5~6년을 보아왔다. 크리스마스 이브, 한뼘 미술관에 걸린 시뻘건 팥을 무작정 보자기에 싸서 들고 집으로 왔다. 내가 나에게 주는 크리스마스 선물이었다. 가만히 들여다보고 있으면 물에 담겨진 붉은 팥들이 움직였다. 팥을 털던 고향 집 앞마당에서 도리깨질로 맞아 터져 튀어 오르는 팥 알갱이를 물끄러미 바라보는 어린 내가 있었다. 마치 마법처럼.

　마주 선 마을 어르신들이 한 번씩 돌아가면서 메기는 도리깨질. 어르신들의 머리 위를 도리깨가 한 바퀴 돌면 입에서는 으~ 얼쑤 하는 여흥구가 터지면서 바람을 가르며 세 줄기의 가느다란 싸리나무 줄기가 쌩~ 하고 떨어져 잘 마른 팥 단을, 콩 단을 풀~썩 하고 두들겨 팼다. 팟 하고 튕겨 오르다 데구르르 굴러 나왔다. 팥, 팟―. 그 명쾌하고 시원하게 울려 퍼지는 소리. 팥처럼 사방에 팔방에 팥팥팥, 콩콩콩 하며 터져나갔다. 매우 리드미컬하게 내리치는 도리깨질에 얻어터진 팥알들이 멍석을 벗어나서 마당과 봉당에도 떨어지고 내게 와서 떨어지기도 했다. 그렇게 정신을 잃고 꼬투리 밖으로 나온 팥은 그날 저녁 호박과 함께 죽으로 상에 오르기도 했다.

한참을 쪼그리고 있다 보니 다리가 아팠다. 고향집의 마당이 아니고 지금 내가 사는 방안이었다.

곡식 중에서도 팥과 콩을 줄기차게 그려온 작가, 정정엽. 농부는 종자를 가지고 밭에 씨를 뿌려 곡식을 거둔다. 정정엽은 물감을 가지고 캔버스에 곡식을 그려 밥을 먹는다. 모든 곡식들이 여물어가고 있는 지금, 그 여물어가는 곡식에서 신음이 흘러나오고 있다.

이제 종자라는 말이 무색하게 터미네이터 시드(terminator seed)의 시대에 산다. 우리가 잘 아는 영화, 〈터미네이터〉는 끝내는 사람, 종결자의 의미다. 이처럼, 식물 유전자에 새로운 유전자를 삽입하여 스스로 재생산하는 능력이 파괴되도록 만든 씨앗을 터미네이터 시드라고 한다. 씨앗을 받아두었다가 이듬해에 심을 경우, 싹이 트고 꽃이 피지만 열매를 맺지 못한다. 씨앗이 여물기 전에 스스로 독소를 배출해 배아가 파괴되도록 조작했기 때문이다. 유전자를 조작하여 한 번 발아하면 다음해에 다시 심어도 열매를 맺지 못하도록 하는 것. 더 이상 종자가, 종자가 아니게 하는 것. 이게 몬산토가 하는 짓이다. 그렇게 함으로써 몬산토는 계속해서 농부들이 씨앗을 구매할 수밖에 없는 시스템을 만든 것이다. 그러한 식물을 먹고 사는 우리 몸은 어떤 영향을 받고 있는지 아직 발표된 사실은 없다. 그러나 혹시 우리 몸도 터미네이터를 향하여 가고 있는 것은 아닌지 묻고 싶다.

이러한 시스템에서 먹고 사는 한 사람으로서 정정엽의 작품은 경건하게 보인다. 왜, 정정엽은 그 많은 곡식 중에서 팥에 천착했을까?

팥이나 콩이 무리로 존재함으로써 반추상의 느낌을 주는 작품이 있는 한편 정정엽의 초기작품은 굉장히 사실적이다. 검은 비닐 봉다리에 무언가를 사서 들고 커다란 대야를 이고 귀가하는 여성이라든지 시장에서 곡식자루를 펼쳐놓고 파는 어머니들이 등장한다. 생명의 근원이자, 삶을 지탱하는 힘인 여성의 모습에서 차츰 자루 안의 곡식만으로 떨어져 나오고, 입을 벌린 자루 안의 곡식으로 흘러나오고 온전히 팥들만 따로 캔버스에 옮겨진다. 작가 정정엽의 줄기찬 작업인 여성, 자루, 붉은 기운, 팥은 생명의 씨앗을 품은 연장선에 있다.

큰 캔버스에 오롯이 옮겨진 붉은 팥. 물에 담가놓은 듯하게 붉은 기운이 도는 그림은 무척 에로틱하고 섬뜩하기도 하다. 옅은 팥물은 엷은 혈흔같이 보이기도 하는데, 마치 원시생명같이 그 안에는 말할 수 없는 씨앗, 종자, 생명의 기운이 희미하게 퍼져 있다. 클리나멘이 하나 생성되면 마치 사람이, 눈에 보이는 존재가 태어날 것 같은 혼돈의 세계처럼 말이다.

'Il y a(일리아)'는 보통 '있음'으로 번역하지만 철학자 레비나스는 '어떠한 존재도 존재하지 않지만 순수한 무도 아닌 실존 없는 실존'이라고 일컬었다. 즉, 있는 듯하지만 없고 없는 듯하지만 있는 것. 존재할 수 있는 가능성으로 존재하는 것이라고 말하고 있다. 그 예로 잠들지 못하고 방황하는 망령, 술렁거리는 침묵, 리듬의 결여로 이루어지는 리듬으로 혹은 어린 시절 두런두런대는 어른들의 이야기를 잠을 자는 상태에서의 들음으로 설명하기도 한다.

나는 정정엽의 그림에서 이런 생명의 기미, 그저 있음을 느낀다. 펄펄 나는 에너지의 기운이 아니라 팥알 하나하나가 콩알 하나하나가 무엇인가가 되고자 하는 그런 기미. 우리 각자가 우리 삶을 각자의 목소리로 살아내는 것처럼, 그렇게 살고자 하는 의지를 본다. 그런 의지자인 팥과 콩을 어찌하여 터미네이터로 만드는가!, 라고 말하는 것 같다.

같은 색깔, 같은 무늬로 쏟아져 내린 저 팥들을 보면 지하철역에서 쏟아져 나오는 사람들과 결코 달라 보이지 않는다. 자루에서 나온 팥이나 지하철에서 나온 사람이나 다를 바 없다. 모두 혼란스럽다. 그러나 팥은 생명의 근원을 몸에 지니고 무엇이 되고자 하고 지하철에서 쏟아져 나온 사람은 어떠한 힘에 이끌려 지배당하는 모습으로 읽힌다.

당당한 팥의 움직임은 그래서 축제다. 단순한 씨앗이 아니라 창조하는 팥은 에너지이고 모든 것을 먹여 살리는 근원인 식물이고 무엇이 되고자 함이고 이미 무엇이기도 한 것이다.

엄마가 팥을 다룰 때 나는 소리가 좋다. 쏟을 때는 촤르르, 씻을 때는 싸그락 싸그락 하는 그 소리는 바로 팥의 말과 말이, 몸과 몸이 부딪히는 소리다. 팥이 쏟아질 때 나는 그 소리는 우리 이제 곧 삶아지겠지, 저들의 입속으로 들어가면 우린 무엇이 될까?, 라고 하는 듯하다. 이젠 곧 겨울이 오겠지 빨리 짝을 찾아야 할 텐데……. 마음이 바빠지는 가을날 귀뚜라미 울음과 화음을 이룰 만하다.

저 팥 안에 인류 발생 이후에 우리가 살아온 바람과 볕과 물과 향기가 농축되어 있다. 그리고 다시 바람과 물과 볕이 있는 이 땅에서 온전한 한 생명으로 피어나 열매를 맺을 것이다. 피어나 열매를 맺어야만 한다. 하여, 정정엽의 팥은 그냥 팥이 아니고 생명이며 본성대로 온전히 있어야만 하는 것이다.

정정엽 개인전
길을 찾는 그림, 길들여지지 않는 삶

길담서원 한뼘미술관 2014. 9. 15.~10. 14.
작가와의 만남 2014. 9. 27. 저녁 7시

어둠은 환히 빛나고

허윤희 목탄화전

길담서원 한뼘미술관은 2015년 5월 18일부터 6월 내내 목탄 위주로 작업해온 허윤희 작가의《어둠은 환히 빛나고》전시를 했다.

서울에서 대학을 졸업하고 작업하던 허윤희는 목탄을 한아름 싸들고 독일로 향한다. 두 발을 딛고 있는 대지의 토질도 낯설고 기후도 낯설고 먹는 것도 언어도 낯설고, 무엇보다도 이런 낯섦으로부터 비롯된 자기인식과 예술적인 어떤 갈망이 허윤희를 더 고통스럽게 했을 것이다. 허윤희는 그 수많은 낯섦과 갈망 속에서 목이 말랐고 익숙함이 그리웠을까? 전체에서 부분이 낯설 때 그것은 신선한 충격이고 즐거움이지만 전체가 낯설 때 그것은 존재를 뒤흔드는 고통이자 어둠일 것이다.

허윤희는 그러한 어둠 속에서 내적 갈망을 끌어안고 적응하고자, 모색하고자 무던히 애를 썼던 모양이다. 유학 시절 그의 글과 그림에는 물, 목마름, 그리움, 엄마라는 낱말과 이미지가 자주 등장한다.

그는 숨이 턱턱 막혀오던 어느 날 자전거를 타고 무작정 달리다가 숲, 어느 끝에서 잔잔한 호수를 발견한다. 그리고 펑펑 운다. 여태껏 낯섦 속에서 뿌리내리지 못하고 헤매던 마음을 숲과 물이라는 생명의 근원을 만나 접신한 듯이 그렇게 부려놓는다. 물이라는 '빛'을 만난 후로 허윤희는 어둠의 시간을 반듯하게 마주볼 수 있었고 묵묵히 주시하면서 어둠 속에서도 차근차근 빛을 찾아 걸어갔을 것이다. 그 발자국들이 하나하나의 그림을 그려오는 과정이고 자전거 페달을 밟고 무작정 달렸을 때 만났던 호수였을 테니까. 허윤희의 작업에는 그렇게 어둠과 빛의 이미지들이 공존한다.

이번 전시,《어둠은 환히 빛나고》에서는 주로 물, 나룻배와 같이 흘러가는 이미지와 한 자리에 뿌리내리고 사는 나무, 꽃과 같은 식물이 주를 이룬다. 그리고 어디든지 이동 가능한 두 발을 가졌으나 어디가 정처(定處)인지 알 수 없어 헤매는 발이 있고 그러한 발을 보듬어주는, 생각하고 생성하는 손이 있다.

허윤희는 차라리 한 자리에 뿌리내리고 살아야만 하는 나무이거나 흘러갈 수밖에 없이 운명 지어진 물이라면 갈망(渴望)이 없을 텐데, 두 발이 있어 머물 수도 떠날 수도 있는데 떠나지도 머물지도 못하는 고통스러운 자기인식에서 오는 갈증(渴症)을 예술가의 운명(運命)으로 받아들인 것 같다.

그의 작업실 천장 바로 아래에는 목탄으로 아모르 파티(amor fati), 즉 운명에 대한 사랑이라고 쓰여 있다. 니체에 의하면, 운명을 긍정할 뿐만 아니라 사랑할 수 있을 때, 비로소 인간 본래의 창조성을 발휘할 수 있다고 한다. 허윤희는 니체를 읽으면서 주어진 운명을 긍정하고 그것을 넘어서기 위한 사랑의 과정 중에 있는 모양이다. 상처받은 발뒤꿈치의 '힘에의 의지(Wille zur Macht)'로 지금 여기까지 왔고 이 지점에서 나무가 사라진 자리에 숯이 남듯이 허윤희의 갈증이 머물던 자리에 작품이 남았다.

허윤희는 어둠과 빛, 숨, 빛을 찾아가는 길과 같은 관념적 이미지와 나무, 꽃, 산, 물, 상처받은 발뒤꿈치, 나룻배 등 사실적 이미지를 뻣뻣하면서도 부드럽고 그래서 부서지고 가루로 날리는 목탄만으로 '검소하지만 누추하지 않고 화려하지만 사치스럽지 않게' 그만의 해석으로 화폭에 담아내고 있다.

그리고 지우고 다시 그리는 반복적인 작업에서 생기는 중첩(重疊)의 레이어(layer)는 마치 오후 4시경의 나무와 나무의 일렁이는 그림자처럼, 어떤 사물의 반향(反響)처럼 알 수 없는 울림을 준다. 이러한 있음과 사라짐의 흔적들은 허윤희가 작품을 하는 과정의 드러냄이자 삶의 발자국일 것이다. 따라서 《어둠은 환히 빛나고》를 보면서 각 개인의 흩어진 나날들을 발견하게 될 것이라고 짐작해본다.

허윤희 그림전
어둠은 환히 빛나고

길담서원 한뼘미술관 2015. 5. 18.~6. 30.
작가와의 만남 2015. 6. 13. 저녁 7시

푸른 점
—

윤희수 개인전

깜깜한 밤을 견뎌 해가 떠오르기 직전에 보이는 색이 있다. 검은색도 아니고 푸른색도 아닌, 푸른 밤의 색. 지극한 찰나의 빛이기에 이름조차 잘 알려지지 않았다. 한문으로는 曉色(효색), 새벽빛이다. 우리는 흔히 이 색을 푸른색 혹은 블루라고 부른다.

삶의 근원의 색인 블루는 어둡다고 할 수도 그렇다고 밝다고 할 수도 없는 푸른 밤을 닮았다. 푸른 밤은 혼란의 시간이고 생성의 공간이다. 카오스이자 코스모스이다. 모호한 시간이자 공간이다. 고독한 시간이다. 독거나 소외가 아니고 고독이다. 블루는 고귀한 빛이고 어둠이 교차하는 시간이며 관념적이고 초월적인 빛깔이다. 그래서 참으로 많은 작가들이 사랑해왔다.

성 프란체스코, 단테와 함께 르네상스를 태동시킨 3인으로 불리는 이탈리아 사람 지오토(Giotto di Bondone, 1267~1337)는 자연을 만져질 듯이 사실적으로 그려 종교화를 넘어선 회화 혁명을 시도했다는 평가를 받는다.

지오토는 스크로베니 예배당 내부에 성 프란치스코의 일생을 프레스코화로 그리면서 원근감을 가늠할 수 없는 중세미술의 금색배경을 지우고 블루로 채웠다. 기존의 회화가 갖지 못한 입체감을 살리고 얼굴에 감정을 불어넣어 르네상스시대를 열었다. 지오토가 사용한 블루는 '지오토 블루'라 불리며 앙리 마티스에게도 영향을 주었다. 특히 예수의 죽음을 그린 〈애도〉의 배경이 된 블루는 천사들의 얼굴표정이라든지 등이 보이는 사람들의 감정을 고조시키고 관람자를 잡아당겨 이 사건의 증인이 되도록 사실적으로 표현했다.

지오토의 블루가 관람객을 그 슬픔에 동참하게 이끄는 블루라면 윤희수의 블루는 그림 안에 관람자가 주인공으로 들어선 블루다. 보여지고 만져지고 관찰되어지는 대상화된 블루가 아니라 내가 그 안에서 밝아지려 애쓰고 어둠을 밀고 나아가고자 하는 블루다. 그래서 빛을 기다리는 푸른 밤이 아니라 빛을 찾아 나선 블루인 것이다. 추상과 구상이 뒤섞인 정적이며 동적인 생명들의 꿈틀거림이 그 모호한 푸른 밤 안에 머문다. 물들이기 위해서, 무엇인가가 되기 위해서 줄탁동기(啐啄同機)의 시간으로 머무른다.

이는 윤희수스러움이다. 일상에서 튀지 않고 가만히 자기 역할을 담담히 해내는 사람, 있는 듯 없는 듯 블루 안에 들어앉은 혹은 어둠을 뚫고 빛을 찾고 있는 바람, 물결, 새, 부엉이, 수영하는 사람의 모습은 윤희수를 닮았다. 이들은 적절한 비례와 묘사로 과장되거나 왜곡됨이 없이 자연스럽게 흐른다. 새소리의 무늬가 나뭇가지에 머물고 놓쳐버린 햇빛이 별이 되어 흐르고 바람의 결이 파도가 되어 일렁인다. 익숙한 이미지들이 블루를 배경으로 가지면서 낯선 풍경이 되었다. 지오토가 금색칠을 벗겨버리고 블루를 통해 새로운 회화의 세계를 열었듯이 윤희수는 블루를 통해 푸른 밤의 모호한 시간에 머물면서 빛을 찾고 있다.

윤희수의 푸른 별인 돌은 지난 작업의 연속이자 깊은 바다로 가는 여정이다. 지금 별이 쏟아지는 금강에서 지구별 같은 돌을 그려 세상을 향해 내보내고 있다. 46억 년의 이야기를 품고 있는 지구별은 우주에선 너무나 보잘것없는 점이자 먼지 같은 침묵덩어리로 보이지만 지구별을 닮은 돌은 인류사를 고스란히 담고 바람에게 물결에게 이야기를 들려준다.

윤희수 개인전
푸른 점

길담서원 한뼘미술관 2018. 5. 15.~6. 14.
작가와의 만남 2018. 6. 2. 오후 3시

소년의 붓장난

—

박성준 붓글씨전

《소년의 붓장난》은 길담서원 한뼘미술관에서 열린 소년 박성준 선생님의 첫 전시였다. 선생님의 붓글씨는 대전교도소 서예반에서 시작되었다. 그곳에는 붓글씨로 알려진 이구영 한학자도 계셨고 신영복 선생님도 같이 있었다. 서예반에서 1년 정도 한문을 공부하고 붓글씨도 쓰던 선생님은 편하게 공부하는 게 불편해서 인쇄공장으로 갔다. 그렇게 잠시 서예반에 머물며 잡았던 붓이지만 길담서원에 글씨가 필요할 때면 금방 붓을 들어 뚝딱 글씨를 써주셨다. 나는 뭐든지 A4용지에 프린트되는 이 시대에 먹물을 묻혀 한지에 쓴 글씨가 참 좋았다.

2008년 말에 《책 궁뎅이 어루만지기》라는 제목으로 놀이 겸 전시를 했었는데 그때 소년님께서 쓴 글씨는 부지깽이로 배꼽마당에 아무렇지도 않게 질러놓은 낙서처럼 무척 유머러스하고 무언가 마음을 찌르는 유쾌함이 있었다. 그리고 몇 년간 계속해서 지켜본 소년님의 글씨는 자유롭고 따뜻하고 순했다. 순한 가운데서

도 강약이 있어 음악을 좋아하는 소년님답게 리듬감이 느껴지기
도 했고 결기 같은 게 있었다. 거기에 때로는 소년처럼, 장난스럽
고 짓궂기까지 했다. 소년 박성준이라는 한 사람의 성정을 담고
있으며 개성이 있는 글씨인 것만은 분명해 보였다.

붓글씨를 쓰는 이웃집 덕보님은 예서의 단아함과 해서의 힘참,
행초의 날렵함이 절묘하게 어우러졌을 뿐만 아니라 자유로우면
서도 성실한 학자의 글이 면면이 이어가는 느낌을 주는 글씨라고
감상을 전했다. 또한 전체적인 구성이 참으로 아름답다면서 우리
한글 서체가 다양하지 못한 것이 늘 안타까웠는데 기계적으로 보
이는 궁체나 판본체를 떠나서도 한글 붓글씨가 얼마든지 발전할
수 있다는 것을 보여주신 것 같다고 덧붙였다. 박성준 선생님은
不堪當(불감당), 감당할 수 없다고 말씀하셨지만 덕보님의 말씀에
는 일리가 있었다. 또 goforest님은 붓글씨는 모름지기 가슴 속에
높고 우아한 뜻(청고고아淸古高雅)이 있어야 하며, 그것이 문자의
향기와 서권(書卷)의 기(氣)로 무르녹아 손끝에 피어나야 한다는
추사의 말과 직접 쓴 한 편의 시로 화답했다.

왼쪽에서 뜨는 별
소년 박성준 붓글씨전

밤하늘의 별들은
오른쪽에서 뜬다는데
인왕산 자락엔 왼쪽에서 뜨는 별 하나 있다

어둠이 엷어지면 빛나던 별들

수평선 너머 사라지지만

그 별 홀로 중천에 떠 있다

늙어가는 별 사이에 점점 어려지는 별 하나

사람들은 그 별을

어두운 세상 더듬어가는 나침반 삼는다

시린 겨울 하늘 빨갛게 달군 그 별

몰래 한 뼘 지구로 내려왔다

빛을 숨기고 침묵으로 반짝이는 까만 별들

지상에 흩뿌려진 별 조각들이

푸른 숨결을 토해낸다

니체도 벤야민도 생텍쥐페리도 동무별이고

책들도 네모난 행성이 되어 주위를 맴돈다

밤이 되면 저 별들 한데 어울려

은하수로 흐르고

기웃기웃 별똥별들도

동터오는 아침이 두렵지 않은지

신열이 올라 타오르고 있다.

2015. 1. 8. goforest

그래서인지 한뼘미술관에서 전시를 할 때 알림 글을 써 붙이면
윤석남, 윤후명, 윤희수 작가 등등 대부분이 선생님의 글씨가 좋
다면서 가져갔고 정희성 시인, 임옥상 화가 등 글씨를 보고 쓸 줄

아는 분들도 소년님의 글씨를 귀한 시선으로 읽어주셨다. 소년님 글씨를 본 사람들이 성준체, 우정체, 우정소년체, 소년체 등등의 명명을 하자는 말을 나누기도 했다. 내가 보기엔 소년체가 제일 명료하고 잘 어울렸다. 능청능청 흐르다 소용돌이를 만나 붓끝이 휘돌다가 쏜살같이 빠져나간 비백을 보노라면 소년의 그리 빠르지 않은 뜀박질이 한지 안에 먹으로 발자국을 찍어놓은 것 같기도 했다.

소년님은 막상 액자를 해서 걸어놓은 걸 보더니 더 부끄럽다고 글씨도 아닌 글씨를 전시하자고 졸랐다고 겸연쩍어 하시면서 전시 제목을 '소년의 붓장난'으로 정했다. 옛 어르신들은 공부하는 후배나 친구들에게 글씨를 써서 주면 거기에 대한 답례로 알아서, 형편껏 글씨 값을 건넸다고 하시면서 가격을 정해 판매하는 것을 몹시 불편해하셨다.

하지만 나는 이 전시는 친구들이 보는 것이고 길담서원을 운영하려면 기금을 마련해야 한다며 졸랐다. 오래전부터 말씀드려왔고 본격적으로는 1년 정도를 그렇게 졸라서 열리게 된 전시이다.

이번 전시에서 소년님이 붓으로 쓴 글씨들은 요즘 선생님의 서재를 들여다보는 것 같기도 하고 사유의 세계를 들여다보는 것 같기도 하다. 프랑스어로는 『어린 왕자』 헌사를, 독일어로는 『차라투스트라는 이렇게 말했다』 서문 1을 썼다. 이 두 작품은 필기체로 썼는데 아주 특별한 텍스트이자 이미지이다. 그리고 소년님께서 요즘 본 책들에서 발터 벤야민이라든지, 발자크 등의 책에서 좋은 글귀들을 뽑아서 썼다. 프랑스어나 독일어는 보통 한 편

쓰는 데 2~3시간 가까이 걸렸다. 문제는 중간에 자꾸 틀려서 고쳐 쓰고 다시 쓰는 과정이 시간을 어마어마하게 잡아먹는다는 것이다. 자주 쓰셔서 손에 익거나 글자 수가 많지 않아 상대적으로 시간을 덜 들인 작품도 있지만 대부분 시간을 많이 들이고 정성을 들여 쓴 붓글씨로 마련한 자리이다. 전시 작품 중에는 빨간 볼펜으로 교정을 본 상태로 전시를 한 작품도 있는데 나중에 틀렸다는 것을 발견한 경우였다. 나는 안타까워하는 선생님께 재미있지 않느냐며 교정을 본 대로 액자에 넣어 전시를 하자고 권했다.

소년의 붓장난은 박성준 선생님이 여는 첫 전시였는데 이를 계기로 자주 붓글씨를 선보이게 되었다.

그리고 2015년 1월 19일 월요일은 선생님께서 만으로 일흔다섯이 되는 생신이기도 했다. 댓글로 살아온 궤적을 간단하게 기술하셨다.

되돌아보는(looking back) 시간이 내다보는(looking forward) 시간보다 길어지고 깊어지는 나이입니다. 대학시절에 기독교인이 되었던 일, 감옥에 가게 되었던 일, 감옥 안에서 보낸 나의 30대와 13년여의 세월, 1981년 크리스마스 새벽의 석방, 내 인생 최초의 직장이 된 한국신학연구소와 안병무 선생님, 그리고 한백교회, 자각 없이 흘려보낸 나의 40대와 50대, 일본에서의 신학박사학위 취득, 일본 유학에 이어진 미국 유학 3년, 펜들힐과 퀘이커, 회갑을 맞은 2000년 7월의 귀국, 평화단체 비폭력평화물결 창설, 아름다운가게 설립에 참여, 성공회대학교

NGO대학원에 출강 평화학 강의, 삼청동 총리공관에서의 생활, 만 65세에 비로소 인생에 눈뜨기 시작, 기독교를 '졸업'하고 길담서원을 만들다, 비로소 '공부'를 시작하다. 돌아보면 회한(悔恨)으로 점철된 인생이었습니다. 올해 길담서원 한뼘미술관에서 붓글씨전(展)을 계기로 살아온 나날을 회고하고 반성하며, "벗이여, 새날을 만들자"라는 프로젝트를 함께 구상하는 자리, 이야기판을 열어보면 어떨까 하는 생각을 해봅니다.

후에, 이 구상은 매달 첫째 토요일에 소년의 이야기 마당으로 진행되었다.

박성준 붓글씨전
소년의 붓장난

길담서원 한뼘미술관 2014. 12. 29.~2015. 1. 31.
작가와의 만남 2015. 1. 19. 저녁 7시 30분

좌절된 여성의 원초적 욕망

류준화 그림의 원시성

류준화 그림은 한마디로 섬뜩하다. 무언가를 강하게 발산하고 있는 소녀들이 지닌 원시적이고 야생적인, 그래서 순수하면서도 난폭함이 느껴지는 그림들은 불편하다. 우리는 숨겨둔 내면을 직시하는 게 두려워서 의식의 심연 속에 가라앉혀 두고자 하는데 류준화는 그것을 표면으로 불러내서 우리에게 보여준다. 좌절된 여성의 원초적 욕망을.

류준화 그림의 원형은 경북 안동 깊은 내륙지방과 관련이 깊다. 풍산류(柳)씨 집안에 시집와 안동 고유의 가부장적인 집안에서 딸만 넷을 낳은 어머니의 서사, 그럼에도 그 딸 넷을 모두 대학까지 보낸 엄마의 희생과 저항의 역사가 있다.

여성의 역사에서 우리의 할머니, 어머니 세대는 자기 욕망을 밖으로 표출하기가 어려웠다. 욕망이나 재능을 드러냄과 동시에 쏟아져 내릴 핍박을 각오해야만 했다. 억눌리고 좌절된 욕망은 몸의 언어로 각인된 채 유전되었다. 좌절된 여성의 욕망(want)은 생리적인 욕구(desire)와는 달리 정신의 욕망이고 허기이다. 대부분, 생리적 욕구마저 충족되지 못한 채, 두려운 가운데 자기희생의 삶을 살아가는 것이 앞 세대 여성들의 몫이었다.

류준화는 이러한 욕망의 좌절을 이등신의 소녀, 물, 새, 꽃 등으로 치환한다. 몸에서는 꽃이 피거나 지느러미가 나거나 날개가 돋아난다. 자신의 욕망을 꽃피우고 날개를 달고자 하나 발은 물 속에서 떠나지 못한다. 하여, 새를 타고 날거나 자기를 닮은 발 없는 새를 옆구리에 끼고 유영한다. 하지만 그 무서운 새는 권력을 쥔 다른 성일 수 있고 자본일 수도 있으니 그것과 싸워야 하는 소녀가 마냥 아름다울 수는 없다. 욕망을 표현하고 실현시키고자 시도했던 소녀들은 봉건적인 마을로부터 퇴출당해 자본주의 사회에서 착취당하고 죽임을 당했다. 그래서 류준화의 새는 무섭고, 꽃은 아름다우나 희생당한 꽃이고 핏덩어리이다. 이렇게 그로테스크한 소녀는 옷을 입지 않고 있다. 사람들은 원시적인 신성을 표현한 그 소녀를 섹슈얼리티의 눈으로 읽고 갔다. 작가는 불편했다. 그러나 모든 만물에는 신성이 깃들어 있다고 생각하면서 옷을 입히기 시작했다. 소녀들은 억눌린 자기만의 세계에서 사회화가 시작되었다.

길담서원 한뼘미술관에 전시된 작품들에 대하여 류준화는 이렇게 말한다. "세월호 참사 이후, 나도 내 그림을 보기가 힘들었어요. 내가 무엇 때문에 그림을 그리나? 누구를 위해 그림을 그리고 있나? 하는 근원적인 이런 고민을 하기 시작했어요. 나의 이전 그림을 좋아하는 분들은 내가 변했다고 할지 모르지만, 지금은 나의 그림에도 변화가 필요한 시간이 아닌가 싶어요." 감정적으로도 너무 힘들었다고 했다. 물속에 유영하는 소녀들을 더 이상 그리고 싶지 않다고도 했다. 그래서 세월호 이후의 그의 소녀들은 옷을 입고 배를 타고 있거나 뭍에 서 있다. 혼자가 아니라 연령대가 다양한 여자들과 남자들이 무리지어 등장한다. 자기 욕구와 욕망으로부터 좌절당한 소녀들이 더 큰 아픔과 슬픔 속에서 다시 자신을 축출한 공동체에서 함께한다.

"저는 공동체와 연대의 의미를 담아보려고 했어요. 점점 성장이 멈춘 시대, 사람이 별로 필요 없는 시대로 가고 있는데 그럴수록 더 사람에게, 사람의 가치에 의지할 수밖에 없을 것 같아서요."

전시의 주인공들은 그의 말처럼 소녀가 아닌 사람들이다. 물의 원초적인 카오스의 세계, 신화적인 세계가 아닌, 남녀노소가 온전한 옷을 입고 있는 현실 세계이다. 그러나 이제 여성들만이 아니라 자본주의 시대의 약자인 좌절당한 아이와 남자와 여자의 몸에서는 여전히 꽃 한 송이씩 피어나 있다. 우리의 몸은 여전히 신화적인 몸인 것이다. 신화에 기대지 않고는 살아가기 힘겨운 그들은 바다를 바라보며 누군가를 기다리고 있다. 슬며시 마주잡은 손, 맞닿은 어깨와 어깨 사이로 수런거리는 말들이 돌아다닌다. 불온한 말들이 꽃송이처럼 솟아오른다. 지금도 수많은 바리데기들은 수장된 물속에서, 정의가 익사당한 사회에 대고 기원한다. 혁명이라는 신화의 도래를!

류준화는 누군가가 '그 그림 예쁘다'라고 하면 그렇게 그리지 않았다고 한다. 그는 근대화된 사회를 살아가면서 상실하거나 순치당할 수 있는, 예술가가 가지는 고유성을 이렇게 지켜온 것이다. 나는 그 부분이 바로 그의 '그림이 젊다'라고 평가받는 이유 중의 하나가 아닌가 생각한다. 나이 들면 원만해지면서 까칠함을 잃게 되는데, 인간문명 속으로 도래한 최근 작품들도 여전히 까칠한 저항정신을 담고 있다. 그리하여, 류준화의 소녀는 억압받은 사회적 약자에 대한 알레고리이다.

앞으로도 류준화는 아름다움과 그로테스크함이 균형을 이룬 신화적 서사를 다채롭게 변주할 것이다.

류준화 초대전
바다꽃

길담서원 한뼘미술관 2016. 4. 5.~5. 12.
작가와의 만남 2016. 5. 7. 오후 6시

감모여재도(感慕如在圖)

—

박미화_ 세월호 5주기 추모전

　박미화 작가의 감모여재도(感慕如在圖). 마른 풀을 꽂은 화병이 촛대를 향해 달려갈 것 같다. 균형을 잃은 꽃병은 먼저 떠난 아이들에게 모든 마음이 쏠린 세월호 어머니의 마음을 닮았다. 마음의 기울기는 몸을 기울게 만드니까. 기우뚱하다는 것은 일상의 균열이 생겼음을 나타낸다. 그래서 보는 이의 마음을 불안하게 한다. 이 불안 속에서 우리는 앞섶과 가방에 노란 리본을 달고 손목에 노란 팔찌를 차고 그렇게 간절히 화살기도를 쏘아 올리기도 하고 문득문득 섬뜩함에 몸을 떨면서 지난 5년을 견뎌왔다.

　감모여재도는 이러한 우리의 간절한 마음과 닮아 있다. 사당도(祠堂圖)라고도 하는데 사당이 없는 가난한 집에서 혹은 멀리 길을 떠나 있어서 제사에 참여할 수 없을 때 조상님께 제사를 지내기 위해 그린 그림이 감모여재도이다. 그래서 감모여재도에는 사당과 위패가 그려져 있고 지방을 붙일 수 있는 자리가 마련되어 있다. 이것은 관례적인 형식이며 추모하고 애도하는 마음의 표현양식이기도 하다.

박미화 작가는 가을이 되면 강화도 작업실 근처에서 활짝 핀 들꽃이 아니라 마른 풀을 꺾어 화병에 꽂는다. 흙빛을 닮은 마른 풀의 모습이 편안해 보여서 좋다고, 사람도 지치고 상처 있는 사람, 외톨이에게 먼저 눈이 간다며 말을 잇는다. 그는 마른 풀을 꺾을 때 나는 맑고 투명한 소리와 바스러지며 씨앗을 떨구는 까슬함에 대하여, 한생을 오롯이 살아낸 마른 풀이 갖는 완결성과 흙과 유사한 빛깔이 주는 평화로움을 가을 들판 마른 풀에서 읽어내고 있었다. 작가가 흙 작업을 하면서 반복해서 그리고 덧바르고 굽고 긁어내고 다시 그리는 과정은 바로 그 흙의 차분하고 따뜻한 빛깔과 깊이를 찾는 과정일 것이다. 거친 듯하면서도 따뜻한 그의 작품은 바로 이러한 흙의 속성을 닮았다.

이 전시는 감모여재도를 비롯해서 피에타와 키우던 강아지의 죽음과 같은 박미화 작가의 서사가 가득 담겨 있다. 어찌 보면 길담서원 한뼘미술관은 해원(解冤)의 공간이기도 하다. 우리는 왜 이렇게 아픔을 빨리 털어내려고 하는가? 우리는 세월호 유가족들에게 그만하라고 말할 자격이 없고 그저 옆에서 같이 울어주고 말을 들어주고 좀 더 나은 방향으로 일이 되어가도록 도울 수 있을 뿐이다. 아침에 떨어진 꽃이 무엇이 되도록 기다려야 한다. 그냥 흘러가는 죽음이 되지 않도록 시간을 두고 집단지성의 힘으로 꽃을 피울 수 있는 씨앗이 될 수 있도록 도와야 한다.

나는 화병에 꽃을 꽂으면 시들어도 꽃잎이 뚝뚝 떨어져도 그냥 두는 편이다. 그러다가 호사가들에 의해 한 마디 듣기도 하고 어

떤 이는 시들거나 마른 잎을 모두 다 따놓고 가거나 테이블 위에
자연스럽게 흩어진 꽃잎을 싹 쓸어 모아놓고 가기도 한다. 그러
면 나는 슬며시 다시 흩어놓거나 슬쩍 치워버린다. 우리의 일머
리라는 것이 자본의 쓸모와 긴밀하게 연결된 사고로 점철되어 나
타나는 현상이라고 생각된다. 그래서 우리의 아픔을 씻어낼 시간
을 주지 못하고 아픔에게 증오의 화살을 던진다. 상처는 덧나서
아물지 못하고 사회는 원망의 기운과 슬픔의 기운으로 가득하다.

　박미화 작가는 말한다. 그들의 억울함을 다 녹여내서 스스로
의 힘으로 일어서기를 기다려달라고. 아픔의 에너지를 긍정의 에
너지로 전환하는 데는 자신의 의지와 사회의 도움이 필요하다고.
제사에 그 자리에 참가하지는 못해도 그림을 그려놓고 절을 올리
던 그 마음이 필요하다고.

　감모여재도전은 박미화 작가와 함께 우리들도 서로의 마음을
어루만지는 그런 자리이며 오롯이 한 생애를 살아낼 수 없었던
그 원혼들을 위로하고 헌화하는 자리이기도 했다.

박미화 초대전
감모여재도感慕如在圖

길담서원 한뼘미술관 2017. 4. 5.~4. 29.
작가와의 만남 2017. 4. 15. 오후 3시

꽃망울들, 눈뜨고 꿈꾸다

윤석남 드로잉전

윤석남 작가는 1939년 만주 봉천에서 태어났다. 이 한 줄의 서술은 우리나라의 역사적 맥락을 함께 이해해야 한다. 일제로부터 해방기를 지나 전쟁을 치르고 죽음이 넝마처럼 널려 있고 먹고사는 게 가장 시급한 문제였던 시대, 문화생활이 없었던 시대를 건너온 것이다. 그러니까 도화지도 색연필도 귀한 시대였을 것이다. 초등학교 3학년 때 담임선생님은 얌전한 여학생을 앞에 앉게 하고 인물화를 그리라고 했다. 그 순간 윤석남은 느닷없이 화가가 되고 싶었다고 회고한다.

아버지는 우리나라 최초의 극영화 〈월하의 맹세〉를 만든 극작가이자 영화감독 윤백남이었다. 경제적으로는 어려웠겠지만 문화자본, 인적자본 그리고 지적자본은 풍부했을 것이다. 당시, 10살 아이였지만 화가가 뭐 하는 사람인지 알았을 것이다.

고1 때 아버지가 돌아가셨고 39세의 젊은 어머니에게 여섯 자식들이 남겨졌다. 너무나 그림을 그리고 싶었으나 어머니를 도와 생계를 책임지며 동생들의 학비를 벌기 위해 일해야 했다. 결혼해서 딸을 낳았다. 살림하고 아이 키우면서 산 지 8년 되던 해, 서른여섯이었다. 정신적으로 위기가 왔다. 문득 '나, 지금 뭐 하고 있는 거지?' 하는 생각에 잠이 오지 않았다. 죽느냐, 사느냐 하는 기로에서 나는 왜 태어났을까? 질문하기 시작했다. 뭐든 하지 않으면 안 되었다. 박두진 시인 문하에서 서예를 시작했다. 임서만 20년을 해야 한다는 붓글씨는 갑갑했다. 남의 글씨를 무작정 똑같이 따라 쓰는 것은 성향에 맞지 않았다. 개발새발이라도 내 것을 하고 싶어서 4년간 하던 붓글씨를 그만두고 미술학원을 찾아갔다.

1979년 4월 25일은 성실한 남편의 월급날이었다. 그는 월급을 몽땅 털어 미술재료를 샀다. 50호짜리 캔버스를 사서 무작정 그리기 시작했다. 처음부터 50호를 사서 누구보다도 정직하고 자존심 강했던 여성, 어머니를 그렸다. 시어머니 모시고 사는 집에 일주일에 두 번 오시게 해서 그렸다. 그렇게 몰입해서 그림을 그리고 82년 전시를 하고 '규수작가'가 되었다. 전시가 끝나고 남편의 권유로 1년간 뉴욕의 프랫 인스티튜트 그래픽센터와 아트 스튜던트 리그에서 수학했다. 유치원 다니는 딸아이를 두고 떠난 유학이었다.

버려진 나무 조각, 빨래판 등으로 어머니를 조각하고 핍박받던 시대의 자유를 꿈꿨던 여성들을 변주하며 페미니스트 화가로서 소외되고 약한 존재들의 이야기를 담아오고 있다. 2008년에는 유기견을 모티브로 한 작품 〈1025: 사람과 사람 없는〉을 5년간 작업하면서 채식주의자가 되었다.

길담서원 한뼘미술관 전시도 강릉지방에서 지붕으로 쓰던 너와에 드로잉을 한 작품 7점과 허난설헌, 황진이, 매창, 김만덕 등과 같은 역사적인 여성인물과 자화상을 전시했다. 이 전시를 위해 새로 드로잉한 작품들이다. 대부분 여성들은 벼슬을 할 수 없었으므로 초상화가 남아 있지 않다. 얼굴이 없는 여인들에게 얼굴을 찾아주는 작업의 시작이다.

미술사가 이현애 박사는 질문했다. 윤석남의 드로잉은 한 화면에 색칠한 그림과, 연필로 쓴 글, 커다란 선 하나로 구성되는데 그 단출한 선에는 사람의 마음을 움직이는 힘이 있다고. 작가는 "그 선은 지구입니다. 드로잉은 재밌는 일이라 워낙 많이 했습니다. 드로잉에 빠지면 땅에서 30센티미터 정도 붕 뜬 느낌이 들어요. 그네를 탄 것처럼요. 불안하기도 하지만 자유롭기도 해요."라면서 드로잉에 몰입했을 때 해방감에 대하여 대답했다. 또 윤석남은 다른 자리에서 예술가는 지상으로부터 30센티미터 정도 떨어져서 세상을 봐야 한다고 했다. 너무 높이 떠버리면 세상이 잘 안 보이고 너무 낮으면 현실 속에 파묻혀서 제대로 볼 수 없다는 말씀이셨다. 조금은 서툴고 어눌한 느낌이 드는 드로잉에서는 우리나라 대표적인 여성주의 작가라는 거대한 무게보다는 한 사람의 소박하고 따뜻한 진정성이 느껴진다.

그림은 마음과 몸으로 그리는 작업이어서 나이가 80이 넘었으니 육체적으로 힘들지만 매일 아침 1시간 30분씩 비가 와도 눈이

와도 산책을 하면서 극복한다. 그렇게 운동한 체력으로 주 5일 8시간씩 작업을 한다는 선생님은 그 누구보다도 젊고 건강한 에너지와 메시지를 우리에게 전해주셨다.

윤석남 초대전
꽃망울들, 눈뜨고 꿈꾸다

길담서원 한뼘미술관 2014. 5. 12.~6. 12.
작가와의 만남 2014. 5. 31. 저녁 7시

인왕산, 서울의 진경(眞景)을 품다

임채욱 사진전

　인왕산 선바위가 바라다보이는 위치에 길담서원 한뼘미술관
은 자리 잡고 있다. 서가에 앉아 인왕산을 바라보고 있으면 길게
누워 있는 산허리에 빛이 번지고 구름과 바람이 지나가고 달빛이
흐른다. 인왕산 바위와 소나무, 아카시아, 산벚나무, 찔레덤불을
통과한 바람이 옥인동 길담서원 뜰에 이르러 벌개미취, 보리뺑
이, 주름잎 등 씨앗을 뿌려주고는 조팝나무, 사과나무, 산딸나무
의 머리 위를 머물다 간다.

　인왕산은 지리산이나 설악산처럼 드라마틱하지도 않고 웅장
하지도 않다. 작고 소박한 산이다. 바위산이라고 해서 억척스럽
지도 않다. 몸의 하반신을 마을로 내어주고 편안하게 품어준다.
그래서 인왕산은 서촌 사람들에겐 일상이 된 산이다.

　임채욱은 그 옛날부터 사람들의 발길이 머물고 시선이 닿았음
직한 인왕산의 골짜기를, 백호의 전설이 스며들었을 것 같은 바
위를, 겸재 정선(1676~1759)이 묵으로 담아냈듯이 사진으로 담아

낸다. 몹시 회화적으로 그리고 조형적으로. 임채욱의 인왕산 사진이 겸재의 〈인왕제색도〉를 향한 오마주라면 사진을 한지로 인화해서 구기고 다시 조형적으로 표현한 부조와 영상작업은 임채욱이라는 사진가의 고유성을 드러내는 작업이다.

그 작업은 우연에서 시작되었다. 인왕산에 설경을 촬영하러 갔는데 산행이 금지된 월요일이었다. 사진을 못 찍고 내려오다가 옥인아파트가 철거된 자리에 겸재가 그린 수성동계곡이 복원된 모습을 보았다. 그는 강원도 삼척에 있는 월천리 솔섬의 환경훼손을 막기 위해 3년간 사진에 담아 전시했지만 공사를 막을 수는 없었다. 그는, 이러한 과정에서 그 누구보다도 겸재의 〈수성동〉이 갖는 역사성과 예술의 사회적인 역할이 무엇인지 깨달았을 것이다. 겸재의 진경산수화는 미술사적인 가치를 넘어서 현대사회에도 영향력을 미치는 조선후기의 기록사진과도 같은 역할을 한 것이다. 따라서 수성동계곡을 복원시킬 수 있는 힘이 되었다. 살아 있는 임채욱이 못 한 것을 죽은 겸재가 버젓이 하고 있었다. 임채욱의 산 사진은 이렇게 인왕산으로부터 시작되었다.

임채욱에게 겸재는 그 누구보다도 더 스승다운 스승이며 가까이 살아 있는 벗이다. 시공을 초월해서 스승이자 좋은 벗이 있다는 것은 지나간 시간과의 대화이고 미래를 향한 나침반이며 행운이다. 그에게 겸재는 다함없이 읽어내야 할 이미지이고 텍스트이고 벗일 테니까. 그래서였다. 그가 인왕산 아래 스튜디오를 마련하고 수시로 인왕산 작업을 한 것은. 그렇게 인왕산 아래 살면서 겸재의 예술과 사상적 발자취를 탐색하며 사진으로 담아냈다.

그는 인왕산의 설경과 바위에서 겸재의 붓질을 찾아낸다. 겸재가 먹으로 번지듯이 표현한 동양화의 필선을, 자연의 흔적들을 사진으로 담는다. 눈이 녹아내리면서 자연이 그려낸 붓질들, 바람과 햇살의 붓질에서 겸재의 필선을 사진으로 잡아낸 것이다. 뿐만 아니라 눈 쌓인 골짜기 속에는 아직 이야기가 되지 못한 이야기가 잠재태로서 존재한다. 관목들 속에 숨겨진 원시적인 이야기들은 바위들을 더 바위답게 하고 기운생동(氣韻生動)하게 한다. 그런가 하면, 인왕산에서 내려다본 마을 사진에서는 우리나라 현대사의 서사가 순간순간 올라온다. 이제 그의 사진은 재현이라는 특정한 기호에 의존하지 않고 부조로 영상으로 표현함으로써 더 자유로워진다.

그는 매일 인왕산 속으로 들어가 겸재와 산책하고 대화하고 찍고 인화했을 것이다. 겸재도 붓으로 그림을 그리다 맘에 안 들면 구겨서 버렸을까? 어느 날, 임채욱은 한지로 인화하다가 잘못되어 구겨버린 사진에서 바윗덩어리와 같은 입체적 조형미를 발견한다. 바위는 더 바위답고 골짜기는 더 골짜기 같은 빛과 어둠의 조화. 현대성과 원시성의 혼재. 재현과 상상. 사진의 평면적 속성만으로는 담아내기 힘든 입체적인 조형미를 구겨진 사진이 품고 있었다. 임채욱은 구겨진 한지사진을 다시 철망으로 정교하게 들어 올려 표정을 만들고 감정을 이입시킨다. 겸재가 역사적으로 선점한 인왕산의 기운생동을 임채욱은 우연히 발견한 '구김의 미학'으로 거듭된 관찰과 재현을 통해 변주한다. 겸재가 먹과 붓으로 그려낸 인왕산을 임채욱은 사진과 입체적 구김의 미학으로 현대적 진경을 구현하고 있다.

이제, 그의 동선은 인왕에서 설악으로 다시 내사산과 서울성곽으로 겸재의 길을 추적한다. 겸재가 그렸다고 추정되는 도성대지도(都城大地圖)에 근거를 둔 작업이다.

앞으로 사진가 임채욱이 기록할 진경(眞景)들은 그의 고유성을 담은 '예술사진'이면서 동시에 보존할 진경이 될 것이다.

임채욱 사진전
인왕산, 서울의 진경을 풀다

길담서원 한뼘미술관 2016. 9. 1.~9. 30.
작가와의 만남 2016. 9. 9. 저녁 7시

땅에서

———

이윤엽 목판화전

길담서원 한뼘미술관 안으로 한 뼘 안팎의 작은 목판화들이 들어왔다. 냉이꽃, 맨드라미, 할미꽃, 엉겅퀴, 콩꽃, 파꽃, '소금꽃'들이 들판에도 피고 호미 든 아주머니 '몸빼' 바지에도 피고 밭일하고 돌아오는 농부의 등에도 피었다. 그렇게 핀 꽃들이 길담서원 한뼘미술관의 쬐끄마한 공간에 사이좋게 어깨동무하고 있다.

수원 변두리마을 목리에서 작가와 같이 살던 큰 개 빠루도, 제초제 친 풀을 먹고 하늘로 떠나간 염소 까망이도 꽃들과 어울려 논다. 4대강 물줄기를 타고 노는 물고기들도 있다. 대추리 흙무지 들판에 사는 황조롱이가 이들이 노는 꼴을 보다 못해 "꼴 참, 좋다~!"라고 목청을 높였다.

작가는 전시의 이름을 《땅에서: 이윤엽 목판화전》이라고 했다. "그 말 말고는 붙일 말이 없어요."라고 허허 웃었다. 과연, 그의 작품들은 땅에서 와서 땅에서 질기게 살아가는 목숨붙이들이었다. 전시 제목인 《땅에서》와 같은 제목의 작품 〈땅에서〉는 비 온 뒤에 기울어진 고춧대를 두 손으로 꼭꼭 눌러 다지는 여든 넘은 옆집 할머니의 손을 작업한 것이었다. 작가는 한 줄 메모를 남겼다. "저녁때였는데, 그 손이 어마어마하게 아름다워 보였다."라고.

그 어마어마하게 아름다운 사람들, 소박한 사람들. 때론 힘겹고 처연하게 일하는 사람들의 일상을 담은 작품들과 투쟁현장의 치열한 작품들이 유머와 풍자로 어깨를 걸고 담담하게 길담서원 한뼘미술관에 펼쳐졌다. 이윤엽 판화의 핵심은 따뜻한 유머와 풍자다. 날카롭지 않기 때문에 사람들은 그냥 웃고 지나칠 수 있지만 그 표현에는 이윤엽이라는 사람이 세상을 바라보는 긍정적인 시선이 담겨 있다.

작품가격도 그와 닮았다. 귀할수록 서로 나누고 싶은 마음을 담아 2만 원, 3만 원, 5만 원, 7만 원, 12만 원이었다. 판화가 가지고 있는 대중성과 포스터의 기능을 그대로 담은 것이었다. 덕분에 책만 사던 사람들이 처음으로 작품을 구입하고 인사동으로 삼각지로 액자를 하러 갔다.

이윤엽 목판화전
땅에서

길담서원 한뼘미술관 2011. 8. 6.~9. 7.
작가와의 만남 2011. 9. 7. 저녁 7시 30분

다시 시작하는 길담서원

◦

몸의 말을 듣다

호미 한 자루와 통기타

무척 힘들었던 어느 날, '내가 만약 퇴직을 한다면, 나는 퇴직금으로 낙원상가에 가서 좋은 통기타를 사고 불광대장간에 가서 아름다운 호미를 사서 시골로 갈 것이다. 가서 농사짓고 시를 짓고 노래 부르며 살 것이다, 예전에 예전에부터 꾸었던 꿈을 살 것이다.'라고 썼다. 그 호미와 기타를 벗 삼아 밭 일구고 글 쓰고 노래하며 살 것이다. 내가 '청년에게, 제도 밖을 상상하라'라는 글에서 썼듯이 길담서원 2기는 그동안 우리가 추구해왔던 인문사회문화예술이라는 가치를 농사를 짓는 삶과 연결시키고자 한다. 서울을 떠나 나를 소모시키되 쌓이지 않는 노동에서 벗어나 신명나게 놀면서 그곳에 뿌리내리고 싶다. '길담서원에서 일하니 참 좋겠어요.' '부러워요.' 그런 소리 많이 들었고 내 대답은 '네, 즐거워요.' '재밌어요.' 하다가 '이제 해보고 싶은 거 거의 다 해봤어요. 다른 것 해보고 싶어요.'로 옮겨간 지 오래되었다. 땅과 가까운 삶을 살면서 소비적인 만남이 아니라 생산적인 만남을 궁리해볼 생각이다.

우린 충청남도 공주시로 간다. 진눈깨비 눈발이 흩뿌리던 날, 전시 작가였던 윤희수 작가의 차를 타고 공주 원도심을 둘러봤다. 도시의 혼잡함과 번쩍거림에 묻혀 있던 나는 공주라는 도시의 나지막함에, 고요함에 반했다. 당간지주, 공주역사영상원, 중동성당, 충청남도역사박물관, 제민천, 금강, 연미산, 풀꽃문학관, 공산성, 황새바위성지, 무령왕릉, 국립공주박물관 등등……. 앞산 뒷산만 보이는 깡촌에서 10년을 살고 서울의 달동네를 순회하며 살아온 나는 교과서 속의 증거들과 자연이 어우러져 눈앞에 펼쳐질 때 마치 포로 로마노에 서 있는 느낌이었다. 약간 정신줄을 놓았었던 모양이다. 일을 저질렀다.

우리 어리석은 삼총사가 그 집을 보고 와서 들떠 있던 날을 생각하면 웃음부터 난다. 여름나무님은 그 돈 없어도 산다고 했고, 소년님은 뽀스띠노가 안 산다면 내가 산다고 부추겼다. 그 집을 사고 꿈을 꿨다. 백야제를 부활시킬 수 있겠고 퀘이커들의 펜들 힐처럼 일주일 내내 먹고 자며 독서모임을 할 수 있겠다고. 백제의 역사문화를 기반으로 공주에서만 할 수 있는 유니크한 프로그램을 하자고. 그렇게 사람이 살 정도만 리모델링을 하고는 2년 넘게 비워둔 상태로 지냈다.

서촌이 의식 있는 중인과 예술가들이 뿌리내리고 살았던 마을이라면 공주시 반죽동은 평범한 서민들이 살았던 마을이다. 특히 내가 구입한 집은 전쟁이 끝난 직후, 목재 수급도 원활하지 못한 상황에서 지어진 집을 시멘트 기와를 얹어 수리한 한옥이었다. 벽을 털어내니 지붕이 썩어 허물어졌다. 한 곳을 건드리면 다른 곳이 무너지는 그런 집. 3년이나 비워두었던 집이었다. 그 집에 살던 이는 한때 무속인이었고 혼자 살다가 병들어 서울 아들의 집으로 떠난 후 돌아오지 못했다. 장독대 항아리엔 장이 그대로 있었고 다락방엔 이불이 빼곡했으며 장식장엔 깨끗이 씻어 신문지로 싼 사기그릇들이 그득했다. 마당, 작은 화단엔 더덕과 자리공이 왕성하게 자란 흔적이 있었다. 그 위로 한낮의 빛이 쏟아지는 집이었다. 이렇게 못나고 볼품없는 삭정이 같은 집이 우연히 우리에게 왔다.

길담서원의 운영원리 중에 중요하게 여겨온 것이 즉흥성이다. 즉흥성은 우연(coincidence)과 관련이 깊다. 새로운 사람, 새로운 작업, 어떤 기운이 개입할 수 있는 여지다. 과학문명이 발달할수록 그 여지는 줄어들고 사람은 점점 여물지 못하고 허룩해진다. 그 스마트하지 못하고 허룩해진 틈으로 들어온 것이다. 이런 우연이 길담서원을 이곳으로 이사하게 할 줄은 몰랐다. 그런데 이번에 그동안 우리가 길담서원에서 했던 프로그램들을 정리해서 책으로 엮으면서 알았다. 아, 이게 우연이 아니고 몸의 결정이었구나! 몸은 아는데 머리만 모르고 있었구나! 하는 생각이 들었다. 몸의 말에 귀를 기울이며 살아가야겠다.

소년님은 늘상 이런 표현을 썼다. 새가 한 마리 살다가 포로롱 날아갔는데 거기에 따스한 알이 하나 놓여 있었으면 좋겠다고. 그 알이 어떤 방식으로 부화를 해서 살아갈지 모를 일이다. 두려움 속에서 떠나보낸다. 우리가 이미 누군가가 놓은 징검돌을 밟고 새로운 돌을 놓으며 나아갔듯이 누군가에게 우리의 이야기가 하나의 세계를 깨뜨리고 새로운 세계로 나아가는 작은 변화의 계기가 된다면 바랄 게 없다.

이제 12년, 스스로에게 부여한 임무는 끝나간다. 다시 개학을 할 즈음은 1년 후가 될 것이다. 서울을 떠나 길 위에서 놀고 배우고 쉬면서 새로운 개념의 서원을 만들고 싶다. 공간이 갖는 유기적 힘이 있어서 멀리로의 이사는 새로운 가능성이고 출발이기도 하지만 뿌리 뽑힘과 같이 두려움이고 불안이기도 하다. 하지만, 새로운 길을 찾으려면 지금 걷는 길에서 조금은 벗어나야 할 것이다.

괴테는 『젊은 베르터의 괴로움』 5월 9일 편지에서 "인간이 대지 위에서 삶을 즐기기 위해서는 단지 약간의 흙덩이가 필요할 뿐이며 대지 밑에서 쉬기 위해서는 그보다 더 작은 흙덩이가 필요할 뿐이다. Der Mensch braucht nur wenige Erdschollen, um drauf zu geniessen, weniger, um drunter zu ruhen."라고 했고 빅토르 위고는 "똥이야말로 꽃들이 만발한 꽃밭이고 녹색의 풀밭이며 박하와 백리향이고 식탁의 빵이며 우리의 몸속에 돌고 있는 따뜻한 피다. 똥으로 퇴비를 만드는 사람은 밤하늘의 별을 우러러 부끄럼이 없다."라고 했다.

이제, 경복궁 옆 서촌, 청와대 옆 옥인동에 눌러두었던 문진을 거두어 충청남도 공주시로 간다. 더 묵직하며, 더 가벼운 문진으로 남기 위해 진지하고 신명나게 놀고 공부하며 이와 같은 삶에 가까이 가게 살 것이다.

한 알의 씨앗이 되어

– 박성준(길담서원 대표)

"길담서원은 지금도 여전히 오프닝하고 있는 현재진행형의 공간입니다."

길담서원은 2008년 2월 25일에 '오픈'했지만, "열었다"라고 과거형으로 말하지 않고, "열어가고 있다."라고 현재진행형으로 말합니다. 또는 "우리 함께 열어가자!"라고 말합니다. 길담서원이 향기로운 공간이 되는 것, 길담서원의 물맛이 좋아지는 것은 이곳에 오시는 사람들에게 달려 있습니다. '사막이 아름다운 이유는 어딘가 우물이 있어서라고 했던가요. 길담서원, 사막의 우물이지요. 언제나 차고 맑은 물이 솟는 샘, 길담'이라고 어느 벗님이 댓글로 말씀하셨을 때, 저는 '그 우물은 바로 당신입니다.'라고 화답했어요. 길담서원은 "오셔서 주인이 되어주세요." 하고 초대하는 열린 공간입니다. 여러분이 오셔서 길담서원의 향기가 되어주시고 이 공간의 넉넉한 품이 되어주시고 길담서원의 인격이 되어

주십시오.

"무슨 일이나 최초의 발상에서부터 여럿이 함께하는 것이 좋습니다."

길담서원에서는 무슨 일을 하든지 아이디어를 내는 첫 단계에서부터 여럿이 함께하자고 초대합니다. 어떤 일을 기획할 때 되도록 최초의 발상에 여러 사람이 참여할 수 있도록 공간을 열어놓으려는 것입니다. 최초의 발상에 내가 참여했을 때, 그 일의 주인이 '나'라는 자각을 갖게 되며 자기 안에서 신명이 솟아나게 됩니다. 그러므로 최초의 발상을 누가 했는지는 중요합니다. 첫 발상은 어떤 일의 가장 창조적인 부분에 속합니다. 이것을 어느 개인이나 소수의 사람들이 독점하지 않고 여러 사람들과 나누자는 것입니다.

어떤 이벤트나 프로그램을 만들 때, 처음 제안하는 글은 이미 결정된 사항을 공지하는 형태를 취하기보다는 은근히 운을 떼는 자세로 좀 수더분하고 모자라게 제시합니다. 다른 사람들이 비집고 들어오기 쉽고 또 그럴 마음이 생겨날 수 있도록 생각의 갈피에 여백을 넉넉히 두고 미결정의 공간을 크게 남겨 넌지시 제시하는 방식이 좋다고 생각합니다.

"길담들에 길이 놓이면 캄캄한 밤에 길잡이가 되어주는 별자리가 되겠지요."

길담서원, 작은 공간의 가능성

2008년 2월 중순, 인테리어 공사가 끝나갈 무렵이었습니다. 전통의 서원을 현대적으로 계승한다는 뜻에서 'ㅇㅇ서원'으로 하겠다는 생각은 이미 품고 있었습니다. 정작 서원 앞에 놓을 이름을 지어야겠는데 쉽지 않더군요. 머리를 짜내며 고심하고 있을 때, 평소 친하게 지내는 후배 부부가 '길담'이라는 이름을 제안했습니다. '길'은 우리집 아이의 외자 이름이고 '담'은 그 댁 아이의 외자 이름입니다. '길담서원'이라고 소리 내어 불러보니 울림이 좋아서 그 자리에서 동의했습니다. 시간이 흐를수록 '길담'은 예사롭지 않은 의미와 이미지들로 다가왔습니다.

길담서원이 위치한 동네엔 '길'과 '담'이 어우러져 있습니다. '길'과 '담'은 떠남과 머무름, 열림과 닫힘, 비움과 채움입니다. 우리는 길을 떠나야 하지만, 언제까지나 길 위에서만 살 수 없는 우리는 담으로 둘러쳐진 안식의 공간을 그리워합니다. 길담은 항구 또는 안식처를 뜻하는 'haven'이라는 단어를 연상시킵니다. 긴 항해에서 지친 배들은 항구에 돌아와 정박하고 쉬면서 물과 식량을 채우고 고장 난 곳을 수리하며 더 큰 항해를 준비합니다.

길담은 또한 '길에 관한 담론' 또는 '길(吉)한 이야기(談)' 즉 '굿뉴스'(복음)로 읽히기도 했습니다. 그러던 어느 날은 물이 찰랑이는 작고 아름다운 '연못'의 이미지로 다가왔습니다. 담이의 이름이 한자로 못담(潭)이란 걸 안 뒤였습니다. 그 연못은 혼자 고립되어 있거나 닫혀 있지 않았습니다. 물길로 더 큰 다른 연못과 연결되어 있었고 그 다른 연못은 다시 강을 통해 바다로 연결되어 있었습니다. 마찬가지로 담과 담은 길로 연결되어 너른 세상에 닿아 있습니다.

　담으로 둘려진 저 나름의 향기를 지닌 쉼터, 모임, 공동체는 그 하나하나가 '별'입니다. 주인공이고 '스타'입니다. '길담'은 그 수많은 별들 중의 작은 별이구요. 별들 사이에 길이 열려 있기에 이 별과 저 별은 외롭지 않게 서로 연결되어 있는 거구요. 저의 이런 생각을 받아, 언젠가 길담서원 카페에 어느 벗님의 댓글이 올라왔습니다. "길담들에 길이 놓이면 캄캄한 밤에 길잡이가 되어주는 별자리가 되겠지요?" 너무나도 아름다운 이미지에 나는 감전된 듯하였습니다. 그래서 아래와 같은 긴 답글을 올렸습니다.

　"글 가운데 '길담들에 길이 놓이면 캄캄한 밤에 길잡이가 되어주는 별자리가 되겠지요?'라는 문장은 참 아름다운 시구가 되었군요. 그런데 그 의미를 이해하려면 약간의 주석(註釋)이 필요한 듯합니다. '길담'은 '길'과 '담'으로 이루어진 말인데, '담'은 울타리 또는 담장으로 둘러쳐진 보금자리, 안식처, 쉼터, 배움터, 도량, 모임, 공동체 등등을 뜻하고 '길'은 그 무수한 '담'과 '담'을 이어주고 연결시켜 서로 소통하게 하여 '담'이 저 혼자 돌아앉아 유아독존하거나 닫힌 구조로 고립되지 않게 해주고, 자기를 열어 서로 상대를 존중하고 서로 배우고 섬기는 관계로 승화, 발전할 수 있게 하는 열린 시스템을 뜻합니다. 그렇게, 길담들에 길이 놓이면 캄캄한 밤에 길잡이가 되어주는 별자리가 되겠지요."

　길은 한편으로는 '로마제국의 길'처럼 진출, 확장, 정복, 지배,

순치, 주입의 시스템이 될 위험이 있으므로 주의해야 합니다. 하지만 다른 한편으로 길은 경청, 배움, 섬김, 자율, 자성, 평화를 위한 '우정과 연대의 시스템'이 될 수 있습니다.

"각자 주인이고 주체인 참여자들의 안으로부터 솟아나오는 신명과 열정은 길담서원을 '신명나는 인문의 놀이터'로 만들어가고 있습니다."

놀이와 축제의 요소, 즉흥성의 요소는 창조의 과정에서 필수적입니다. 주도면밀하게 기획된 프로그램엔 수동적인, 때로는 동원된, 참가가 있을 뿐, 거기엔 흥과 신명이 살아 있지 않아서 진정한 의미에서 '참여'는 없습니다. 진정한 참여는 스스로 창조의 주인공이 될 때만 가능합니다. 각자 주인이고 주체인 참여자들의 안으로부터 솟아오르는 신명과 열정은 길담서원을 '신명나는 문화 놀이터'로 만들어갈 것입니다.

길담서원에서는 비 온 뒤에 새싹들이 돋아나듯 신선한 프로그램들이 다채롭게 생겨났습니다. 청소년인문학교실에 이어 어른들을 위한 인문학교실도 문을 열었습니다. 독서모임('책여세'), 피아노독주회, 음악감상모임, 영화상영모임, 사진모임, 전시회, '영어원서강독모임' 등의 공부모임, 산행모임, 밤샘모임(백야제), 각종 번개모임 등등 다종다양한 모임들이 꼬리에 꼬리를 물고 있습니다. 재미있는 점은, 이런 프로그램에 대하여 아무도 기획을 책임지고 있지 않다는 것입니다.

길담서원에서 어떤 일이 이뤄지는 방식은 평범하면서도 각별합니다. 누군가가 카페에 제안 글을 올리면, 댓글이 달리기 시작합니다. 댓글의 수와 내용으로 관심의 밀도가 확인되면 오프라인 준비모임으로 발전하게 됩니다. 준비모임은 2~3회 모이는데 관심 있는 사람은 누구나 참여할 수 있도록 문호를 활짝 개방합니다. 아무라도 댓글로 참석의사를 밝히면 됩니다. 이러한 프로세스 자체가 기획이라면 기획입니다. 말하자면 길담서원식 기획이지요.

길담서원식 기획에서 중요한 것은 '즉흥성(improvisation)'을 존중하는 분위기입니다. 여기서 즉흥성이란 사전에 어떤 사람이 주도적으로 의도하고 기획하지 않는다는 뜻입니다. 누구라도 어떤 아이디어가 떠올랐을 때, 그 '느낌(feel)'이 깊고 절실하면 카페에 운을 띄워봅니다. 용의주도하게 기획하거나 조직한 결과가 아니라, 의도하거나 예상하지 않았는데 느닷없이 떠오른 느낌이나 생각의 실마리에서 하나의 착상이 생겨납니다. 누가 시켜서가 아니라 내가 하고 싶어서 하는 일일 때 속에서 솟아나는 신명이 있습니다. 이렇게 즉흥성을 중시하면 시행착오가 따르기 마련입니다. 길담서원은 이런 즉흥성과 시행착오를 창조의 한 에센스로 받아들입니다.

저는 '즉흥성', '느낌' 이런 말들을 퀘이커(Quaker)의 전통으로부터 배웠습니다. 퀘이커들은 350년의 전통 속에서 '센스(sense)'란 말을 소중히 여겨왔습니다. 'Sense of the Meeting'이란 말이 있는데, 공동체가 원하는 것을 함께 느끼고 분별한다는 뜻입니다. 마틴 루터 킹 목사가 "내게 꿈이 있어요(I have a dream)"라고 했을 때 그 '꿈'에 해당하는 말이 'sense'가 아닐까 생각해봅니다. 여럿이 함께 꾸는 꿈이 'Sense of the Meeting'입니다. 그게 나의 꿈일 뿐만 아니라 우리 공동체의 꿈일 때 '즐겁고 복된 일(bliss)'이 됩니다.

예를 들어, 청소년인문학교실도 그렇게 탄생했습니다. 청소년들이 준비모임에 참석해 어른들과 대등하게 발언하고 토론하며 여기서 나온 이야기들을 대표 집필해서 카페에 올리기도 합니다. 함께 회의에 참석했던 어른들이 댓글로 청소년의 글을 보완하면서 몇 차례의 준비모임이 진행됩니다. 하여, 길담서원에서 이루어지는 프로그램은 기존의 인습과 타성에서 벗어난 새로운 방식이 가능한지 묻고 찾아가는 놀이이자 실험입니다. 이 실험의 과정이 즐거운 놀이가 되고 우정의 씨앗이 싹트고 자라는 터전이 됩니다.

"우수한 지도자의 존재는 그 단체의 기쁨이자 행복이 됩니다. 간부들과 성원들은 민주적인 소통과 의사결정 시스템, 그리고 우정의 관계 속에서 무럭무럭 발전합니다."

앞에서 잠깐 말씀드렸습니다만, 어떤 일 또는 사업(project)의 가장 핵심적이고 창조적인 부분을 어느 특정 개인이나 소수가 독점하지 않고 그 모임 또는 단체의 구성원들이 더불어 함께하는 것은 대단히 심오한 의미를 갖습니다.

가령, 여기 한 단체가 있는데 탁월한 상상력과 뛰어난 재능을 가진 지도자가 있어서, 이 단체의 일과 사업을 구상하고 기획함에 있어서 이 지도자의 역할이 가히 절대적이라고 합니다. 이 지도자는 머리도 뛰어날 뿐만 아니라 누구보다도 더 부지런하고 창조적 상상력에 불타고 있어서 다른 사람이 따라갈 수 없을 정도입니다. 이 단체의 일과 사업에서 가장 탁월한 아이디어는 이 지도자의 머리에서 나온 것이고 다른 간부들은 지도자가 매일같이 쏟아내는 새로운 아이디어와 구상을 뒤쫓아가기에 급급합니다.

저는 이런 단체는 건강한 단체가 아니라고 생각합니다. 이런 단체는 지도자의 우수성이 되려 단체의 발전에 질곡이 되고 있습니다. 단체의 성원들은 지도자의 기운에 눌려 자신의 잠재능력을 펴보지 못하거나 미처 인식조차 못 하고 있기 쉽습니다. 지도자는 자신도 모르는 사이에 정신적 독재자, 억압자가 되어 군림하고 있습니다. 이런 단체의 성원들은 진정한 자기발전의 기회를 박탈당하고 있습니다. 간부들과 성원들은 사실상 지도자의 권위에 복종하고 추종하거나 심한 경우에는 아첨꾼으로 전락하기까지 합니다. 이렇게 되면 우수한 지도자의 존재는 단체의 불행이 되고 지도자는 암적 존재가 됩니다.

건강한 단체는 이와는 다릅니다. 지도자는 남들보다 한 걸음 앞서 생각하고 더 많이 고민하여 수많은 좋은 아이디어를 이미 생각해내었다 할지라도 그것을 한꺼번에 쏟아놓는 법이 없습니다. 그 아이디어들을 마음속 깊이 간직하면서 넌지시 실마리를 제시하는 방식으로 간부들이나 성원들 사이에 암시를 풀어놓아서 그들이 스스로 같은 생각에 도달하게 북돋우고 도와줍니다. 지도자가 동료로서 참석하는 '기획을 위한 회의'나 워크숍에서 여러 사람이 대등한 자격으로 자유롭고 즐거운 토론을 펼치는 가운데 때로는 지도자의 생각을 능가하는 탁월한 아이디어들이 분출한다면, 그리고 그 아이디어 하나하나가 다시 새로운 영감이 되고 실마리가 되어 여럿의 상상력과 창조력을 고무한다면, 그리하여 창조의 기운과 열정, 신명이 넘쳐나는 토론 또는 이야기들(talks)이 최선의 풍요로운 합의(또는 컨센서스)로 결실한다면 이 얼마나 함께 기뻐하고 축하해야 할 일이겠습니까. 지도자는 간부들의 잠재능력을 믿고 일을 맡기고 그들의 능력을 한껏 칭찬해주며 좋은 아이디어의 발상과 우수한 기획의 탄생을 함께 축하합니다. 간부들과 성원들은 민주적인 소통과 의사결정 시스템, 그리고 우정의 관계 속에서 무럭무럭 발전합니다. 우수한 지도자의 존재는 그 단체의 기쁨이자 행복이 됩니다.

"길담서원에서는 새로운 호칭문화의 새싹이 뿌리를 내려가고 있습니다."

저는 오래전부터 한국 사회의 잘못된 호칭문화에 대하여 고민해왔습니다. 그 고민의 일부를 정리하여 '호칭의 민주주의'라는 제목으로 2003년 〈시민의 신문〉에 발표하였습니다.

이러한 문제의식을 가지고 지금 길담서원에서는 우선 ID 또는 닉네임에 '님'자를 붙여 부르는 방식으로 잘못된 호칭문화에 대한 저항을 시도하고 있습니다. 이것은 이미 우리 사회의 저변과 주변부 들녘에서 이른 봄의 새싹처럼 강인한 생명력으로 돋아나고 있는 '대안문화'의 한 현상인 것은 말할 나위가 없습니다. 여성, 녹색, 평화, 인권, 노동, 다문화, 성소수자 등 다양한 영역에서 새로운 대안적 가치를 추구하는 사람들은 일찍부터 호칭의 문제를 고민해왔습니다. 이른바 '인디언 네임'이라는 '새 이름 지어 부르기'를 시도하기도 했습니다. 아직 연하고 어린 이 호칭문화의 싹이 잘 자라 튼튼히 뿌리내릴 수 있도록 서로 격려하고 북돋우면 좋겠습니다. 우리들의 이런 작은 몸짓이 우리 사회의 낡고 천박한 지배문화에 균열을 일으킬 수 있다고 확신합니다.

"현대적 서원, 공부가 놀이가 되고 놀이가 공부가 되는 곳을 꿈꿉니다"

길담서원은 서원(書院)이라는 이름을 가지고 있는 데서 짐작할 수 있듯이, 전통의 서원처럼, 넓은 의미의 교육을 수행하는 장(場)이라 할 수 있습니다. 지금 우리 사회에는, 학교라는 형태를 띠었건 그렇지 않건 간에 이런 대안적인 교육의 장(공간)들이 많이 생겨났습니다. 크게는 대안학교로부터 작게는 대안적인 교육활동을 수행하는 민간-시민 레벨의 인문학교실 등 다양한 노력들과 접근법들이 있습니다. 길담서원도 그런 대안적 교육운동(또는 활동)의 한 형태라고 할 수 있겠지요. 길담서원은 '현대적' 서원을 꿈꾸는데 이는 무엇보다 그것을 구성하고 있는 공간적 요소들에서 표현되고 있습니다.

길담서원은 인문학 책방, 카페, '한뼘미술관'이라는 이름의 갤러리, '서당'이라는 이름이 붙은 공부방, '웬델 베리의 방'이라 명명된 부엌과 식탁이 있는 공부방, 그리고 스크린과 피아노가 있는 작은 콘서트홀 등으로 구성되어 있습니다. 이 공간 하나하나는 자기만의 독특한 개성을 가지고 길담서원을 '현대적'인 서원이 되게 하는 나름의 고유한 역할을 수행하고 있습니다.

사람과 더불어 숨쉬고 교감하는 공간

길담서원은 공부와 놀이의 분리를 극복하고 공부가 놀이가 되고 놀이가 공부가 되려면 장(場), 즉 공간의 변화가 반드시 있어야 한다고 생각합니다. 옛사람들은 곳간에는 곳간귀신, 부엌에는 부엌귀신, 뒷간에는 뒷간귀신이 산다고 생각했지요. 이것을 현대적으로 표현한다면 공간에는 그 공간 고유의 생명이 살아 숨쉬고 있다고 말할 수 있습니다. 공간이 숨을 쉬고 생각을 하고 사람과 더불어 교감한다는 것을 길담서원을 운영하면서 수없이 많이 경험하게 되었습니다. 장(場)은 고유한 기운과 주파수를 가지고 있어서 그 기운과 주파수에 잘 맞는 사람은 그 공간 안에서 편안함과 좋은 기분을 느끼고 힘을 얻습니다. 반면에 잘 맞지 않는 사람은 마음이 편치 않고 기운이 빠지기 때문에 그 공간에 적응하지 못하고 다른 공간을 찾아 떠나게 됩니다. 특히, 공간과의 관계에 있어서 청소년들은 어른보다 더 민감하고 섬세합니다. 청소년 시절에 아름다운 장소의 기억을 갖는 것은 매우 중요합니다.

'자율'과 '공률' 그리고 이 양자를 묶는 '우정'이라는 끈

길담서원이 현대적인 서원이기를 꿈꾸면서 '공간' 다음으로 중요하게 생각하는 것에는 '자율(自律)'이라는 가치가 있습니다. 자율은 현대적 서원이 되고자 하는 길담서원의 중추가 되는 원리입니다. '자율'은 어떤 일을 할 때 그 일이 자기가 진심으로 하고 싶어서 하는 일이라는 것을 뜻합니다. 자율은 그 일을 구상하고 기획하고 실행할 때 남의 지시에 무조건 순종하거나 지배와 구속을 받지 아니하고 나 자신이 그 일의 주인공이 되어 스스로 생각하고 판단하고 행하며, 자기 스스로 세운 원칙에 따라 일하는 것을 뜻합니다. 길담서원에서 진행되고 있는 수많은 다양하고 다채로운 인문-예술-문화적 활동들의 중심에는 '자율'의 원리에 따라 움직이는 시민들이 있습니다. 그들은 누가 시켜서가 아니라 스스로 하고 싶어서 합니다. 스스로 아이디어를 내고 스스로 프로그램을 기획하여 모임을 꾸리고 그 모임을 발전시켜나가고 있습니다. 내가 하고 싶어서, 내가 주인이 되어 하는 일에는 기쁨이 있고 신명이 따르기 마련입니다. 이처럼 길담서원을 '현대적' 서원으로 만드는 중추적 원리인 '자율'이라는 가치는 그 어떠한 경우에도 약화시키거나 다른 것으로 대체할 수 없는 필수불가결의 원리입니다.

그런데 길담서원을 열고 초반 6년간의 경험은 '자율'이라는 가치에 더하여 개개의 구성원들을 묶어주는 또 하나의 가치가 필요하다는 것을 일깨워주었습니다. 길담서원이 자율의 가치를 보다 높은 수준으로 승화시키기 위해서 꼭 필요한 또 하나의 가치, 이것을 우리는 '공률(共律)'이라 부르기로 했습니다. 공률은 자율의 제약이나 침해가 아니라 보다 격조 높은 자율로 승화된, '공감과 우정이 깃든 자율'이라고 말할 수 있습니다. 길담서원은 6년간의 통인동 시대를 마감하고 옥인동으로 이전하면서 '새 시대의 길담'으로 거듭나고자 하는 결의를 다음과 같이 정리하였습니다.

"옥인동 새 시대 길담서원은 통인동 시절의 길담서원과 변별되는 새로운 질적 도약을 꿈꾸고 있습니다. 우선 서원에서 이루어지는 갖가지 활동과 모임들을 생동감 있게 발전시켜나갈 시스템적 원리로서 '자율(自律, self-rule)'에 더하여 '공률(共律, common rule)'이라는 또 하나의 원리을 도입하려 합니다. 이 두 원리는 원심력과 구심력, 자전(自轉)과 공전(共轉)처럼 창조적 긴장 관계 속에서 상호보완하고 조화롭게 양립하여, 길담서원의 정체성의 정신적 두 축으로 자리 잡게 될 것입니다. 자율은 공률에 의해 더 책임 있는 자유로 빛나고, 공률은 자율에 기초함으로써 더 풍요로운 내실(內實, essence)을 다지게 될 것입니다."

길담서원은 '우정'을 21세기의 '현대적' 서원이 되기 위한 또 하나의 원리로 삼기로 했습니다. '자율'과 '공률'이라는, 자칫 서로 모순 길항할 수 있는 이 두 개의 원리를 '우정'의 띠로 튼튼히 묶어주려 합니다. 우정은 길담서원이 초창기부터 '키워드'로 삼아

왔던 소중한 가치입니다. 우리가 '자율'을 무한히 강조하면서도 '공률'이 함께 살아 있게 할 수 있으려면 길담서원의 사람들이 우정의 끈으로 끈끈하게 서로 연결될 필요가 있습니다. '자율'하면서도 '공률'할 수 있는 가능성은 '당위'나 '의무'가 아니라 '우정'의 토양에서만 더 아름답게 꽃필 수 있다고 생각합니다.

옥인동 새 시대, 변화의 계기

옥인동으로 이사를 온 길담서원은 '서당식 공부법'을 실험하기 시작했습니다. 저는 67, 68세 무렵 일흔을 바라보는 나이에 "인생에서 길을 잃었다."는 것을 깨닫고 "아, 내 인생은 실패작이로구나!"라는 처절한 허탈감에 사로잡혔던 사람입니다. 길을 잃었다는 것은 그 이전까지 내가 의지하고 살아왔던 일체의 사상이나 신념, 신앙 등 그 이름이 무엇이든지 간에 그 모든 것에 대한 실존적이고도 근본적인 회의에 봉착했다는 것입니다. 다행하게도 나는 거기서 주저앉지 않고 '새로운 길 찾기'에 나섰습니다. "삶이란 무엇이며 죽음이란 무엇인가? 무엇이 옳은 것이고 무엇이 그른 것인가? 그 해답을 찾는 공부를 지금이라도 다시 시작하자."라고 마음먹은 것입니다. 그래서 나처럼 길 잃고 목마른 나그네들을 위해 옹달샘을 하나 파는 심정으로 길담서원이라는 인문학 공부의 작은 우물터를 만들게 된 것입니다. 많은 모임들이 활기차게 꾸려지는 것은 스스로 하고 싶어서, '자율'의 원칙에 따라 '스스로 구르는 바퀴'(니체)가 되어 움직이는, 주인의식을 가진 시민들의 '주이상스'(jouissance, 즐거운 향유) 덕분입니다. 우리는 여기서 '자율의 힘'을 보았고 어느 정도는 증명해냈다고 말할 수 있겠습니다.

서원을 서원이 되게 하는 하나의 공부모임, 서당

2014년 2월 25일 여섯 돌을 맞은 길담서원이 옥인동 시대를 열게 되면서 저는 "서원을 서원이 되게" 하는 요소를 '서당(書堂)'에서 찾아보자고 제의했습니다. 서당에 '훈장(=선생님)'을 둠으로써 지금까지의 '자율의 원리'를 보완하는 새로운 차원, 즉 '스승과 제자'의 관계라는 새로운 배움의 원리를 도입한 것입니다.

6년간 쌓아온 경험과 지혜, 노하우, 인적 · 물적 자원을 연료와 활주로로 삼아 힘찬 이륙(離陸)과 비상(飛上)을 도모하기를 바랐습니다. 그래서 여러 다양한 공부모임들 중에 무엇보다 서원을 서원이 되게 하는 하나의 공부모임, '서당(書堂)'이 자리 잡기를 기대했습니다. 이 서당에는 다른 공부모임들과는 달리 '훈장' 선생님이 계십니다.

길담서원의 '서당'에서는 필수과목으로 1) 철학 2) 글쓰기 3) 한문(또는 중국어) 4) 프랑스어와 독일어 5) 동아시아史(한국사 포함)를 배웁니다. 길담서원의 서당에서는 우리의 서원 전통의 공부법을 오늘에 되살려냅니다. 서생(書生)들은 함께 머리를 맞대고 만든 '길담 書堂 필독서 목록'에 따른 독서와 글쓰기를 체화(體化)하기 위해 훈련(discipline), 정진합니다. 체화의 방법 중 하나는,

훈장 선생님과 함께, 필독서 "1권의 책 최소한 10독 하기"에 몰입, 매진하는 것입니다. 외국어 공부도 엄선된 인류의 고전 양서(良書)를 '10독'을 기본으로 하고 20독, 30독, 100독 함으로써 암기와 체득에 이르도록 권면합니다. 『열하일기』의 연암 선생이 당대의 중국 지식인들을 놀라게 했던 한문 실력과 빼어난 문장력을 지닌 것도 바로 이러한 공부법에 따른 결실이었을 것입니다.

길담서원의 한 중추적 부분이 될 서당은 그냥 서당이 아니라 '현대적' 서당이 되어야 합니다. 그러므로 서당 공부도 "공부가 놀이고 놀이가 공부"인 그런 공부가 되어야 할 것입니다. 그런데 저는 교육전문가도 아니고 모든 면에서 공부와 경험이 부족한 사람입니다. 그래서 훈장은 못 되고 훌륭한 선생님을 훈장으로 모실 때까지 훈장 후보의 자격으로 많은 시행착오를 거칠 각오를 하고 있습니다.

길담서원의 벗들에게

길담서원을 찾는 시민들은 인문학 공부를 하게 되면서 차츰 세상을 변화시키는 일에 관심을 두게 됩니다. 책 속의 세계와 현실의 세상이 다른 것을 알게 되고 보다 나은 세상을 만드는 일에 관심을 가지는 사람들이 늘어나는 것을 보면서 기쁨을 느낍니다. 스웨덴의 민주주의는 시민들의 '스터디 민주주의'라고 한다지요. 우리 사회도 근본적인 변화는 좋은 책을 바르게 읽는 시민들의 의식의 변화에서 그 뿌리를 찾을 수밖에 없을 것입니다. 저는 그

분들을 정성을 다하여 깍듯이 대합니다. 길담서원에서 그런 분들과 함께 보다 더 좋은 세상 만드는 길 찾기 공부를 하면서 어느덧 제 인생에도 길 잃은 밤이 지나고 먼동이 터오는 것을 느낍니다.

회자정리(會者定離)! 만남이 있으면 헤어짐이 있고, 사람은 반드시 한 번 세상에 왔다가 먼 길을 떠나지요. 나에게는 그때가 그다지 멀지 않았어요. 내가 없어지면 길담서원도 없어질 수 있습니다. 거기에 대해서 연연하지 않겠다고 생각합니다. 다만, 벗들의 기억 속에 '길담서원 이야기' 한 자락이 남아 있어서 그것이 씨앗이 되어 다른 형태, 다른 이름으로, 여기저기에 더 아름답게 꽃 피어났으면 좋겠습니다.

* 이 글은 박성준 대표가 길담서원 2주년인 2010년 2월에 쓴 '작은 공간의 가능성'이라는 글과 2014년 《우리교육》 여름호에 실린 '우정이 깃든 자율의 공간, 길담서원'을 다시 정리한 것입니다.

감사합니다

°

길담서원을 무조건으로 후원해준 분들이 있다. 그중에는 얼굴도 모르는 분들도 있다. 그 지지기반 위에서 길담서원을 운영해왔다. 우리가 무엇인가 공적인 일을 하고 있다는 의미였다. 단지, 책방을 한다고 후원을 하지는 않으니까 말이다. 우리는 책이라는 매체를 바탕으로 인문 사회 과학 예술을 포괄하는 새로운 학교를 발명하고자 했다. 계급사회의 서원이 아니라 자본주의 시대의 서원은 어떠해야 하는지 고민했으며 스스로를 성장하고 변화시키기 위해서는 어떠한 공부를 어떠한 방식으로 해야 하는지 실험해보았다. 그 길에 동행해준 여러분들께 감사드린다.

강혜원	박병윤	신태규	강신욱	김선영	장화정	박지현	김수민
이지은	현승은	고미희	서희선	박시영	허윤희	임희윤	임나혜숙
엄 지	권영옥	석미경	송성호	김규성	윤여정	박주일	신희진
김희정	김복철	조영미	김세정	황정혜	나규환	최윤정	탁무권
강선실	조주영	김 민	박도유	손윤경	이현애	황승미	이경진
허선영	정청래	전정희	유은혜	박혜자	임수경	주선미	오은주
이남석	정규영	권혜경	김혜숙	성보란	강선옥	서호석	김성은

박미라 박옥규 신정은 정혜정 이성아 남현주 최은숙 김동근
윤석남 이승희 김미영 심선우 이지영 김봉주 신미경 최방옥
강선아 이수정 이재철 윤선영 황규관 곽남주 곽정윤 신중현
박윤정 박시웅 김한규 한명숙 한이숙 임병걸 임정아 김은하
이선미 장경운 장정인 김은영 양현숙 이문주 김희정 김경아
한그림 양동준 이현미 박주영 윤후명 장경미 김길수 권자현
박옥희 황순우 김덕호 허신자 이상희 김경희 한원철 김정두
박혜영 김선희 박미숙 이제이 강영선 김해자 윤혜상 안주리
이 진 김주희 김재영 민동섭 이상익 안태호 강명지 최영미
김은주 지영미 문수정 황정아 김승원 최은영 전은희 이수영
김미영 김지은 송윤미 손윤경 최은숙 장정아 최지영 서기열
이정범 허혜인 박현희 장현진 박재영 이진숙 유미영 이숙영
여희숙 유경예 김현숙 이은신 이승환 전재명 김태선 이남희
이동은 정제혁 송승훈 김석진 황애경 최미노 손경년 이태환
산책골 정종미 덕 보 하은규 별봄이 김혜심 심혜원 심혜선
유현주 서영미 강병인 전승보 박차원 온복희 이연숙 송재경
안삼환 그리고 서촌 길담서원에서 함께했던 많은 무명인

전국귀농운동본부 녹색아카데미 양자역학공부모임 곽내과의원
남문치과 미당 가온건축사무소 철수와영희출판사 궁리출판
문학비단길 베를린자유대학 아름다운재단 한글전각갤러리
글꽃갤러리 시냇가에심은나무교회

감사합니다